天津市哲学社会科学规划基金项目（课题号 TJZL11—008），
天津社会科学院 2017 年度出版补贴项目

天 津 社 会 科 学 院 学 者 文 库

近代天津律师群体研究

RESEARCH ON LAWYERS GROUP
IN MODERN TIANJIN

王 静 著

社会科学文献出版社
SOCIAL SCIENCES ACADEMIC PRESS (CHINA)

目　录

绪　论

律师，最初指的是有道高僧，如《涅槃经》云："如是能知佛法，所作善能解说，是名律师。"通俗言之，佛教中的律师就是指通晓律藏，能够解释规则和戒律的有道僧人，如弘一律师等。然此"律师"非彼"律师"，本书所研究的律师，是对现代意义法律人的一种指称，是指"受诉讼者之委任及裁判所之命令，在裁判所行法律所定之业务者"。①

作为西学东渐的产物，国人对律师职业的认知与接受，经历了从"讼师""状师""法家"到"辩护士"，再到"律师"的过程。② 近代以前，中国只有政府指定的"官代书"和没有法律地位的讼师。清末民初华洋交涉日渐频仍，在此过程中，国人对外国律师辩护制度开始有了全新认识，"律师"职业亦渐为国人所熟知。北洋政府时期，《律师暂行章程》的颁行正式赋予了中国律师合法地位，同时赋予律师一定的职能：他们依法接受诉讼当事人委托或法院指定，协助当事人进行诉讼等法律事务，维护当事人合法权益；依法组织律师公会，并制定了一套行之有范的规章制度，对律师的入职、性质、业务范围、权利和义务、业务开展等作出了明确规定。南京国民政府时期，随着 1940 年《律师法》的制定和颁布，民国律师制度基本定型。③ 新中国成立后，国家建立人民律师制度，将律师

---

① 方毅等编校《辞源》，商务印书馆，1915，寅，第 243 页。
② 邱志红：《从"讼师"到"律师"——从翻译看近代中国社会对律师的认知》，《近代史研究》2011 年第 3 期。在该文中，作者梳理了"讼师""状师""法家""辩护士""律师"等词在中国的流变过程，认为译词的选择与使用反映了国人对律师制度及律师职业嬗变历程的认知。
③ 徐家力：《民国前期创设律师制度的曲折历程》，《中外法学》1997 年第 3 期。

纳入人民法院管理体系中，律师也由自由职业者转变为国家司法机关公务人员。1979 年恢复律师业之后，中国律师业得以迅速发展，并将律师事务所重新定位为"社会中介组织"。

本书在写作过程中，正值当今律师职业蓬勃发展之际。律师职业的蓬勃发展不仅体现在律师行业从无到有，从恢复律师制度初期的 2000 多人到目前约有 27 万人的律师队伍，律师已逐步成长为我国法律职业体系中重要的组成部分；更重要的是，律师群体已渐渐发展成为依法治国的一支重要力量，他们以专业的知识功底、较强的逻辑能力和清晰有力的表达，在治国理政、社会治理以及涉外事务中赢得了人们越来越多的重视。可以说，律师的产生、发展乃至壮大的历程不仅是中国法制建设的体现，更是中国社会变迁的映射。追本溯源，本书通过对近代天津律师群体的研究，不仅可以了解近代律师群体兴起、发展与社会变迁的关系，而且在如何实现依法治国的问题导向下，从律师实践活动出发，通过还原近代律师、政府以及民众之间的法律互动，探索基层司法建设与社会治理的关系，并洞察其不足，铸为鉴借。

目前关于律师的研究，有的学者长于律师制度探究。他们视律师制度为司法制度的一个组成部分，并以此为重点，或以整体论之，或由个案切入分析近代中国律师制度的发展。其中具有代表性的作品有张晋藩、周太银与刘家谷、王申以及侯欣一等学者的学术成果。① 他们从制度史的路径详细考察了律师行业或制度的发展，不过可惜的是他们对从业者关注不够，对从业者的生产生活实践以及群体的构成、特征、职业发展等问题关注不足。为了进一步考察律师群体的构成、特征、组织、职业活动以及社会活动，学界开始注重多学科交叉运用，开始借助社会史的学科视野，结

---

① 张晋藩讨论了华界法制现代化的生成机制，并对律师制度的引入进行了说明（张晋藩：《中国传统法观念的转变与晚清修律》，《张晋藩文选》，中华书局，2007）。周太银、刘家谷梳理了中国古代的诉讼代理制度及代书形式，全面介绍了清末律师制度的创立、中华民国及新中国的律师制度（周太银、刘家谷：《中国律师制度史》，湖北科学技术出版社，1988）。王申则介绍了南京临时政府、北洋政府和南京国民政府时期律师诉讼制度（王申：《中国近代律师制度与律师》，上海社会科学院出版社，1994）。侯欣一则对民国晚期西安地区新兴律师制度的形成、运作以及变异进行了分析（侯欣一：《民国晚期西安地区律师制度研究》，中国律师百年回顾与展望高峰论坛，2012）。

合法学研究成果，在关注律师制度层面研究的同时，更加侧重于探讨近代中国律师是如何开展职业活动的，以及其职业活动的内容与特点，并以此探寻律师群体与社会变迁的关系。[①] 另外，相较于上述两种研究路径，还有一些学者，如凯瑟琳·白凯、艾力森·柯纳以及徐小群学者更倾向于将法律制度研究与社会文化史结合起来进行研究。他们通过对律师群体具象的描述，深入剖析了律师群体的社会生活以及律师群体与国家的互动关系。[②]

综上所述，学术界对近代中国律师的研究无论是从视角还是研究方法等方面都进行了有益探索，但同时也留有进一步研究的空间。首先，国内学者虽然提出了把社会史、文化史、法律史结合起来的研究思路，但基本上主要来自"历史学传统社会史研究路径在中国古代法律议题上的延伸和展开"，[③] 通过考察历史上司法主体、社会生活、社会结构以及社会心态与法律形成发展的互动轨迹，以揭示社会变迁过程中法律与社会之间的复杂关系。虽然对于史料的挖掘以及事实的描述日渐丰富，却缺乏一种分

[①] 李严成认为民国律师公会因承担了太多的使命，而无法真正实现民间社会对国家权力的制衡（李严成：《民国律师公会研究（1912—1936）》，湖北人民出版社，2007）。陈同介绍了近代上海中外律师的法律诉讼活动及其深刻影响，总结上海本土律师开展法律业务的各种途径，并分析了上海本土律师所具有的社会地位，对其在健全法制、维护人权方面的积极作用予以肯定（陈同：《近代社会变迁中的上海律师》，上海辞书出版社，2008）。邱志红则以北京律师群体为例，揭示了民国律师群体的萌生、发展及其在近代中国的命运、地位和影响（邱志红：《现代律师的生成与境遇——以民国时期北京律师群体为中心的研究》，社会科学文献出版社，2012）。孙慧敏则爬梳了中国建立律师制度的知识基础，介绍了早期与近代律师制度引介者对律师制度的引介，并对各个阶段的特征进行了详细说明（孙慧敏：《清末中国对律师制度的认识与引介》，《中研院近代史研究所集刊》2006 年第 52 期）。

[②] 凯瑟琳·白凯在考察民国时期的离婚案件，尤其是诉讼离婚案件的过程中，对律师的活动及其作用进行了生动描述和深刻分析（Kathryn Bernhardt, "Woman and the Law: Divorce in the Republican Period", in Kathryn Bernhardt and Philip Huang, eds., *Civil Law in Qing and Republican China*, Standford, CA: Standford University Press, 1994, pp. 187 – 214）。艾力森·柯纳则从社会史的角度考察了民国时期群体的数量与分布、来源和构成、职业活动、报酬、律师公会的组织及活动，并总结出民国律师群体发展的主要不足（Alison Conner, "Lawyers And the Legal Profession during the Republican Period", in Kathryn Bernhardt and Philip Huang, eds., *Civil Law in Qing and Republican China*, Standford, CA: Standford University Press, 1994, pp. 215 – 248）。徐小群以律师群体发展为例，致力于解释社会群体之间以及社会群体与国家之间错综复杂、相互依赖和交融的关系（徐小群：《民国时期的国家与社会：自由职业团体在上海的兴起，1912—1937》，新星出版社，2007）。

[③] 尤陈俊：《中国法律社会史研究的"复兴"及其反思——基于明清诉讼与社会研究领域的分析》，《法制与社会发展》2019 年第 3 期。

析框架式的概况提炼。其次，学者们在较长时段上对律师制度的发展，对律师职业化的形成以及律师与近代中国社会变迁的关系进行了深入、精微的研究，但多集中在上海、北京以及武汉等地，其他区域研究尚显不足。最后，阶层分化是近代中国社会转型的重要结果之一，因此从阶层的角度去研究近代城市发展是城市史研究中的一个重要方面。特别是当涉及对社会结构中观层次分析时，从阶层分析的角度更易发现城市发展的动力，也可更清晰地发现社会群体在城市中的位置，这对于当下研究社会治理问题不无裨益。然而就目前研究来看，尚未有相关论著从阶层的角度去分析近代律师群体的发展变化。

近代中国城市社会的发展，是借助参与其中的社会各阶层的实践活动得以实现的。在这个过程中，因原有社会关系和社会制度体系的变化，社会各阶层的功能与角色亦发生了变化。其中"中间阶层"的出现，是近代城市社会结构变化的一个显著特征。对中间阶层进行相关研究，不仅可管窥近代城市发展的动力问题，① 而且还为探寻转型时期中西方城市的不同发展提供思考路径。因此，从阶层的角度探讨天津律师群体发展的相关问题不仅是对过去的正确认识，而且也有助于理解当下社会发展。

此外，天津开埠后，短短几十年的时间便从一个附属京畿的府属县城跃居为华北第一商埠，以及仅次于上海的全国第二大工商业城市和港口贸易城市。在此过程中，一方面在与西方政治、经济和文化的碰撞、融合下，天津步入了近代城市的发展轨道，另一方面这一时期也是中国法制转型的重要阶段，政治、经济、社会各领域的复杂状况以及各种力量的交相作用，使得解决社会矛盾和积怨的方式有了很大的变化，天津律师的出现恰逢其时。同时，天津也是近代律师群体发展较为成熟的地区之一，不仅体现为律师从业人数为北方翘楚，其中较为完备的司法制度、法律教育机构以及人才储备为律师群体发展提供了动力；而且天津律师在执业过程中所表现出的自我认同、群体认同也是构成近代民族认同的一部分。从此意义讲，近代天津律师群体的发展是近代中国律师群体发展的重要组成部分。

---

① 张利民：《我国近代城市发展动力分析》，人民日报社理论部编《人民日报理论著述年编2014》，人民日报出版社，2015，第1090页。

基于以上原因，并且考虑到目前学界对天津律师研究的薄弱，因此本书也希望通过对天津律师历史脉络的梳理，与其他各地律师研究形成对话，从而更清晰地勾勒出清末以来律师群体的发展脉络，完善学界对律师群体的整体认知。

质言之，本书在天津市档案馆、河北省档案馆收藏的律师公会档案，民国学人律师研究的相关史料以及结合当时报刊资料的基础上，对近代天津律师相关资料进行了仔细爬梳，溯源了明清以来天津律师兴起与发展的历史依据，这为进一步探讨律师阶层的形成与发展提供了有利的证据支持。鉴于此，笔者以天津律师群体为研究对象，以中间阶层为分析框架，在近代社会转型的背景下探讨天津律师群体由弱变强、由小到大的发展，以及律师群体在参与地方治理事务中与国家、社会的交搭关系和互动实践，继而揭示律师作为中间阶层兴起与发展背后的深刻原因。总之，将天津律师群体作为一个中间阶层来考虑，是本书的重点，旨在分析该阶层的兴起是由哪些力量推动产生的，这些力量发挥了什么作用，以及这些作用是如何通过律师群体的实践活动得以表现的。

为解决上述问题，笔者秉承多学科研究取向，利用社会学、政治学与历史学的结合以期延伸思考的纵深度，力求多方位剖析天津律师阶层发展背后的原因。在结构上则以长时段动态分析的眼光，立足于地方史与整体史的结合。因为近代天津律师群体无论是群体本身的发展，还是个体、群体意识的发展都经历了鲜明的阶段性变迁。通过对近代天津律师群体剖析，既折射了天津地方史之一局部，又体现了其与天津地方史、中国近代历史之"整体"的关系，凸显了"个案"与"地方"观察中所体现出的"整体"历史变迁。基于此，笔者试从律师的生成机制、近代天津法律教育、民国天津律师自我身份认同构建、民国天津律师公会与律师群体发展以及律师群体在国家与社会之间的位置等方面，在对近代天津律师群体由弱变强、由小到大的长时段与阶段性特点考察的基础上，探究天津律师是如何作为一个城市中间阶层兴起并发展的。

律师为西学东渐之产物，虽中国古有讼师，亦以讼辩为业，但讼师的社会地位、职能发挥却与律师不可同日而语。为探究近代律师的生成，笔者从溯源历史入手，辨析了律师与讼师职能的异同，分析了两种群体所处的社会环境、文化背景以及社会地位，继而明确了中西律师生成机制的异同，为进一步探讨中西方"中间阶层"生成机制的异同提供了历史佐证。与西方相比，近代中国的"中间阶层"虽缺乏共同的社会认同与结构地位，但却是一个新兴社会阶层，是一个真实动员起来的社会群体。利用该分析框架，可以有助于理解近代律师群体的兴起与发展，以及作为阶层出现的意义。之后笔者以近代天津律师群体为研究对象，分别展开具体论述。

笔者从法律教育的角度解释了近代天津律师群体兴起的历史缘由，通过明清以来天津法学教育的发展，可以看出国家对律师培养的态度经历了否定、被动接受以及主动培养三次转变。从"律依附于儒"对讼师的打压，到通商开埠为应对与西人交涉而培养外交人才，之后为"立宪"培养法政人才，在维持清廷统治秩序的同时，也间接为律师培养奠定了知识基础；民国以降，无论是北洋政府，还是国民政府在寻求政权合法性、构建威权统治的过程中，法治作为黏合国民价值观的手段之一愈发显得重要，培养律师、健全律师制度亦为其中重要内容。

提供专业系统的法律教育体系是律师群体形成的知识基础，而群体成员之间是否存在持续互动且享有共同利益是判断群体是否形成的关键。其中成员间互动的前提是彼此认同，这种认同不仅是个体的自我认同，也包括群体认同。就本书而言，笔者首先对律师自我身份认同的塑造与重构进行了分析。近代天津律师的身份认同是一个从话语他赋到话语自赋的过程，同时也是律师基于自由职业的特性，从寻求职业的民族国家意义到立足于职业本身来寻求自我职业认同的过程。在批判传统职业观的同时，他们通过不断反思律师的职业本质，比较清晰地认识到职业发展所面临矛盾与困难的症结所在，从而开始了对传统职业观的解构与重建。可以说，民国律师的自我重塑是基于律师自身的执业实践而对主体身份认同的追寻，是一种来自实践的自我行动意识。

鉴于律师自我身份认同是群体认同产生的前提，笔者紧接着分析了律师群体认同的形成，律师公会作为天津律师群体活动的重要载体，充分发挥载体的社会整合和凝聚功能，助推了律师共同体的发展。

最后，笔者从职能的角度，分析了天津律师群体的阶层特点。民国时期的天津律师已逐渐形成了自我职业认同，并以律师公会为纽带构建了天津律师共同体。因此在天津律师业发展的同时，天津律师作为群体也日益在社会事务中发挥了愈来愈重要的作用。天津律师群体的发展，不仅表现为处理案件的个人能力，以及群体凝聚力的提升，而且他们具备了参与公共事务的能力。在参与立法与促进法律进步、影响政策制定与实施、充当政府与社会大众之间的桥梁以及解决争端，回应不同利益主体要求等方面都已超越了个人的角色，他们通过政治参与、法律扶助以及法律咨询等活动，在国家社会框架下基本实现了阶层整合，发挥了中间阶层作为社会"缓冲剂"和"稳定器"的作用，甚至作为社会变革的潜在社会力量。

　　总之，笔者通过对诸多史料的爬梳，试图解剖天津律师群体的各个侧面，进而将天津律师作为一个整体性的"中间阶层"面貌隐约勾勒成形。同时尝试从地方的视角，去解决"宏观历史"问题。

第一章 律师与讼师：国家社会视角下中西律师生成机制比较

作为一种法律现象，律师是一国社会法律发展的必然，且在保障民权和完善法制方面具有重要的意义。然而，基于不同的法律文化背景，中西方律师职能迥异，进而在国家—社会中所发挥的作用也有天壤之别。

第一节 从"演说家"到"保护人"再到"律师"——欧洲律师历史溯源

欧洲律师萌芽可以追溯至古希腊的雅典时代。公元前 7 世纪雅典司法执政官德拉古改革之前，按照雅典传统习惯，只有受害人一方才能提起诉讼。作为诉讼当事人，受害方或是向司法裁判官提出亲自辩护，或是委托一名法院（亚略巴古议事会）官员向法院提出代理诉讼。但后者并不承担辩护义务，只是以法院官员的身份扮演当事人的"私人助手"和裁判角色。德拉古时期，受害方虽然获得了直接向法院提起诉讼并进行辩护的权利，但基于"每个公民应该自力更生"[①] 的传统观念，除非当事人丧失自辩能力，否则无权雇用辩护人。

公元前 594 年，为削弱氏族贵族垄断的元老院审判权，雅典首席执政官梭伦进行民主改革，创建了附属于公民大会的陪审法庭（Heliaea of Thesmothetae）。后来陪审法庭从公民大会中分离出来，成为最高司法机

---

① Anton-Hermann Chrous, "Legal Profession in Ancient Athens," *Notre Dame Law Review* 29 (1954)：341.

关。到伯利克里时代，随着雅典民主制度的日渐完善，为使"权力不再掌握在少数人的手中，而是掌握在全体人民的手中。在解决个人争端问题时，法律面前人人平等"，①于是人们开始从各部落 30 岁以上的男性公民中选出 6000 人组成陪审法院，作为雅典民主政治的主要机构和最高司法机关，以保证公民受到最公正和最无私的审判。陪审法庭人员的逐渐大众化，以及单一法庭向多个陪审法庭的转变，使其不仅处理包括与受害人利益直接相关的私人诉讼和侵犯国家利益的公诉等各类案件，而且在裁判阶段也开始允许双方当事人可委托他人撰写发言稿，进行自辩。②

从受害人自辩到双方当事人互辩，从单一法庭到多个陪审法庭，从面对一名地方官员的自辩到面对人数众多陪审团的辩护，法律诉讼制度的变化需要诉讼人或被告在面对情绪化的陪审听众时，尽可能通过精彩的演讲和极具煽动性的表演来赢得"摇摆不定陪审团"（extremely vacillating jury）③ 的支持。于是求助有雄辩才能的演说家逐渐成为诉讼当事人的习惯，而这些演说家也成为最早一批辩护人。

然而，这批充当"诉讼代理人"的演说家辩论人却没有成为希腊最早的律师职业群体，这与古代雅典司法体制相关。首先，充当辩护人的演说家们与其说是辩护人，倒不如说是修辞学家更为贴切。按照古代雅典法律援助程序，诉讼当事人可以通过三种途径获得援助：一是由辩护人代表当事人申诉；二是由当事人自辩，最后由辩护人总结；三是由当事人在法庭宣读"演说家"撰写的演讲稿。不论是哪种方式，只有撰写出符合法庭场合，即严密简洁、入情入理且针对性强的文体才能赢得法官青睐。④ 所以，高尔吉亚斯在《海伦颂》中说："法庭中的辩论，借助于言辞的技巧，一席话就可以说服左右一大群人，而不管所说的是否真实。"⑤ 其次，雅典法院判决不受判例法约束，因此相对于学习所谓的判例法，唤起和争取陪审团同情更为重要。况且受雅典民主思想的影响，

---

① 〔英〕戴维·赫尔德：《民主的模式》，燕继荣等译，中央编译出版社，2008，第 16 页。
② 〔美〕J. W. 汤普森：《历史著作史》，孙秉莹、谢德风译，商务印书馆，2009，第 44 页。
③ Anton-Hermann Chrous, "Legal Profession in Ancient Athens," *Notre Dame Law Review* 29 (1954)：341.
④ 童庆炳：《文体与文体的创造》，云南人民出版社，1994，第 54 页。
⑤ 洪涛：《逻各斯与空间——古代希腊政治哲学研究》，上海人民出版社，1998，第 184 页。

崇尚民主社会的雅典人似乎相信，基于公民之间的互相帮助更符合民主精神，应当受到鼓励，而当这种帮助是建立在支付基础之上，且有可能成为一种专门职业时，则是一种反民主社会的表现。① 这意味着辩护人只能以普通公民的身份（亲戚、朋友和同事）对诉讼人予以无偿帮助，而这显然无助于律师职业的发展。虽然古希腊雅典并没有孕育出律师职业，但它的辩论式诉讼却为意大利台伯河边兴起的罗马人所继承，并产生了历史上第一批国家法律认可的职业律师，推动了西欧律师职业的形成与发展。

罗马共和国早期基本沿袭了古希腊的辩护制度，并由罗马社会"那些最体面的、尊贵的人从事着这样的（演说家）工作"。② 随着罗马社会经济的发展以及疆域的不断扩大，自公元前 3 世纪始，日益频繁的契约行为产生了复杂的社会法律关系，同时为了满足人数不断增长的被征服地人民以及来罗马经商外侨的法律需求，罗马统治者要求法学家们制定了融合各民族法律、诉讼法和法官常规判决的《万民法》，以替代只适用于罗马市民的《十二铜表法》。与担任诉讼辩护人的演说家不同，法学家主要承担解释法律、提供辩护意见以及传授法律知识的"准诉讼"③ 职能，为当事人寻找法律问题的解决途径以及真正的正义。④ 他们虽然不出庭辩护，但凭借着专业法律知识，公元 2 世纪以后"获准发表具有法律效力的意见的人的判断和看法"，⑤ 逐渐垄断了罗马大部分高级行政职位，"执法官们开始对那些不懂法律的外行，即演说家们冗长而模糊的辩论不感兴趣，甚至不愿意去听"。⑥

与此同时，一方面，由于复杂的法律条款和程式化的诉讼标准，曾经以朋友、亲属等身份参与诉讼的受委托人，不得不以代理人的身份代

---

① Anton Hermann Chroust，"Legal Profession in Ancient Republican Rome," *Notre Dame Law Review* 30（1954）：341.
② 〔古罗马〕西塞罗：《论演说家》，王焕生译，中国政法大学出版社，2003，第 198 页。
③ 金敏：《古罗马的法庭辩护士》，《浙江社会科学》2006 年第 4 期。
④ See Karoly Visky，"Retribuzioni Per il Lavoro Giuridico Nelle Fonti del Diritto Romano," in *Rivista Internazionale di Diritto Romano e Antico*，XV，1964，p.11.
⑤ 〔意〕朱塞佩·格罗素：《罗马法史》，黄风译，中国政法大学出版社，1994，第 343 页。
⑥ Anton-Hermann Chroust，"Legal Profession in Ancient Imperial Rome," *Notre Dame Law Review* 30（1955）：341.

替当事人进行法庭辩论，这种称为"保护人"的辩护制度为罗马律师职业和律师制度的建立奠定了基础。另一方面，公元 2 世纪中叶之后非常诉讼替代了程式诉讼，司法审判权完全由国家司法官员垄断，民选承审法官被取消，诉讼活动不再由人民法庭审判，而是由代表国家行使管理职能的执法官主持审判，整个诉讼活动不再主张当事人挑选私人审判员，也不再要求双方当事人必须出庭，当事人失去了参与司法的权利，而不得不依靠专业的法律意见以及法庭辩护协助诉讼。① 于是，雄辩的修辞学开始让位于专业的法律知识，演说家们只有进入法学院，经过四年专业法律学习才能成为法律顾问，为当事人辩护。到公元 4 世纪，法庭演说家吸收了法学家的咨询职能，开始变成真正的法律专家。之后，罗马皇帝先后颁布谕令对法庭辩护人资格进行限制，如公元 460 年，东罗马皇帝利奥一世（公元 457—474 年在位）规定从事法庭辩护士的演说家们必须在法律学校学习专业法律知识，且必须通过专业考试。公元 6 世纪查士丁尼时代，罗马正式将参与诉讼的人尊称为律师（advocatus），但不包括那些收取酬金书写状纸而不参加庭审的人。

随着罗马律师制度的建立，实现了皇权通过法律治理国家的政治需求。罗马律师利用专业的法律知识为罗马统治者制定相关的法典，公元 529 年，查士丁尼皇帝委托律师特里波尼安及其同僚编纂《查士丁尼法典》，该法典因"自然明晰，无劳寻证，而为后治法学者奉为宝典"。② 罗马律师运用法律知识规范了诉讼当事人的行为，"使他们不超越争讼功利所要求的限度，不超越争吵和诅咒的限度，使他们做诉讼所要求做的事情，避免侵害他人"。罗马律师实现了当事人通过法律维护自身权益的公共利益需求：他们接受当事人的委托，"为他们的诉讼当事人提供保护"；他们代理当事人参加诉讼，"发誓效忠于他们的客人，他们将全力以赴"；他们为当事人代写契约、诉讼文书和其他法律文书；也为大众解答法律咨询，开展法学研究和法学教育等。罗马律师实现了通过法律确立律师职业规范的需求：作为诉讼代理人，罗马律师"不会代理违背真理的案子，

---

① 黄美玲：《律师职业化如何可能——基于古希腊、古罗马历史文本的分析》，《法学家》2017 年第 3 期。

② 〔美〕桑戴克：《世界文化史》（上），冯雄译，东方出版社，2014，第 199 页。

如果让他们代理，他们会拒绝"。同时，律师也获得了向当事人提供有偿服务的权益。作为专业知识群体，罗马律师形成了自己的职业团体，"只接纳那些在正式的法律学校接受过教育的人，并且制定了团体的规章制度进行自我约束"。

罗马帝国后期，"纠问式诉讼"逐渐取代了"控诉式诉讼"，皇帝独揽司法大权。皇帝不仅委派亲信官吏审理案件，甚至亲自裁决，而且当事人既没有聘请代理人的权利，也没有抗辩的权利，各类案件实行不公开审理，为了取证，普遍采用刑讯逼供和告密等手段，罗马律师赖以存在的社会条件不复存在。公元476年，西罗马帝国灭亡，众多日耳曼蛮族王国崛起，西欧进入中世纪封建社会。在教会势力膨胀的中世纪，形成了以宗教性法律为核心的法律制度体系。该制度下，要么僧侣以律师的身份参加诉讼，说服被告人"认罪服判"，放弃辩解和诉讼请求；要么以个人决斗的形式解决纠纷，因为在日耳曼法中，判决的过程是双方当事人为了荣誉而进行殊死搏斗、难分难解的过程。① 在这样的社会条件下，律师在世俗社会中的职能愈加变得无足轻重。

12世纪以后，欧洲法律文化开始转型。首先，在王权、教权和贵族长期相互对立、冲突中逐渐形成了权力限制的理念。1122年，《沃尔姆斯宗教协定》导致了世俗与宗教的二元对立；1215年《大宪章》的签订确立了贵族与王权之间的权力平衡。其次，自治城市的出现推动了城市法律体系由人身依附向契约规则的转变，"力求平等、独立和自由已成为中世纪城市发展中的主导倾向，这种以契约逐渐取代身份的社会，恰恰是以契约为基础的近代人与人之间关系社会的突出特征"，② 地方法律体系开始出现。最后，罗马法的复兴推动了中世纪法律教育的发展，也促成了西方法律职业阶层的形成。自1088年博洛尼亚大学教授罗马法始，包括巴黎大学、海德堡大学、牛津大学等在内的一批大学相继开设法学院，讲授罗马法。1350～1450年，剑桥大学的国王学院培养了剑桥50%以上的法律专业学生。

---

① 参考〔美〕威廉·杜兰《世界文明史》第4卷，台湾幼狮文化公司译，东方出版社，1998。
② 张彩凤、郭苓、于泓编著《外国法制史》，中国人民大学出版社，2012，第139页。

随着欧洲法律文化的转型，律师开始在世俗社会发挥着越来越重要的作用。当神职人员逐渐退出或被禁止在世俗法庭上从事法律活动时，"一个受过教育、既懂法律知识又有文化知识的世俗阶层，即律师阶层开始兴起，并成为现世政府中的积极因素"。① 他们为政府和公民提供各种法律服务，特别是在英国"辩论式"诉讼活动中，享有平等诉讼权利的当事人有力地推动了律师业的发展；他们也应商人的要求去制定新的诉讼程序，比如法国就曾因商人而放宽对证人证词的限制。② 他们是专业行政官员和法官的主要来源，并成为王权壮大的重要力量之一，在爱德华一世统治时期（1272—1307 年），9 名侍从中有 7 名提升为皇家法官，16 名国王侍从中有 4 名成为国王法院的法官，1 名成为财政大臣。③

文艺复兴、欧洲启蒙运动使人们从对宗教的盲从转移到对现实世界的关怀上。曾经"对于任何变革怀有迷信式疑虑，唯恐会使他们费尽辛苦学习到的和操练了一辈子的事务受到影响"④ 的律师也开始倡导自由、平等以及天赋人权等思想，表现在司法领域，则主要涉及"三权分立""罪刑法定""无罪推定""法律面前人人平等"等内容；诉讼形式上，主张用辩论式诉讼代替纠问式诉讼，以无罪推定代替有罪推定，以公开审判代替秘密审判等，这些都为资本主义时期律师制度的确立和发展创造了条件。17 世纪以后，律师也逐渐成为推翻王权、发动资产阶级革命的一支重要力量。例如，在英国工人的支持下，英国普通法律师与贸易商人结盟取得了废除君权法庭的胜利，为重建新的刑事诉讼程序奠定了基础；⑤ 在法国，18 世纪 50 年代，律师行支持巴黎高等法院反对专制君主，争取言论自由，推动了法国政治自由主义的产生；⑥ 1793 年，45 名

---

① 〔美〕查尔斯·霍默·哈斯金斯：《十二世纪文艺复兴》，张澜、刘疆译，上海三联书店，2012，第 157 页。
② 〔美〕泰格：《法律与资本主义的兴起》，纪琨译，上海辞书出版社，2014，第 144 页。
③ Anton-Hermann Chroust, "Legal Profession during the Middle Ages: The Emergence of the English Lawyer Prior to 1400," *Notre Dame Law Review* 31 (1956).
④ 〔美〕泰格：《法律与资本主义的兴起》，纪琨译，上海辞书出版社，2014，第 208 页。
⑤ 〔美〕泰格：《法律与资本主义的兴起》，纪琨译，上海辞书出版社，2014，第 241 页。
⑥ 夏立安、聂原：《法国律师与政治自由主义的产生》，《浙江社会科学》2003 年第 5 期。

律师加入法国吉伦特派,① 并在推翻封建王权的资产阶级革命中发挥了领导作用。

第二节　从"代坐"到"讼师"再到"律师"
——中国律师发展溯源

在现代意义律师形成之前,中国律师的萌芽可追溯至春秋战国时期的"代坐"。如《周礼注疏》所释:"古者取囚要辞皆对坐,治狱之吏皆有严威,恐狱吏褒尊,故不使命夫命妇亲坐。若取辞之时,不得不坐,当使其属或子弟代坐也。"② 此"代坐"涉及两层含义:一是代替士大夫或士大夫之妻出面对讼,维护别贵贱、定亲疏的社会等级制度;二是"对理争讼",维护贵族利益。公元前632年,卫国君主卫侯与卫国大夫争讼时,审判官王子虎以国君与臣下不能对理争讼为由,指定"宁武子为辅,针庄子为坐,士荣为大士"。③ 其中"辅"即诉讼辅助人,"坐"则是代理人,而大士便是辩护人。治狱官士荣为卫侯"大士",代卫侯进行讼辩。可见,这里的"大士"也是"代坐"的一种。从这一点上看,春秋时代的"代坐"似乎与古希腊的"演说家"具有相似的职能,都是以亲属或朋友的身份,无偿为当事人对讼。所不同的是,"代坐"是官吏出身,且服务对象仅限于贵族阶层,而"演说家"的服务对象是自由民;"代坐"既无人身权利保障,士荣因替卫君对讼失败而遭杀戮,也无传授讼辩之学的权利,郑国巧辩之人邓析因"与民之有狱者约,大狱一衣,小狱襦袴,民之献衣襦袴而学讼者,不可胜数"④ 而被统治者以"讼不可妄兴"为由所杀。因此,即使出现了"犹今列国于讼时之用律师也"⑤ 的士荣等人,

---

① 王养冲:《论吉伦特派的阶级构成和思想观点》,《华东师范大学学报》(哲学社会科学版)1998年第1期。

② 《十三经注疏·周礼注疏》卷三十五,郑玄注,贾公彦疏,阮刻本,中华书局,2009,第1886页。

③ 左丘明:《左氏春秋·僖公二十八年》,孙建军主编"中国文化文学经典文丛",吉林文史出版社,2017,第119页。

④ 吕不韦编纂《吕氏春秋·离谓》,崇文书局,2017,第89~90页。

⑤ 杨鸿烈:《中国法律发达史》上册,转引自茅彭年、李必达主编《中国律师制度研究》,法律出版社,1992,第31页。

但在奉行"君主专制"以及"听讼吾犹人也，必也使无讼乎"、"讼，终凶"等息讼思想的春秋战国时期，也不会出现以讼辩为生的"巧辩"之人。

秦以降，自秦政"以法为教，以吏为师"，到两汉"罢黜百家，独尊儒术"，以律学比附经学，至唐"纳礼入律""以礼立法"。律学日渐官方化、儒学化的同时，民间"为人作辞牒"从业者也有所发展，如《唐律疏议·斗讼》所释："为人雇请作辞牒，加增告状者，笞五十"，可以看出，至少在唐代已经出现了有偿书写词状的合法职业。同时《唐律疏议》中还涉及对"诸教令人告"的规定，其实也指出了唆使诉讼人此现象的存在。北宋时期，伴随着社会经济的繁荣，以户婚、田土以及钱债纠纷为主的民间词讼现象频仍，健讼之风兴起。为顺应社会需求，"哗徒""健讼人""主人头""佣笔之人""珥笔之民"取代了"作辞牒"人而专为人助讼。他们不仅代人书写各种法律文书，还代理诉讼进行调解与辩护。其中又以"教唆词讼和缠讼"的"健讼人"居多，他们通过替人呈控、作证以及代写状词等唆使他人争讼并提供帮助，以从中谋取利益。南宋后期，"讼师"作为一个职业称谓正式出现，不过此时的讼师尚未发展成教讼、助讼之人的专有职业称谓。① 直至明清健讼成风，"向在宁远，邑素健讼"，② 讼师群体发展壮大，讼师才逐渐成为一种专门职业，"词讼必由讼师"。③

讼师凭借着既通晓朝廷律例，又熟知天理人情以及灵活多变的策略和方法，始终以基层社会法律代言人的身份顽强地生长，④ 且发展成为能够影响地方社会的社会群体。第一，他们在一定范围内推动了律法的普及和讼学的发展。脱胎于名家辩学并融合了经律学的讼学，在宋代已发展为一门专门学问，"编户之内，学讼成风，乡校之中，校律为业"。⑤ 而明清讼师秘本和讼学世俗读物的广泛流传，不仅方便了"民间通文墨者在拟写词状之时

---

① 戴建国：《南宋基层社会的法律人——以私名贴书、讼师为中心的考察》，《史学月刊》2014 年第 2 期。

② 汪辉祖：《治地棍讼师之法》，《学治臆说》下卷，清同治元年吴氏望三益斋刻本。

③ 袁守定：《图民录》卷二，官箴书集成编纂委员会编《官箴书集成》第 5 册，黄山书社，1997，第 202 页。

④ 袁瑜琤：《讼师文化解读》，中国法制出版社，2011，第 3～4 页。

⑤ 严嶷纂修《袁州府志》卷一三《新建郡小厅记》，上海古籍出版社，1963，第 532 页。

可依样画葫芦"，① 也体现了讼师诉讼专业技能的成熟。第二，应民众司法诉求而产生的讼师，固然有违官方所期待的"息讼"司法秩序，但却可以满足民众正常诉讼需求，维护民众诉讼权益，"举诉还须择讼师，输赢胜负仗文书"。② 尤其是在重视书面审的明清司法审判中，官方继承了宋代词诉约束制，不仅对"讼牒"有字数要求，"状过二百字不受"，而且对内容也做了诸如"状无保识不受"③ 的规定，所以一份规范的"讼牒"既可以提升司法官员审判效率，又可为讼者增加受理机会，而这恰恰是讼师所擅长的。第三，组建行业组织，形成与政府既联合又排斥的利益团体。比如成立"作文会""文昌会"等业组织，以作为"包揽词讼往来聚会之所"；④ 依托地方宗族势力，"今宗祠变为讼馆，祭资竟成讼费"，⑤ 既可对地方"署县拘审搜出的词稿"，"咆哮不服"，⑥ 又介入国家事务，进行利益交换，如"官征漕或浮额，黠者（讼师）辄持短长，倡言上诉，官惧则司令漕吏饵以金自数十至数百，称黠之力"。⑦

如果对照古罗马律师的历史发展，宋代以后中国传统社会的讼师同样具备了向律师职业转型的三个条件：律学的发展、法律人的扩大以及讼辩人才的培养。然而事实上，讼师并未借机实现职业上的转型，反而始终处于一种制度上的先天缺陷以及阴影下"正当性"地位的尴尬。一是律学虽获得了较快的发展，但其主要还是依附于儒学，不利于法学家阶层的出现。而且，律学日渐专业化的同时也成为官方单向管理民众的重要手段之一，作为王权治理百姓、控制管理社会的一种方式，诉讼程序完全按照官吏审判权设计，百姓几乎丧失了诉讼权利以及不应诉的自由处分权，这种纠问式诉讼显然与抗辩式诉讼下的律师制度相左。二是讼师的出现虽然迎合了百姓的诉讼需求，"大抵田里农夫……见其口大舌长，说条念贯，将

---

① 尤陈俊：《明清日常生活中的讼学传播——以讼师秘本与日用类书为中心的考察》，《法学》2007 年第 3 期。

② 张士宝：《四库存目纳甲汇刊》（三），郑同点校本，华龄出版社，2016，第 188 页。

③ 黄震：《黄氏日钞》，《名公书判清明集》附录五，中华书局，1987，第 637 页。

④ 林乾：《讼师对法秩序的冲击与清朝严治讼师立法》，《清史研究》2005 年第 3 期。

⑤ 《万载辛氏幼房谱》卷尾《总祠各件附载案件节载》，民国甲寅重修本。

⑥ 马世瑰：《成案所见集》卷十二《诉讼教唆词讼》，乾隆刻本。

⑦ 王云五主编，汪辉祖撰《新编中国名人年谱集成》第 8 辑《清汪辉祖先生自定年谱——一名病榻梦痕录》，台湾商务印书馆股份有限公司，1980，第 76 页。

谓其果可凭借，遂倾身以听之，竭力以奉之"，① 但在地方官员眼中，讼师不但"教唆族人，登门伐丧"，② 破坏宗法秩序，增加讼者负担，且"把持人操执讼柄，使讼者欲去不得去，欲休不得休"，③ 冲击了地方司法秩序，挑战了传统国家的司法权力。受司法惩讼理念的影响，讼师自然也就备受打压。三是与西方律师不同，中国讼师没有国家制度上的许可，也没有国家的专业资格认可，更没有正常经营的法律依据，从业人员"或是贡士，或是国学生，或进士困于场屋者，或势家子弟宗族，或宗室之不羁者，或断罢公吏，或破落门户等人"，④ 这种无序的法律行为与规范合法的欧洲律师制度大相径庭。当欧洲律师在与王权、贵族的斗争中逐渐成熟壮大时，中国讼师却始终未能实现职业上的转型。

明清时期的讼师虽然不具备合法地位和公开活动的权利，但事实上，讼师在专业素养、法律活动以及与国家和地方的互动上都显示出趋向专业化、职业化的群体特征，其中讼师秘本的撰写与传承更是讼师行业共同意识形态的反映。他们对维护普通民众的诉讼权益、增强人们权利意识、促进民间法律思想的发展有着推动作用，也为司法体制向近代转型提供了有力的契机。⑤ 因此，当清末民初中国大规模引进西方法学知识时，"讼师"自然成了"lawyer"的最佳注解。之后华洋交涉频仍，对外交涉人才短缺，清廷对律师有了全新的认识，"遇有疑难案件，俾与洋人辩论。凡折以中国律例而不服者，即以西律折之，所谓以彼之矛刺彼之盾也"。⑥ 可以说，近代律师的出现是近代法律制度变革的需求使然。1906 年 3 月，由伍廷芳等人编撰的《刑事民事诉讼法草案》，第一次对律师制度做出了规定。1912 年 9 月，北洋政府司法部颁布《律师暂行章程》，在法律上正式承认了律师的合法地位，标志着民国律师制度的正式建立。所以与讼师

---

① 《名公书判清明集》，中华书局，1987，第 478~479 页。
② 《名公书判清明集》，中华书局，1987，第 289~290 页。
③ 《名公书判清明集》，中华书局，1987，第 308~309 页。
④ 陈淳：《北溪大全集》卷四七《札·上傅寺丞论民间利病六条》，文渊阁四库全书第 1168 册，第 871 页。
⑤ 吴琦：《近世知识群体的专业化与社会变迁——以史家、儒医、讼师为中心的考察》，《学习与探索》2012 年第 7 期。
⑥ 《请用伍廷芳》，《李鸿章全集》，时代文艺出版社，1998，第 4349 页。

不同，律师作为近代出现的新式职业，得到了政府和法律的认可，并以国家与社会的合法中介身份为当事人提供法律服务，协助当事人进行诉讼等法律事务，维护当事人合法权益。同时，其也有义务以个人或律师公会会员的身份，向大众讲授法律知识和从事与法律相关的社会活动，从而在一定程度上避免了国家与社会大众之间的直接对抗。那么律师群体能否视作一个中间阶层呢？要想解决这个问题，应对"中间阶层"的概念先行溯源分析。

第三节　群体还是阶层——近代律师群体能否成为一个中间阶层？

"中间阶层"一词源于英文"middle class"，国内有"中产阶级"、"中间等级"以及"中产阶层"等译法。就本书而言，采用"中间阶层"的译法是因为"middle"作为形容词，通常是指中间的、中部的、中等的，词本身并不涉及对财富、权力的划分；将"class"译为"阶层"，是借助"阶层"概念去探讨处于不同社会位置的群体，主要强调的是，在一定社会分工条件下，由于社会资源和社会机会在不同社会群体之间的配置，因此形成了具有特定社会认同、社会意识和社会行为的社会群体。①所以"阶层"划分受到经济资本、文化资本和社会资本的多重影响。

何谓"中间阶层"？广义上，中间阶层是指处于社会中间地位的群体。但这种划分无助于去理解近代城市发展的复杂图景，也无助于去理解城市社会各群体之间的差异以及这种差异对城市发展的作用。因此，只有在厘清"中间阶层"学术史的基础上，才能对近代中国城市"中间阶层"的内涵及外延，以及"中间阶层"在社会结构和社会变迁中的作用有所把握。况且"中间阶层"是一个外来概念，所以有必要从中西比较的角度对其发展变化理论脉络做一探明。

一　基于欧洲经验的"中间阶层"相关理论

最早涉及此概念的是古希腊剧作家欧里庇得斯，他在《乞讨人》

---

① 刘建伟：《"中间阶层"概念探讨》，《安徽行政学院学报》2011 年第 3 期。

（*The Suppliants*）中按照财富多寡将市民分为富人、穷人和中间的人。①
之后，亚里士多德在此基础上提出"μεσαια ταξη"，即"中间第三方"
概念，并认为这部分人由平等或同等的人组成，因充当了最优制度的调
节人而成为最佳政体的重要组成部分。② 亚里士多德虽然注意到"中间
第三方"在社会结构中发挥了"稳定器"的作用，但就概念的界定而言
存在两个问题：一是划分标准不严谨，只是一种笼统上的穷人/富人的分
类标准；二是划分的人群仅限于自由民，而非对整个社会成员的划分。

14～16世纪西欧城市自治运动兴起，贵族、教士、农民封建等级制
度受到冲击。一方面城市化进程加快了封建土地所有权的转移，中小贵族
经济上日趋破产，贵族作为一个社会等级面临着逐渐瓦解崩溃的状况；③
另一方面商人、工匠等资产者身份逐渐合法化，社会地位逐渐提升，并作
为新贵族逐渐渗透进上层统治阶级。例如，法国的波尔多规定城市资产者
身份的条件是，必须在城里居住一个月以上，且拥有房产、住宅和家庭，
同时必须缴纳居留税等。④ 随着资产者，特别是有专业技能的有产者社会
地位的提高，人们开始以一种中立、模糊的词语来描述这一群体，并称之
为"处于中间的这一类人"，比如"people of middling rank""middling
sorts""middle condition of mankind"等，并且也开始注意到教育、身份、
权力等因素在该群体形成过程中的作用，以及该群体发挥的政治经济功能。
按照此标准，拉斯莱特认为，介于城市精英和穷人之间的独立手工工匠和
商人等资产者构成了城市中间的这类人。⑤ 而泰勒商人学校校长理查德则以
受教育水平为标准，认为能够接受正规教育的群体是社会中间的一类人。⑥

---

① 〔美〕古斯塔夫·缪勒：《文学的哲学》，孙宜学、郭洪涛译，广西师范大学出版社，2001，第14页。
② 参见〔古希腊〕亚里士多德《政治学》，吴寿彭译，商务印书馆，1983，第XIII～XVI页。
③ 朱孝远：《中世纪欧洲贵族》，广东人民出版社，1996，第130页。
④ 沈汉：《西方社会结构的演变——从中古到20世纪》，珠海出版社，1998，第133页。
⑤ K. Wrightson, "'Sorts of People' in Tudor and Stuart England," in J. Barry and C. Brooks, eds., *The Middling Sort of People*: *Culture Society and Politics in England 1550 - 1800*, London: The Macmillan Press, 1994, pp. 41 -44.
⑥ K. Wrightson, "'Sorts of People' in Tudor and Stuart England," in J. Barry and C. Brooks, eds., *The Middling Sort of People*: *Culture Society and Politics in England 1550 - 1800*, London: The Macmillan Press, 1994, p. 45.

现代意义上的中间阶层始于西欧资本主义萌芽以后。15 世纪始的地理大发现，推动了西欧富裕阶层和新贵族的发展。相对于贵族和僧侣，这些富裕阶层"在封建主统治下是被压迫的等级"，① 但是他们却不断积攒力量，反对特权阶层的一切封建和宗法的事物，进而推动了社会经济的发展。因此到 1745 年，英国人詹姆斯·布拉德肖（James Bradshaw）在一份关于爱尔兰羊毛出口禁运法国的文件中，第一次正式使用了"middle class"一词来描述这个有产阶层。他根据社会群体经济水平的差异，将处于贵族与农民之间的商人群体（rising merchant）以及城镇中新出现的平民或市民等社会人群定义为"中间阶层"。同时明确指出该群体掌握着重要的人力资本，不仅能够促进本国制造业的发展，而且能维护国家政治利益。②

到 19 世纪，马克思、恩格斯开始关注"资产阶级"在西欧历史进程中的作用。关于这个有产者阶层的内涵及外延，恩格斯也有相关表述，"我总是用 Mittelklasse［中等阶级］这个词来表示英文中的 middle-class（或通常所说的 middleclasses），它同法文的 bourgeoisie［资产阶级］一样是表示有产阶级，尤其是和所谓的贵族不同的有产阶级，这个阶级在法国和英国是直接地、而在德国是作为'社会舆论'间接地掌握着国家政权"。③ 这里，恩格斯将新兴资产阶级视为中间阶层的主体，且认为该阶层在西方传统社会、文化和经济向现代转型的过程中发挥了先驱和代表的作用。④

当新兴的资产阶级建立起资产阶级共和国，中间阶层的内涵与外延再次发生变化。马克思按照生产资料所有制的标准，将资本主义社会分为掌握生产资料的资产阶级和出卖劳动力的无产阶级两大对立阶级，中间等级则由小工业家、小商人、手工业者、农民构成。在马克思看来，处于中间等级的这些群体并不会构成阶级，只是阶级体系内

---

① 《马克思恩格斯选集》第 1 卷，人民出版社，1995，第 274 页。
② Anna Tarkhnishvili, Levan Tarkhnishvili, "Middle Class Definition Role and Development," *Global Journal of Human Social Science* 13（2013）：21 – 31.
③ 《马克思恩格斯文集》第 1 卷，人民出版社，2009，第 387 页。
④ 王浩斌：《中间等级的崛起与近代社会阶级结构的变迁》，《南京农业大学学报》（社会科学版）2014 年第 6 期。

"多级阶梯"① 的一个表现，这些群体因受日常生活因素（资源的获得能力、资源的控制能力以及对他人的支配能力）影响而表现出向两大阶级转移的不稳定性。

与马克思和恩格斯不同，韦伯则以生活方式和社会声望作为身份或地位群体区分的社会基础，因此人数众多的小业主和那些能够在市场上提供技能和才干的人群（知识分子、官员、手工业者、农民）② 都属于中间阶层的主体。受韦伯影响，涂尔干以个人收入、教育程度、生活方式、政治态度以及社会地位等与职业相关的因素为阶层划分的标准，认为中间阶层主要是由一般专业技术人员、职员、秘书、工艺人员、私人和保卫服务人员等组成。③ 总之，这种多因素的分层标准倾向于将中间阶层视为一个独立的、并非依附于阶级的特殊社会阶层，④ 因此形成了它与上下层关系的多面性，以及由此产生的多面性特征。⑤

至 20 世纪中后期，随着"二战"后资本主义经济的复苏，那些处在中间阶层的群体并没有出现"被竞争抛到无产阶级队伍里"的情况，反而成为不可忽视的社会政治力量。⑥ 特别是随着政府官员、律师、技术工人、科学家等新中间阶层的崛起，这些依靠专业技术和管理能力成为资本主义社会的经理和白领们，开始要求自由民主以及享有一定的政治地位。考虑到中间阶层的新变化，以及社会分层的复杂化，人们不再把拥有生产资料作为社会分层的唯一标准，甚至也不把经济因素作为社会分层的首要标准，而是将与生活方式相关的收入、职业、生活消费、主观认同、惯习等纳入阶层划分的标准。

通过对西方"中间阶层"相关理论的梳理，可以发现，在欧洲社会转型的过程中都曾伴随着中间阶层的巨变，即传统中间阶层的衰落和新中间阶层的崛起。转型时期的中间阶层具有如下特征。①中间阶层的发展与

---

① 周志成：《阶级划分与阶层划分是马克思主义的起点——兼论西方中间阶层的概念与特征》，《上海社会科学院学术季刊》1992 年第 1 期。

② 〔美〕乔恩·埃尔斯特：《理解马克思》，何怀远等译，中国人民大学出版社，2016，第 177 页。

③ 刘志敏编《教育社会学》，吉林大学出版社，2014，第 60 页。

④ 李青宜：《当代西方新中间阶层理论评介》，《教学与研究》1998 年第 7 期。

⑤ 李路路、秦广强等：《当代中国的阶层结构分析》，中国人民大学出版社，2016，第 167 页。

⑥ 马克思、恩格斯：《共产党宣言》，人民出版社，1964，第 63 页。

工商业城市发展密切相关。欧洲中世纪城市很多是以工商业而兴的，城市不仅是工商业者的聚集地，也是西方市民社会形成的策源地。②中间阶层作为一个社会群体，具有较稳定的收入、改革创新精神以及能够有力支撑社会的和平与稳定，是"社会发展的锁钥"。① ③中间阶层的发展对欧洲国家政府权力形成了一定制约，不仅使现代国家政府从法律上承认了个人财产权，而且能够与精英们进行一定的政治程序协商谈判。② ④中间阶层对社会变迁、对平等的要求具有革命性。对于固化的、不合理的传统社会来说，中间阶层往往是一种变革的社会力量与群体。

二 传统向现代转型中的中国"中间阶层"变迁

通过上文分析，西方社会的中间阶层是伴随着资本主义的发展而成长起来的，中间阶层的崛起对西方政治经济的变革以及现代社会的诞生影响颇深，成为推动西方社会变迁的主体力量。那么在近代转型时期，中国城市社会中是否也出现过一个类似这样的中间阶层呢？如果有这样的一个阶层，它在近代社会变迁中的作用如何？

近代以前，中国传统社会阶层结构是建立在"士农工商"身份等级基础上的，也就是通常所说的"四民社会"。在封建等级社会制度下，中国民众关于中间阶层的认识一度是贫乏和抽象的。③ 只是将处于王侯公爵与小民百姓之间的"士大夫"阶层视为"中间等级"，认为这些人是处于"治人"与"食于人"④ 之间的群体，比如"生员—监员"集团虽然缺少上层显赫的地位，但却在地方上有着"行政中间人"的特殊地位，是地方行政中的一个关键性中间阶层。⑤ 可见，传统社会的所谓中间等级发挥了类似古希腊"中间第三方""稳定器"的作用，但由于重农抑商的政策，工商群体并未包括在内。

---

① 参考 Dennis L. Gilbert, *American Class Structure in an Age of Growing Inequality*, Belmont, Calif: Wadsworth Publishing, 1997。

② Roy Bin Wong, *China Transformed: Historical Change and the Limits of European Experience*, New York: Cornell University Press, 1997, pp. 84 – 88.

③ 张伟：《冲突与变数：中国社会中间阶层政治分析》，社会科学文献出版社，2005，第 3 页。

④ 周肇基：《知识份子的出路》，《大公报》（香港版）1948 年 5 月 25 日，第 2 版。

⑤ 龚咏梅：《孔飞力中国学研究》，上海辞书出版社，2008，第 141～142 页。

近代以降，"数千年未有之大变局"彻底改变了原有社会阶层结构，曾是社会重心的士人，开始分化并向工、商、军、学等领域分流，成为自由浮动于社会的现代知识分子。① 在西方社会学说的影响下，人们开始对阶层的看法发生改变。知识界开始认为社会成员可以分为不同等级，而非简单的上流、下流社会②两种。如梁启超认为处于过渡时代的中国社会可分为上中下三等，其中中等社会是介于官吏和百姓之间的具有普通知识和普通地位的多数国民，主体是新知识阶层，也称为中流社会或中层社会。③ 该阶层在清末革新与救亡运动中，"为一国之中坚，并以改良一国政治为己任"，④ 是国民运动与立宪政治的主导和中坚力量。

20世纪20年代以后，在传统社会向现代工业社会的转型过程中，西方资本主义主导的、现代性生产力之下的资本主义体系对传统中国经济格局的影响和改造进一步推动了城市发展。其一，与传统社会相比，现代城市人口密度高、人口聚集规模大。以近代天津为例，从1860年到1948年近百年的时间里，天津城厢人口总量从198715人增加到1860818人，人口数增长了8.36倍。另外，城市也为市民提供了新的消费观和新的生活方式，出现了电车、电灯、邮政、电话等现代生活设施，报告会、联谊会、酒会、舞会、招待会等各种庆典仪式和公园、戏院、饭店等交际场，以及图书馆、咖啡馆、电影院、西式餐厅等新的生活消费场所，"城市居住意味着一种全新生活方式"⑤的出现。

其二，新兴工商企业的出现，壮大了民族资产阶级和小资产阶级的力量。据统计，1914～1922年在民族资本企业中，以商人为主体的创办人所占比例由18.3%上升到55%，而拥有地主身份的创办人则从

---

① 罗志田：《近代中国社会权势的转移：知识分子的边缘化与边缘知识分子的兴起》，《开放时代》1999年第4期。

② 关于上流社会和下流社会的区分，"其位于社会之上流者，曰君，曰孤，曰卿尹，其位于社会之下流者，曰士庶，等级递差，名义纠错"，参考大我《新社会之理论》，《浙江潮》第8期，1903年10月。

③ 参考桑兵《拒俄运动与中等社会的自觉》，《近代史研究》2004年第4期。

④ 梁启超：《政治上之监督机关》，夏晓红辑《饮冰室合集》，北京大学出版社，2005，第526页。

⑤ 〔美〕斯塔夫里阿诺斯：《全球通史》，吴象婴、梁赤民译，北京大学出版社，2005，第495页。

55%下降到 22.3%，买办也由 24.8%下降到 9%。[①] 同时社会职业分工越来越细，1919 年江苏的职业分类就达到了 17 种。[②] 另 1946 年的职业统计数据显示，45%受过一定教育的雇员都希望从事农业技术人员、工厂监工、电务人员、警察、中学教员、小学教员、家庭教师、会计人员、文书和打字人员、书记、事务人员等职业。[③]

随着城市社会分工日趋复杂，买办阶层、官僚资本家阶层、民族资本家阶层、专业技术人员阶层、产业工人阶层和商业服务人员阶层[④]开始出现及崛起，并建构了复杂的城市社会阶层体系。

20 世纪 20 年代，毛泽东明确提出了"中间阶层"的观点。他以阶层的政治立场和阶级属性为立足点，对什么是中间阶层进行了概括。基于对中间阶层"动摇于革命与反革命之间"两重性特征的把握，毛泽东认为新民主主义革命时期，中间阶层是处于资产者和产业工人之间的一个阶层，"如自耕农，手工业主，小知识阶层，——学生界、中小学教员、小员司、小事务员、小律师，小商人等都属于这一类"。[⑤] 因此，城市的中间阶层也就是非普洛列塔的劳动分子。[⑥] 这些"小资产阶级"与现代意义上的中间阶层相类似。而到抗战时期，中间阶层则包括了"中等资产阶级、开明绅士和地方实力派"[⑦] 等阶层。所以，在毛泽东看来，中间阶层往往是对立政治势力争取的对象。

与毛泽东同时代的学者也从经济和社会意识方面，认为中间阶层是处于不劳而获、养尊处优的上层和手足胼胝、辛勤劳动的下层之间的阶层。基于该阶层具有一定的经济实力且有挽救国家之社会意识，因此作为

① 吴承明：《中国资本主义发展述略》，《中华学术论文集》，中华书局，1981，第 325 页。

② 李明伟：《清末民初中国城市社会阶层研究（1897～1927）》，社会科学文献出版社，2005，第 85～95 页。

③ 社会部天津职业介绍所编《社会部天津职业介绍所一年来工作》，社会部天津职业介绍所，1947，第 5 页。

④ 石秀印：《晚清以来中国社会的阶层分化、合化及其社会后果》，《江苏社会科学》2002年第 4 期。

⑤ 毛泽东：《中国社会各阶级的分析》，《毛泽东选集》第 1 卷，人民出版社，1991，第 5 页。

⑥ 《十月革命与中间阶层问题》，郝沛念译，《众志月刊》第 1 卷第 6 期，1934 年，第 41～44 页。

⑦ 毛泽东：《目前抗日统一战线中的策略问题》，《毛泽东选集》第 2 卷，人民出版社，1991，第 744 页。

（近代）社会中坚阶层，他们发挥了黏合上层与下层并使社会成为有机体的作用。① 还有的学者笼统地将"处于社会中间水平的社会地位、收入水平和教育层次的"一类人称为"社会、文化、经济中间等级的阶层"。认为"此等人，就社会地位而言，上不易高攀政客官僚，下比煤烟熏黑了鼻孔的劳动者则足足有余；就经济的比率而言，上不能和有钱人资本家比，下较乞丐却又足足有余；就文化程度，上不如博士硕士的学问渊博，下比读江湖奇侠传或是看连环图画的朋友却也足足有余，人称小布尔乔亚"。②

中华人民共和国成立后，经过社会主义的基本改造，传统中间阶层丧失了在社会结构中的地位。改革开放以来，围绕体制改革和市场转型产生的复杂社会分层，重新引发了中西方学者广泛的研究热情并形成了诸多理论，其中包括新中间阶层理论，近代城市史研究也泮林革音。就城市史而言，这种影响源自中国史学研究由革命范式向现代化理论范式的转变，兴起于社会学对西方新中间阶层理论的引介，发展于对中国社会阶层和社会结构的研究。

当代分析近代城市社会分层和社会结构，学术界有多种维度，大部分学者倾向于以身份和职业为标准，如忻平认为 20 世纪二三十年代，拥有某项专门技能而非体力劳动服务于社会的职员和知识群体是上海中产阶级（中间阶层）的主体，其中职员指的是从事非体力劳动的技术管理人员、服务人员，包括上至厂长经理、工程师，下至学徒、店员、办公室的练习生及政府机关中的公务员；知识分子阶层主要指作家、律师、教师、记者、编辑、医师、会计师等。③ 其他还有类似的诸多研究。④ 有的学者则

---

① 崔敬伯：《经济激流中之中间阶层》，《经济评论》第 1 卷第 11 期，1947 年，第 4~6 页。

② 《专栏：谈言　论长衫同志》，《申报》1933 年 7 月 24 日，第 19 版。

③ 忻平：《从上海发现历史——现代化进程中的上海人及其社会生活（1927~1937）》，上海大学出版社，2009，第 126~136 页。

④ 李明伟认为清末民初城市中间阶层是从事非体力劳动，具有某项专业技能的专业人员，包括公务员、职员、教员、自由职业者和中小企业家等，他们大都受过不同程度的教育，甚至高等教育，并在城市行政、工商、文化等领域的影响日益显著。参考李明伟《清末民初中国城市社会阶层研究》，社会科学文献出版社，2005，第 109 页。赵宝爱在对近代山东社会结构分析时，认为中间阶层在经济、政治和文化等方面居于中间状态，主体由职员、工商业者、知识分子、公务员和自由职业者构成。参考赵宝爱《慈善救济事业与近代山东社会变迁：1912~1937》，济南出版社，2005。

侧重于政治标准和经济标准，认为中间阶层具有总体上收入较高，政治态度相对保守以及有专业社交圈等特征。[①] 还有的学者则从日常生活消费方面，比如从参与体育活动的角度来界定中间阶层的特征，认为中间阶层一般具有体面的职业、稳定的收入和不等的工余时间。[②]

总体而言，关于近代城市中间阶层的界定，虽然当代学者界定标准不同，但都是在国家社会框架下将城市中间阶层视为一个独立阶层，发挥着政治中坚、消费主体以及文化主导等作用。该阶层的外延大致包括都市职员和自由职业者阶层、工商业者阶层以及知识分子阶层。该阶层的出现是城市化进程的结果，是伴随着传统社会结构的瓦解和新社会结构的出现而逐渐形成的，是对城市发展有重要推动作用的社会力量。[③]

三 此非彼也：中西比较视野下的近代城市"中间阶层"

在近代中国社会变迁过程中，中间阶层的地位及其理论认知始终是人们争论的焦点之一。这种概念和理论框架，对学者们进行相关研究、寻找经验证据都产生了一定的影响。这些概念与框架塑造和过滤着学者们调查和再现过去的方式，也因而产生了基于不同"中间阶层"理解的多种研究面向。

将中国中间阶层的历史功能与西方作类比的学者，考虑到西方旧中间阶层脱胎于工业革命后资产阶级力量的增长，新中间阶层则成长于新的科技革命时代，是适应信息社会和后工业社会而出现的，因此会将中间阶层视作"传统"社会向"现代"社会转型的"现代性"标志，从而强调中间阶层是人们选择救国道路的路径之一，中国社会中间阶层应该也具有西方中间阶层同样的追求政治民主、经济独立以及社会价值的功能。

认为中西方具有不同社会发展路径的，则强调近代中国城市的中间阶层脱胎于西方外力的冲击，发展于国家政府自上而下的改革，尽管在

---

① 魏文享：《"自由职业者"的社会生存：近代会计师的职业、收入与生活》，《中国社会经济史研究》2016 年第 2 期。
② 邵雍等：《社会史视野下的近代上海》，学林出版社，2013，第 250～258 页。
③ 张利民：《我国近代城市发展动力分析》，人民日报社理论部编《人民日报理论著述年编2014》，人民日报出版社，2015，第 1090 页。

近代社会转型过程中出现了新的职业群体，但受限于工业化的发展，因此该阶层与国家间的合作远大于冲突，也易受强权之左右。周谷城亦认为"产业革命在近代的中国，虽未完成；但生产事业，却比以前发达多了。像教员、律师、医生等新式职业在近代他们都紧跟着富人，而与贫人不甚关切"。① 另外在整个社会结构中，该阶层的从业者所占比例也相对较低。根据1935年北平和天津的城市人口职业分布情况，公务员、编辑、记者、律师、医士、警察等职业仅占从业总人口的10%左右。② 所以，近代城市的中间阶层非西方社会下的中间阶层，充其量只是一个类中间阶层。

试图摆脱经典的"阶级"分析法，强调"阶级""阶层"复杂性的学者，认为"阶层"内部的复杂性和差别要比以往的认识大得多。近代中国城市中间阶层是一个边界模糊、内部充斥着高度异质性的群体。这些群体是不同的利益群体，代表着不同的利益取向，为实现各自不同的利益目标暂时性地与其他利益团体达成一致，从而在阶层内部呈现上升或下降或维持不变的动态发展趋势。就这一点而言，中间阶层的流动性可以缓解社会矛盾，起到社会稳定器的作用。

鉴于此，从中间阶层的角度来探讨近代城市社会发展动力和社会结构变迁时，存在概念、理论、解释框架和经验证据、现实是否相容的问题。各种"中间阶层"理论都有特定的局限。如果单纯以职业划分，则对中间阶层的流动性描述不足；如果单纯以生产资料所有制为标准，则无法区别中间阶层的异质性；如果单纯地将该阶层视为经济发展和民主变革的重要推动者，则可能会忽视他们在社会中实际扮演的复杂而模棱两可的角色；如果以形成阶层共同意识为标准，有可能会夸大近代中国城市发展的程度，况且多数的研究还只限于对阶层的静态描述（即关于阶层的特征、作用等讨论），尚未对其流动性做出进一步分析。

综合上述来看，虽然中间阶层缺乏共同的社会认同和结构地位，但作为近代出现的一个新兴社会阶层，可以在将其视为真实动员起来的社

---

① 周谷城：《中国社会史论甲编403》，湖南教育出版社，2009，第246～247页。
② 付燕鸿：《窝棚中的生命：近代天津城市贫民阶层研究（1860—1937）》，山西人民出版社，2013，第160页。

会群体①的基础上，通过经济收入、消费者行为以及获取社会、文化资本的途径等方式加以界定。需要注意的是，一方面，我们利用中间阶层概念时，需要注意反思所使用的理论框架是否与讨论的语境相契合，中间阶层的意义与不同范式结合所呈现的意义是不一样的。在革命理论下，中间阶层是动摇的阶层，而在现代化理论下中间阶层则是社会精英的指称。另一方面，我们还应注意如何使用实证研究去验证相关的概念、理论与解释框架，并对其进行一定程度的修改。所以，中间阶层无论是作为一种概念还是一种事实，都需要慎重地使用。

通过对近代中西方城市"中间阶层"概念的溯源，结合欧洲律师职能的历史发展，可以看出欧洲律师兴起于城市工商业的发展，且随着西方市民社会的发展而逐渐成熟壮大。欧洲律师拥有专业法律知识，具有较高的社会地位，成立了律师行业协会且制定了规范的行业制度，不仅促进了欧洲法律文化的转型，而且在王权与教权的斗争中，在资产阶级革命中发挥了重要作用，是一个具有变革的社会力量和群体，可以说欧洲律师确实在社会变迁中发挥了中间阶层的作用。反观中国律师的发展，它脱胎于传统社会的讼师，虽然讼师在对地方基层社会司法秩序的维护、对普通民众法律利益诉求的满足以及法律知识的传播等方面都曾起到一定的作用，但由于其始终处于挑战官方司法权威的对立面，讼师终究未能实现职业的转型。从这方面看，近代中国律师的出现缺乏制度上连贯性，虽然这种断裂因国人从讼师到律师观念的发展而得以弥合，但缺乏制度连贯性的近代律师始终先天不足。

那么，近代天津律师群体是否能够作为一个城市中间阶层兴起并发展呢？接下来，笔者将诉诸天津律师成长过程中的具体历史实践。从最初律师接受法律教育培养，到律师不断自我反思与锤炼，最终在对职业价值观的重塑过程中实现了自我认同，这种自我认同经由律师公会的群体实践而不断放大成天津律师的群体认同，汇流成推动天津律师群体发展的动力，并支持律师群体于国家社会之间承担起阶层应有的责任。

---

① 〔美〕戴维·斯沃茨：《文化与权力：布尔迪厄的社会学》，陶东风译，上海译文出版社，2006，第168～170页。

第二章 明清以来天津法学教育与律师培养

传统农业经济下的中国社会，到晚清基本形成了由官僚士绅的精英层、城镇居民的通俗层以及乡土社会的民间层组成的文化分层，且具有了各自的规范功能。① 然而，当社会急遽变化，中外文化碰撞，常规化进程被打破时，各种力量背后所代表的个体、群体常常利用可利用的各种政治、文化和社会资源，通过日常生活实践以维护和重建自己在社会秩序中的地位。② 这一变化，在开埠城市表现得尤为明显。关于影响中国近代城市阶层发展的因素，国内学者或是强调外力的启动和推动作用，③ 或是从城乡关系的角度来探讨近代城市阶层的发展，④ 或是从大众日常生活中寻找近代城市阶层发展的动力，⑤ 抑或是借助"空间"概念探

---

① 桑兵：《晚清学堂学生与社会变迁》，广西师范大学出版社，2007，第20页。
② 〔美〕戴维·斯沃茨：《文化与权力》，陶东风译，上海译文出版社，2006，第157页。
③ 何一民认为外力对近代城市的发展起着重要的作用，经济成为城市发展的主要动力，经济中心城市优先发展效应显著。同样涂文学也强调了，近代中国社会内部由于不具备"工业化"这种原动力，由此带来近代中国城市经济、社会、市政、文化殖民化半殖民化、城市分布格局和城市功能畸形变态等"被城市化"。参考何一民《农业·工业·信息：中国城市历史的三个分期》，《学术月刊》2009年第10期；涂文学《外力推引与近代中国"被城市化"》，《江汉论坛》2018年第10期。
④ 张利民认为，近代以来城乡对立的关系不仅没有得到缓解，反而出现城乡发展脱节、城乡差别迅速扩大状态。没有了乡村的支持，再加上城市自身发展动力不足，结果导致近代中国城市整体发展水平滞后。参考张利民《城市史视域中的城乡关系》，《学术月刊》2009年第10期。
⑤ 黎志刚：《从日常生活研究理论和方法探讨近代中国城市发展》，"文明的和谐与共同繁荣——变化中的价值与秩序"，第14届北京论坛论文，北京，2017年11月3日，第97～112页。

索近代城市转型下的阶层变迁等问题等。[①] 本章以明清以来天津律令宣讲以及法学教育空间为切入点，探索天津近代法学教育与社会变迁的关系，以及对近代天津律师阶层形成的影响。

第一节　建筑、文化与符号

明清以来天津城市史中，先后出现过众多在时间上有相继关系，在空间上互为独立关系的礼法宣讲场所以及法律学校。它们在不同时期承担了符合时代要求的培育法律人才的任务，但却又在各自的培育目的上有着较大差异。这种变化，折射在宣讲场所和法律学校的外部环境、建筑空间特征以及对空间的使用上。可以说，这些前后相继的宣讲场所和法律学校，是一个具有典型意义的"空间""场所"，因此可从中观察近代社会发展中"法学教育"所承担的国家与社会职能。

意大利符号学家安伯托·艾柯（Umberto Eco）认为，"假设所有文化现象实际上都是符号系统，或者文化可以被理解为交流——那么它无疑会发现自己面临最大挑战的领域之一是建筑"。[②] 为什么艾柯将建筑视作符号学的特殊挑战呢？主要是因为日常生活中人们所见到的大多数建筑对象都主要不是用于"交流"，而是履行一定的使用功能。例如，没有人会怀疑屋顶起遮蔽风雨、玻璃杯可以喝水的作用。因而，人们很容易忽视"建筑"作为一种空间符号所具有的"交流"（即传递"意义"）功能。为此，艾柯从"物质"和"文化"两个层面，区分了"建筑"的符号意义："物质"上，建筑能够发挥一定功用，这是其主要功能；同时在文化上，"建筑"作为符号对象也传递文化意义。艾柯认为，在这两个层次上，"建筑"都存在损失、恢复和替代"意义"的可能性。

---

① 陈蕴茜认为近代以来，中国社会从传统向现代全方位转型，城市也随之转型，其外在空间形式变化最为剧烈，并引发社会结构的变化。因此，通过"空间"既能发现近代城市的肌理，也能映射出近代城市的转型过程。参考陈蕴茜《空间维度下的中国城市史研究》，《学术月刊》2009 年第 10 期。

② Melissa Leach, *Rethinking Architecture*: *A Reader in Cultural Theory*, London: Psychology Press, 1997, pp. 173 – 175.

艾柯将"建筑"视作"符号"①来分析，显然是受到西方学术界20世纪60年代后"文化/符号"转向的强烈影响。如克利福德·格尔茨（Clifford Geertz）认为，"文化"不是一个包罗万象的宽泛概念，而是一个符号学概念，是由人们"使用各种符号来表达的一套世代相传的概念，人们凭借这些符号可以交流、延续并发展他们有关生活的知识和对待生活的态度"。②简言之，所谓文化就是一些由人自己编织的"意义之网"。而人类学家的工作就是析解，去分析解释表面上神秘莫测的社会表达。③从格尔茨的研究来看，他的文化—符号观有三个特征：第一，解释符号的意义，是理解社会秩序的必要条件，因此对文化的分析并不寻求科学规律，而只是寻求"解释"；第二，"意义之网"并非社会实在，而是学者强加的"建构"，是对事物的"再现"；第三，通过文化—符号及其相互连接所建立的"意义之网"，可以解释人类社会和社会秩序的具有规范意义的社会关系，可以观察不同的社会。

对格尔茨这种后现代的，完全忽视历史实在而只重视历史解释的文化—符号观，詹姆斯·克利福德（James Clifford）和乔治·马库斯（George E. Marcus）表达了相反的观点。他们批评格尔茨在对符号意义阐释的同时，忽略了社会活动在"意义之网"中的作用。在克利福德看来，"意义之网"不仅存在于文本中，也存在于被研究的社会中，文化是一个由行为、权力关系、斗争、矛盾和变化贯穿其中的实践活动领域。④与强调文化的文本分析不同，克利福德等人将注意力集中在了人们如何生产文化—符号上。简而言之，文化是充满争议、对抗的战场，代表各种权力的

---

① 符号（symbols）是人类学的一个重要概念。其是指当人们一致同意某一词语、图画或手势代表一种观念时，比如一个人（像飞行员）、一个物体（如箱子）或者一种情感（像轻视），符号就产生了。只有当这一过程完成后，一个传达共享观念的符号才会被产生出来。参考〔英〕阿雷恩·鲍尔德温、布莱恩·朗赫斯特、斯考特·麦克拉肯、迈尔斯·奥格伯恩、格瑞葛·斯密斯《文化研究导论》（修订版），贺玉高译，高等教育出版社，2004，第4页。

② Raymond Williams, *Keywords: A Vocabulary of Culture and Society*, London: Oxford University Press, 1983, p.87.

③ 〔美〕克利福德·格尔茨：《文化的解释》，韩莉译，译林出版社，1999，第5页。

④ H. William, Jr. Sewell, "The Concept（s）of Culture," *Practicing History*, *Routledge*（2004）: 35–61.

符号叙事要一争高下，或取代，或结盟，因此对文化—符号的研究，应注意解释这种现实的权力关系。①

综上所述，无论是主张文本分析，还是主张文本实践的文化人类学学者，人们普遍认可文化是他们理解世界并据此采取行动的象征意义系统。② 在此基础上，人类学者的文化研究，即运用"深描"的叙事方式对一整套象征性的文化符号进行解释和重构，以解释意义、符号与行为的关系，并揭示新文化模式的出现。所不同的是，主张文本分析的文化人类学家，关注对事物表面文化符号的解释与重构，强调的是一种主观与任意；而主张文本实践的文化人类学者，则更强调社会能动者对符号、话语本身意义的作用。笔者更倾向于第二种看法。

基于以上的理论方法，笔者认为，明清以来天津城市史上曾出现的礼法宣讲场所与法律学校，从功能上来讲，显然具有"实用"功能，但在这些场所和学校的规划、布局、建设和使用中，反映了当时人的思想与意图，又具有第二层文化—符号的意义：其在天津城区的地点、建筑外形、功能划分、空间环境等都隐藏着丰富的文化含义，借助"符号""叙事"等文化分析工具，可以用来解释、重构与这些场所和学校有关的社会群体或个人的思想、信仰、习俗以及仪式等文化因素的意义。需要注意的是，文化作为社会结构和社会变革的重要组成部分，意义的建构应放置于社会结构、社会行为和文化体系的历史变革之中。正如雷蒙·威廉斯认为：文化是充满政治性、矛盾性、可变性和碎片性的实践概念，而非游离于实际社会的道德与知识。③ 因此，对意义的审视应立足于群体日常生活实践，从多变的、具体的社会语境中思考文化，从相对零散或不连贯的符号和意义中去论证符号与意义之间的紧密关系，④ 以及文化与社会变迁的因果

---

① James Clifford, George E. Marcus, *Writing Culture*: *The Poetics and Politics of Ethnography*, California: University of California Press, 1986, pp. 2, 3, 18.

② John R. Hall, "Cultural Meanings and Cultural Structures in Historical Explanation", *History and Theory* 39 (2000): 331 – 347.

③ 〔英〕雷蒙·威廉斯：《文化是通俗的》，高路路译，《上海文化》2016年第10期，第14~23页。

④ 〔英〕雷蒙·威廉斯：《文化分析》，薛毅主编《西方都市文化研究读本》第1卷，广西师范大学出版社，2008，第205页。

关系。

本章即以天津法学教育场所为主线，从"实际功能"与"文化意义"两个层面，通过对这些场所和学校功能与符号象征的替换、修改、保留的阐释，进一步揭示近代天津法律文化转型和社会变革的相互过程，以及作为该过程的成果之一，天津律师群体又是如何发生发展的。

第二节　涌泉寺:明清"律令教化"下的传统礼法教育

一　"摄法归礼":传统君权社会的地方礼法之序

根据传统君权理论，律令是界定君臣等级秩序，维护君权统治和社会秩序的有效工具。《史记·儒林列传序》称律令"明天人分际"；《唐律·名例律》也谓"王者居宸极之至尊，奉上天之宝命，同二仪之覆载，作兆庶之父母。为子为臣，惟忠惟孝"。《大明律》《大清律例》甚至专门设立"讲读律令"条文要求臣民遵守行为规范或道德训诫，以维君臣之序、民间礼法之序。律令经由统治者的制定与颁行获得了合法权威性，地方官员围绕律令的讲读，通过对宣讲场所、仪式、宣讲人、宣讲内容等符号的意义解释或转喻使之神圣化，加以尊崇，并使这种神圣化的秩序得以永久化和自然化。

明代，卫学是天津官办学校教育，以教授礼、乐、射、御、书及数等六科为主，但位于天津城内的涌泉寺却是官方讲读律令、平息乡民之讼的主要场所。涌泉寺是官方所建，除宗教信仰外，还承担着为皇帝祝圣、为国祈福等功能。明成祖曾在此祈福，后明宣宗征乐安州时也曾驻跸于此，并赐金幡两座。正统年间，又加以重修。① 至明孝宗弘治辛亥四年（1491），进士甲科刘福以按察副使身份奉玺置司天津，之后重新对涌泉寺进行了较大规模的整修。

---

① 《涌泉寺》，天津市地方志编修委员会编著《天津通志·旧志点校卷》（上），南开大学出版社，1999，第 1003 页。

　　刘福整修涌泉寺有三个背景。其一，天津三卫自"都北以来，兵备加严，地重事殷，无所责成"。① 其二，卫城"三卫势均，纷无统纪"，导致"卫既武置，无州县，承平之余，故习未改，则肆为强戾"。同时，"讼狱繁起，越诉京师者殆无虚月；往来舟楫夫役之费不统于一，上下病之"。② 其三，"习仪于所谓涌泉寺者，寺止旧堂十有二楹，库陋弗称，且其前地狭，客仅百人"，致使"讲肄礼文多不能如式"。③ 礼制的缺失，导致"官寺"涌泉寺失去了与统治者相匹配的威严以及君权神授的印记。

　　为重建制度和秩序，完善礼仪与法度，整修涌泉寺势在必行。如前所述，文化是以象征符号为手段的，象征符号能把模糊的文化含义具体化。符号行为的进行，给了人类一切经验材料以一定的秩序。④ 其中，建筑、礼制，甚至参与其中的人都可以成为文化的象征符号，体现"器以藏礼"或"以器显礼"的重大使命。所以借涌泉寺讲律令，其实是借"清寂之境"及其所衍生的文化符号定社会之序。

　　扩寺址，以"修礼乐之容、明上下之等"，强化"君权神授"崇高地位。涌泉寺位于卫城南，地势低洼且有大水坑在旁，整个寺庙空间狭小，不但"讲肄礼文多不能如式"，就连"入觐者，前期集此或拜于舟中，展敬而已，莫可致力"。于是，刘福"募工鸠材，拓地若干步"以扩大涌泉寺规模，同时下令停止其他寺庙一切修葺工程，"撤而用之涌泉"。整修后的涌泉寺，主要包括前殿和华丽的伽蓝殿，后殿则设有专门为皇帝更衣的具服殿，僧舍则"听筑于垣外"。前殿主要是习仪之地，设"赞相、拜起、陟降、进退之节"，齐"六龙""八佾"⑤ 礼。一时间，"圣旦令节及

---

① 程敏政：《重修涌泉寺记》，天津市地方志编修委员会编著《天津通志·旧志点校卷》（上），南开大学出版社，1999，第74页。
② 李东阳：《修造卫城旧记》，天津市地方志编修委员会编著《天津通志·旧志点校卷》（上），南开大学出版社，1999，第72页。
③ 程敏政：《重修涌泉寺记》，天津市地方志编修委员会编著《天津通志·旧志点校卷》（上），南开大学出版社，1999，第74页。
④ 陈治安、刘家荣主编《语言与符号学在中国的进展》，四川科学技术出版社，1999，第32页。
⑤ "六龙""八佾"是象征君权地位和权力的礼乐制度，象征着不可僭越的社会等级关系。古代天子的车驾为六马，马八尺称龙，所以《易·乾》有"大明终始，六位时成，时乘六龙以御天"之说；天子舞队编制为八佾，一佾指一列八人，八佾则为八列六十四人，天子乐器悬挂东西南北四面，是为"县"，因此有"八佾在县"之说。

元会长至四大礼"皆习于涌泉寺，且"习仪之际，陛墀高广，宫宇靓深，仪卫具陈，冠裳就列，俨乎若六龙当御，八佾在县，典谒者有所藉……观者啧啧，知礼之当肃也若此"。①

借涌泉寺讲读律令，明确以儒立国之策。明初太祖施行儒释道三教并举、三教调和之政策，赋予儒教国家主流意识形态地位，而佛道二教作为儒教补充居辅助地位。三教排列有序，在规范社会、安定秩序方面发挥了重要作用。明中期后，随着佛教力量不断增大，"男女出家累百千万，不耕不织，蚕食民间，营构寺宇，遍满京邑，所费不可胜纪"。② 佛教逐渐跳脱出"仅仅服务于国家认可的道德教化使命"，令行禁止不下反映的是王权权威的丧失。③ 于是借涌泉"宽闲清寂之境"，为"有慕吾之道者"提供学习儒法之地，使之"归于中国圣人之教者"，同时也借"伸远臣敬上之至情"，④ 表君臣之序。

涌泉寺也是官方讲读律令，教化诸民之所。自汉至唐，中国传统社会法的演化就是法律的儒家化或伦理化。⑤ 因此，"神道设教，圣人不废，劝善惩恶，亦可以佐政刑之不逮"。再者涌泉寺为"祝厘之所"，⑥ 每月朔望，地方官员都会推举出有德乡耆在涌泉寺讲明条谕，平息乡民之讼。⑦ 当然，这也与明代奉行严法整饬吏治，重视官民法学教育有关。《大明律》要求中央和地方官学开设法律科目，规定监生毕业必须有大理寺和刑部等衙门历事经历，以备吏部遴选后备官员。《大明律·吏律》中还专门设有"讲读律令"一节，规定各级官吏"务必熟读讲明律意，剖决事务"，若有不明律意者，还要受到罚俸、笞以至递降叙用的

---

① 《涌泉寺》，天津市地方志编修委员会编著《天津通志·旧志点校卷》（上），南开大学出版社，1999，第1003页。
② 张廷玉：《二十四史》卷十《明史》，中州古籍出版社，1998，第737页。
③ 夏邦：《明代佛教信仰的变迁述略》，《史林》2007年第2期。
④ 《涌泉寺》，天津市地方志编修委员会编著《天津通志·旧志点校卷》（上），南开大学出版社，1999，第1003页。
⑤ 宋大琦：《程朱礼法学研究》，山东人民出版社，2009，第114页。
⑥ 《宫庙》，天津市地方志编修委员会编著《天津通志·旧志点校卷》（上），南开大学出版社，1999，第67页。
⑦ 《利弊》，天津市地方志编修委员会编著《天津通志·旧志点校卷》（上），南开大学出版社，1999，第27页。

处罚。①

秩序的生成与维系始终依赖某种制度设置，而这一设置的功能取决于具体的文化背景与具体场域资源配置情况。② 传统君权社会，"摄法归礼"是社会等级秩序的重要体现。法作为保障"礼"维持社会秩序的手段，无论是立法还是实施，都是维护礼制社会秩序的前提。整修后的涌泉寺不仅是祈福之所，也是"每年圣旦令节及元会长至四大礼"习仪之所，更承担着"有如韩子之说，可化其徒，使归于中国圣人之教者"③ 的教化使命。将涌泉寺作为律令讲读和平讼教化之所，体现了明代社会等级秩序，反映了明代天津城"摄法归礼"的法律文化传统，而且这种法律文化传统一直延续至清。

二 礼法之序与明清天津讼师文化

传统社会的礼法宣讲场所，建筑属性上是中式传统"寺院"（如涌泉寺）；建筑功能上，涌泉寺既是寺院，也是祈福之所；文化—符号层面上，其最重要的意义在于彰显帝王之圣明威仪，由此变成法度礼治之严明，秩序之井然，人民幸福安乐的威权与首善并重的教化之所；表现在社会功能上，则体现了"法在礼下"，以及附庸于儒学的"律学"是如何被用于改造释道，又是如何通过讲读律令和平息民讼的方式，达到维护统治的目的。因此，当将涌泉寺放在"壮观巍然"④ 的天津卫城中观察时，传递出的是君、臣、民神圣等级秩序的"意义之网"。⑤

基于"摄法归礼"的"意义之网"，针对民间的礼法教育方式，明清统治者主要是借助有德乡耆定期宣讲乡约乡规，并以封建道化和法学教育相结合的方式，训导百姓服从国家法律，防止犯罪，倡导贵德耻争，民淳

---

① 王健：《中国近代的法律教育》，中国政法大学出版社，2001，第 41 页。
② 麻勇恒：《法、习惯法与国家法——法律人类学研究的文献综述》，《贵州师范大学学报》2015 年第 6 期。
③ 光绪《重修天津府志》卷二十五《涌泉寺》，天津市地方志编修委员会编著《天津通志·旧志点校卷》（上），南开大学出版社，1999，第 1003 页。
④ 康熙《天津卫志》卷首《图说》，天津市地方志编修委员会编著《天津通志·旧志点校卷》（上），南开大学出版社，1999，第 7 页。
⑤ 张小劲、景跃进主编《理解政治：全球视野与中国关怀（清华政治学系建系九十周年志庆）》，中央编译出版社，2016，第 65 页。

讼简之民风。因此在传统息讼观下，处于政治与道德、官方与民间双重排斥下的天津讼师，不但活动因律例"教唆词讼诬告人者与犯人同罪"而不断受到打压，且现有文献资料关于天津讼师的记载也多为负面，官方认为天津"近来五方杂处，逐末者众，（而）讼狱繁兴"，① "总由讼师挑唆播弄"② 导致"讼狱繁起，越诉京师者殆无虚月"。③ 另外，从官方倡导"无逋赋，无嚣讼，尊吏畏法，有三代遗风"④ 的角度看，其实也刻画出了"刀笔讼师武断乡曲"的社会形象。但即使如此，长于民间的天津讼师，其活动却从未中断。

虽然限于资料，无法判断明清时期天津讼师是否有结社、讲授讼学之活动，然天津讼师的存在却是不争的事实。明清时期的天津讼师一般受过基本的乡学教育，他们中间既有知晓法律、熟悉衙门事务的生员，如嘉庆天津船户京控案中的魏瑞麟，依傍生员身份与都察院、户部以及盐运分司等衙门关系熟稔，互有联络；也有粗通文墨的船户、乡民等，他们多是因生计或差役负担而半路转行充当讼师，"子侄诡寄州县，不应卫所额差，党习刀笔"。⑤ 这些讼师有的专以助讼为业，民间流传的"清宫春药案"⑥ 中的天津讼师陆不偏，以计谋过人闻名；有的则专门替人代写讼状、出谋划策，丰财盐场灶户王诰呈控案中的生员王调元，"前后控告呈词十余纸，均出其手"，他们有盘根错节的社会关系网络，能够"串通各灶，屡作呈词"，且有一定的经济实力，"赴京往送盘缠，扛帮唆讼"。⑦ 不过一般此类讼师，为了避免因唆使上告或诬告而获罪，行动隐秘，"唆使上

① 乾隆《天津府志》卷五《风俗物产志》，天津市地方志编修委员会编著《天津通志·旧志点校卷》（上），南开大学出版社，1999，第135页。
② 章开沅主编《清通鉴》，岳麓书社，2000，第218页。
③ 李东阳：《天津卫城修造记》，天津市地方志编修委员会编著《天津通志·旧志点校卷》（上），南开大学出版社，1999，第72页。
④ 乾隆《天津府志》卷五《风俗物产志》，天津市地方志编修委员会编《天津通志·旧志点校卷》（上），南开大学出版社，1999，第136页。
⑤ 《扬卫北运议》，（明）陈仁锡撰《陈太史无梦园初集》卷三十四《车集三》明崇祯六年张一鸣刻本。
⑥ 张德胜：《讼师狡智》，中国统计出版社，1994，第1~5页。
⑦ 《钦差大臣征瑞等为查讯丰财盐场灶户王诰等控案事奏片》，中国第一历史档案馆、天津市档案馆、天津市长芦盐业总公司编《清代长芦盐务档案史料选编》，天津人民出版社，2014，第300页。

控，词证绝不露夏姓一字。其计愈密，其机愈深";① 还有的身兼数职，甚至借助二等侍卫身份为所欲为，"行同无赖"②。可以认为，即使天津讼师尚未形成明确的团体或组织，他们也已形成了一个特征明显，且对基层社会能够产生影响力的讼师群体。

整体上看，明清时期的天津讼师群体鱼龙混杂。基于"摄法归礼"的息讼思想，天津讼师群体一方面由于"合法"身份缺失，缺乏必要的官方组织管理。另一方面讼师群体身份纷杂，从业目的与服务对象差别显著，缺乏成文的职业道德规范约束，呈现既把持公事、挑讼架词，也伸张正义的双面性。前者以贪利索财，教唆词讼为生，成为官方严厉打压的讼棍。嘉庆十七年，天津船户段善庆呈控盐商添重盐码案中，根据段善庆的刑部受审口供，直隶生员魏瑞麟（魏三）为幕后唆讼主使。而且相关书证亦表明，魏三此人常年在京津两地充当讼师，鼓动段善庆进行京控，后段善庆收押质讯再次鼓动其弟"如要救出汝兄，须得赴京再告"，并"包管释回，还得便宜"。显然，此案中魏三是以助讼的讼师身份参与段善庆的京控的。之后不仅魏三被革去生员身份，而且与魏三有联系的生员、书吏等人也均受到了严厉惩罚。③ 再比如王诰案中的王调元，为使盐户抬价张本，而诈称自行停晒的晒滩无力荒废，以此作为构讼之计，以谋私利。这些人擅长诉讼，精通法律条文和司法程序，且教唆他人钻法律空子，破坏了正常的司法秩序和社会秩序，也给讼师群体带来了消极影响。后者受传统儒家礼教影响，比较注重克己修身，一傅姓贡生，"于书无所不读，学闻强识，人凡有疑事无不向谘询"，④ 他们在一定范围内既满足了人们对司法公正的需求，贡生杜咏南调解纠纷十分明断，十余年来他所在的庄上竟无讼案，⑤ 又维护了普通民众的合法权益，缓和了官民矛盾，他们的

① 《徐公谳词》，齐鲁书社，2001，第 628 页。
② 朱新军、杜永明、孙小金主编《新点评中国人》第 5 卷，台北：台海出版社，2001，第 2743 页。
③ 转引自阿风《清朝的京控——以嘉庆朝为中心》，《中国社会历史评论》，天津古籍出版社，2014。
④ 光绪《重修天津府志》，天津市地方志编修委员会编著《天津通志·旧志点校卷》（上），南开大学出版社，1999，第 1359 页。
⑤ 黎仁凯、姜文英等：《直隶义和团运动与社会心态》，河北教育出版社，2001，第 393 页。

行为更类似于乡耆教化。

　　根据现有资料，传统社会中滋生于民间的天津讼师大部分出身于生监，他们有一定的文学素养且对法律知识熟稔，由于无法进入正途，便利用所学成为讼师。他们或隐身于诉讼背后，或借生监身份行讼师之职，就其活动而言，既有危害民众利益和损害国家司法秩序的一面，但同时受儒学政治理念的影响，他们亦对地方法律秩序的维护，对地方社会弊病的矫治产生了一定的推动作用。也正是这些暗流涌动的讼师活动，随着从业道德的不断提升、与地方社会的不断磨合以及诉讼技能的不断专业化，在推动该群体不断发展的同时也为近代律师的出现做了一定的铺垫。

第三节　中西学堂到法政学堂：清末法学教育 与律师培养的萌芽

一　从"摄法归礼"到"弥合融通"：天津中西学堂对外交涉人才的培养

　　基于"摄法归礼"文化形成的传统司法秩序，中国传统社会的"法"自然维护的是"以中央为核心，众星拱北辰，四方环中国的'天地差序格局'的价值本原"。[①] 为维护"人群社会相交相处所共遵"[②] 之"礼"，于内奉行息讼原则，对讼师"中国之严禁，恶其挠上之权"，[③] 于外持华夏中心原则，构建"华夷"国际外交秩序。然而鸦片战争后，受西方"条约"法律文化秩序的影响，基于华夏中心原则的"华夷"法律文化秩序开始松动。这一松动首先表现为清廷对"西学"态度的转变。最初是那些与洋人频繁打交道的洋务大员，因直接交涉的常规化，越发意识到"与外国交涉事件，必先识其性情，今语言不通，文字难辨，一切隔膜，

---

① 葛兆光：《中国思想史》第 1 卷，复旦大学出版社，1998，第 130 页。
② 钱穆：《论语新解》，九州出版社，2011，第 51 页。
③ 顾家相：《中国严禁讼师外国重用状师名实异同辨》，《近代中国史料丛刊》第 83 辑，台北：文海出版社，第 173 页。

安望其能妥协"。① 然而，士子官绅却是"通市二百余年，交兵议款又二十年，始终无一人通知夷情，熟悉其语言文字者"。② 同时 1858 年《中英天津条约》还明确规定嗣后凡有文词辩论，以英文为主；《中美天津条约》也提出学习外国语文等四项建议。这种情况下，为"推考诸夷嗜好忌讳"，③ 清政府开始于 1862 年开办京师同文馆，以培养外语人才和应付列强交涉事宜。

其次，体现在"律依附于儒"传统法律文化格局的松动。明清时期天津向学蔚然成风，普通老百姓"民俗务本不尚末，作不能商贩远方且耻为胥吏，故邑中富室绝少，其衣食稍足者皆令子弟向学，虽穷乡下里必有塾师，弦诵之声达于四境"；④ 相较之下，律学则处于一种"国无专科，群相鄙弃"⑤ 的局面，甚至律学一度从官学地位下降为刑名幕友之学，导致"近世之吏，上下其手，律例愈密而愈紊，不过供其舞文弄法已耳"。⑥ 天津开埠后，"列强对中国武力侵略的同时，也对中国的经济模式产生了一定影响，客观上刺激了中国民族资本主义的发展，通商口岸的近代工矿企业应时而生"。⑦ 天津为华北商务荟萃之区，"以商业而言，尤其是那些大银行、大公司，都是新兴事业，资本雄厚急思扩张发展，不似从前的一味保守行为。所以业务愈大，则纠纷愈多，事事牵达到法律问题"。⑧ 据记载，第一位进入天津的洋律师是英国的法学博士甘·堪特。当时，他受聘于英商怡和洋行与太古洋行，业务主要是在洋行里充任法律顾问，处理华洋纠纷。⑨ 基于"通商交涉，事益繁多"的社会现实，地方政府被迫与西方列强进行外交、商事对话时，已然发现培养本国专门国际法人才刻不

---

① 陈元晖主编《中国近代教育史资料汇编·洋务运动时期教育》，上海教育出版社，2007，第 5~6 页。
② 《四国新档·英国档》，台北"中研院"近代史研究所，1966，第 854~855 页。
③ 《四国新档·英国档》，台北"中研院"近代史研究所，1966，第 854 页。
④ 金良骥：《清苑县志》卷三《风土·风俗》，台北：成文出版社，1934，第 308 页。
⑤ 赵中颉主编《中国古代法学文选》，四川人民出版社，1992，第 300 页。
⑥ 《利弊》，天津市地方志编修委员会编著《天津通志·旧志点校卷》（上），南开大学出版社，1999，第 27 页。
⑦ 汪敬虞：《中国近代工业史资料》第 2 辑（下册），科学出版社，1957，第 649 页。
⑧ 包天笑：《钏影楼回忆录续编》，香港：大华出版社，1973，第 112 页。
⑨ 中国人民政治协商会议天津市委员会文史资料研究委员会编《天津文史资料选辑》第 37 辑，天津人民出版社，1986，第 187 页。

容缓。

最后，这种松动也贯穿于国人对律师的认知过程中。自 19 世纪 40 年代前后，西方律师制度开始渐为国人所了解，① 50 年代末至 90 年代，外国律师已在上海租界开始活动并在工部局的法律事务中发挥了重要的作用。② 光绪二年（1876）五月沈葆桢就上海四明公所、火车路两案③致信李鸿章时，就明确提到"华官与律师前往"，此中的律师即为外国律师。④其实，经常处理对外交涉事件的李鸿章也感同身受，尤其是与他经常打交道的美国驻天津领事施博，该领事为律师出身，李鸿章曾提到"泰西各国欺我不谙西律，遇事狡辩，无理取闹"。后来施博被日本外务省以岁费万金聘为律师后，李鸿章也欲聘请"物色数年未得其人"之伍廷芳律师，以"俾与洋人辩论"，同时"令将西律译出……西人亦无从欺弊"，于"办理交涉案件不无裨益"。⑤ 需要注意的是，尽管清廷上层已意识到律师的重要性，但始终也仅限于处理对外交涉事务上，这一认识直接影响了天津法学教育的办学宗旨。时任天津海关道的洋务派盛宣怀就建议在北方洋务中心、中西文明交汇之地天津创建西式学堂，即"天津中西学堂"，学习西方文化和西方法律，培养交涉人才，以"与各国絜长较短"，"为继起者规式"。⑥

1895 年 10 月 2 日，盛宣怀借博文书院基址，改"书院"为"学堂"，天津中西学堂成立。建成后的中西学堂，基址之宏敞，工程之巩固，房屋轩敞，气象崇闳，不仅是紫竹林洋楼之冠，⑦ 也在津郡华洋各屋宇中首屈一指。⑧

---

① 邱志红：《现代律师的生成与境遇——以民国时期北京律师群体为中心的研究》，社会科学文献出版社，2012，第 11 页。

② 陈同：《近代社会变迁中的上海律师》，上海辞书出版社，2008，第 42~43 页。

③ 四明公所在上海小北门，上海宁波商人所建同乡会馆。1863 年，法国将其划入租界，1874 年又借口修筑马路，拟将会馆拆除。5 月 3 日，上海百姓举行反迁拆斗争，法出动法美水兵及商团镇压。1878 年 8 月 15 日，总署与法公使谈判，法国放弃筑路计划。

④ 《致李鸿章》，王庆元、王道成校注《沈葆桢信札考注》，巴蜀书社，2014，第 442 页。

⑤ 《复总署·请用伍廷芳》，顾廷龙、戴逸主编《李鸿章全集》32 信函四，安徽教育出版社、安徽出版集团，2008，第 134 页。

⑥ 盛宣怀：《拟设天津中西学堂请奏明立案》，陈忠倚编《皇朝经世文三编》卷一《学术》，清光绪二十八年上海书局石印本。

⑦ 《津沽秋汛》，《申报》1888 年 9 月 24 日，第二章。

⑧ 《培植人才》，《申报》1889 年 2 月 20 日，第一章。

天津中西学堂是一所兼具本科和预科，以研习西学为主的学堂，主要仿效哈佛大学和耶鲁大学的模式，而非"尽量贴近中国传统的儒学学府"。① 体现在建筑形式上则不同于传统书院，传统书院一般坐北朝南，呈四合院式布局，如问津书院"其地高阜而面阳，形家以为利建学……位其中为讲堂，堂三间，前为门，后为山长书室；而环之以学舍，凡六十有四间"，② 规范中见谨严。天津中西学堂则采取纯西式学堂建筑，建筑外形为德式风格，"全部校舍为四合式大楼和相连的楼房、平房"。③ 四合式建筑形式暗含中国传统易学四合成象之意，主楼为体，四边其他楼房、平房组成的建筑群为用，属于整体与局部的关系，大象与小象的关系，从而构成了一个不可分割的有机整体，传递出中西学堂中体为主，西学为用的办学宗旨。因此在课程设置上，虽然与传统天津书院专课制艺试帖有很大的区别，传统书院以"预修文章策略"和"试卷纸字数俱与廷试无异"见长，天津士子也因"习之有素"而"春榜入词林者络绎不绝"④，但在总教习美国人丁家立的策划下，学堂亦注重中西学结合，尤其在升入大学堂法科之前，学堂规定学生必须修完人伦道德、经学大意、中国文学等中学课程方能进入下一阶段的学习。⑤

学堂注重人才培养，按照丁家立的课程设计，进入学堂高级阶段后，授课以英文为主，⑥ 据 1907 年统计，教授外国法的是美国人林文德（Edgar Pierce Allen，1866—1921），之后又增加了爱温斯（Richard Taylor Evans）和法克斯（Charles James Fox）两位美国律师。授课内容也涉及多个学科，包括大清律例、各国通商条约、法律通论、罗马律例、英国合同

---

① 张世轶：《清末传统教育视阈下的西学教育——从丁家立和中国第一所大学堂规划书谈起》，《教育史研究》2017 年第 1 期。

② 陈谷嘉、邓洪波主编《中国书院史资料》（中册），浙江教育出版社，1998，第 917 页。

③ 中国人民政治协商会议天津市河西区委员会文史资料委员会编《河西文史资料选辑》第 5 辑，中国文史出版社，2004，第 147 页。

④ 《志余随笔》，天津市地方志编修委员会编著《天津通志·旧志点校卷》（下），南开大学出版社，1999，第 732 页。

⑤ 王杰主编，张磊、郭伟全副主编《天津大学志》（综合卷），天津大学出版社，2015，第 526 页。

⑥ 《中国教育之改革》，〔美〕谢念林、〔美〕王晓燕、〔美〕叶鼎编译《丁家立档案》，广西师范大学出版社，2015，第 184 页。

法、英国罪犯律、万国公法、商务律例等。进入北洋大学堂阶段后，法律科的课程又扩展为宪法史、宪法、法律总义、法律学原理、罗马法律史、合同律例、刑法、交涉法、罗马法、商法、损伤赔偿法、田产法、成案比较、船法、诉讼法则、约章及交涉法参考等。教学方法也多采用判例教学法，这恐怕是美国判例法在中国大学的最早应用。① 为满足学堂分科授课且学生数量欲招百余名，所需房屋必须宽大②等需求，学堂建筑用地达110余亩，南北长二十一丈九尺二寸，东西长二十二丈五尺二寸，地上高一尺五寸，平屋高十七尺，楼高十五尺。③

　　与房屋轩敞、气象崇闳的建筑相映衬，学堂自开办以来，便在招生、教学、考试以及纪律方面秉承严谨治学方针。开办之初，学堂花费两千两白银在津、京、沪、汉和穗报纸登载招生广告，结果仅有一人考进法律一科。即使庚子战乱后，天津中西学堂法科法律学一门招生也就仅十余人。学生入学后，课业负担比较繁重。据北洋大学法学教授冯熙运回忆，当年求学期间，大部分同学经常出入图书馆，埋头读书，休息日也很少回家。④ 学生入校后，统一由中籍教师管理。上课时间为早上八点半至正午，下午两点至五点半，晚上八点到十点。⑤ 同时，引进分班教学、分科教学、年级制等近代教学模式和考核淘汰制，"日有课，月有稽，季有试，年终有大考"，⑥ 以及"学生未卒业之日，均不应学堂外各项考试"。⑦ 这与以往"院长不尽常年到院，学生未能常年住院，平时不立课程，月仅考八股试贴一二次，其欲收实效也难矣"⑧ 的书院情况大相径庭。为了培养学生，学堂不仅承担学生学习用具及食宿等费用，而且每月

---

① 王健：《中国近代的法学教育》，中国政法大学出版社，2001，第156页。
② 《奏设天津中西学堂章程》（续第八册），《时务报》第11期，1896年，第6～9页。
③ 《天津纪实》，《申报》1887年8月8日，第2章。
④ 左森、胡如光：《北洋大学人物志》，天津教育出版社，1990，第119页。
⑤ 王杰编著《学府探赜——中国近代大学初创之史实考源》，天津大学出版社，2015，第6页。
⑥ 盛宣怀：《愚斋存稿》，沈云龙主编《近代中国史料丛刊续编》第13辑第2卷，台北：文海出版社，1966，第29页。
⑦ 盛宣怀：《愚斋存稿》，沈云龙主编《近代中国史料丛刊续编》第13辑第2卷，台北：文海出版社，1966，第25页。
⑧ 璩鑫圭、唐良炎编《中国近代教育史资料汇编·学制演变》，上海教育出版社，1991，第28页。

发膏火费白银一两至七两。甚至在"国用浩繁，库款竭蹙"的财政窘境下，专门"积存生息，以备四年后挑选学生出洋川资经费"；或者酌量委派洋务职事，以分途历练。①

天津中西学堂后改为北洋大学堂，中华民国成立后改为"北洋大学校"。该学堂以培养中外交涉法律人才为主要目标，重视实务训练与培养，为实现从"摄法归礼"到"弥合融通"的转变，学堂按照近代法学教育体制以及学制来培养本土专门法律人才，1907～1920年共培养法科学生132名。② 天津中西学堂法科毕业生多留学外洋，尤以留美居多，其中既有获"钦字第壹号考凭"的首届律例门毕业生王宠惠，也有近代外交家王正廷以及爱国教育家赵天麟、张煜全、严锦镕、王建祖、杨荫杭，天津律师公会会长张务滋。这些留洋毕业生不仅获得了法律学、政治学、经济学硕士或博士学位，而且归国后大多从事教育、司法、外交等领域工作，③ 在20世纪20年代的中国发挥了重要作用。满足清廷外交需要的同时，也在一定程度上扩大了西学在津沽的影响力。

二 法政并举：北洋法政学堂法政人才的培养

北洋法政学堂是时任直隶总督袁世凯主导为之。在此之前，袁世凯曾在保定设立直隶法政学堂，但由于"其时各省法政学堂多未成立，先后咨送学生来直入该学堂肄业者甚众，又以该学堂学年较短（预科半年，正科两年），学科较浅"，④ 后袁世凯升任直隶总督后，遂在天津添设北洋法政学堂，聘请留日中央大学毕业生黎渊任总监督。

1906年，位于天津河北堤头村新开河河坝下（现河北区志成道33号）的北洋法政学堂建校。该学堂占地4200平方米，与天津中西学堂的纯西式建筑不同，北洋法政学堂采用的是当时新式学堂的普遍建筑风

---

① 《奏开设天津中西学堂疏》，郑振铎编《中华传世文选·晚清文选》，吉林人民出版社，1998，第566～568页。

② 北洋大学—天津大学校史编辑室编《北洋大学—天津大学校史》（一），天津大学出版社，1990，第461～462页。

③ 张亚群：《北洋法学随想》，《今晚报》2015年4月17日，第17版。

④ 《署直督杨奏开办北洋法政学堂请立案折》，《奏议政治官报》，台北：文海出版社，1965，第518页。

格，校舍为中西合璧砖木结构两层建筑，豆青色条石奠基，墙面是伊奥克尼古典柱式，房檐部有栏杆式女儿墙，校门则以拱券式装饰。① 这种中式建筑、西式装饰的建筑风格契合了清廷改革方向的转向，清政府不再试图通过在西学与儒学中间寻找一种内在的契合，以达到自强的目的。他们发现 20 世纪以降，面临"国权侵削、民利亏损、国威不振、几难自立"的"庚子巨创"危局，清廷欲恢宏治道，伸自主之权，进文明之治，甚至"举他族而纳于大同"，国中论政者，"皆觉国家富强之本在于修明政治，讲求法度"，② 改定律例，进行司法制度层面的内政改革才是正确的方向。于是在清末仿行立宪和废科举的双重推动下，号称"他日创制之本原"③ 的法政学堂兴起，到 1909 年，隶属直隶的法科专门学堂共有 6 所，学生 2034 人，约占当年直隶学生人数（4028 人）的一半。④

北洋法政学堂乘新政之势，以"法政"为名，有易"天下服德"为"法律与政治"之意。学堂以教授高等法律、政治、理财专门学术以及造就完全政法通才为目标，注重法律与政治人才的结合。北洋法政学堂是中国历史上第一所法政类专科学校，该学堂以"法政"而非"法律"命名，源于晚清官方对西方法律的认识从工具性向制度本源性转变的结果。首先，从"法政"的词义考虑，传统社会语境下"法政"不仅有"法政独出于主，则天下服德"⑤ 之意，即法律与政令，也有"法政而德不衰，故曰王也"⑥ 之礼俗与道德含义。近代以来，"法政"一词发生转义，逐渐由传统社会的多重含义，简化为单指与法律和政治有关的各种学问的统称，如《丁未年法政学报发刊词》将"法政思想"解释为政治思想和法

---

① 侯欣一：《天津近代法学教育之北洋法政学堂》，张士宝主编《法学家茶座》第 25 辑，山东人民出版社，2009，第 88 页。
② 吕复：《河北省立法商学院三十年纪念辞》，《法商周刊》三十年纪念册，1936 年，第 1~2 页。
③ 《隆平县设立公议局警务研究所禀请核示文并批》（续），《大公报》（天津版）1906 年 7 月 21 日，第 3 版。
④ 周予同：《中国现代教育史》，福建教育出版社，2007，第 147~150 页。
⑤ 黎翔凤：《管子校注》（下），中华书局，2004，第 1212 页。
⑥ （清）王聘珍：《大戴礼记解诂》，中华书局，2011，第 148 页。

律思想。① 其次，除了"法政"本身已包含法律的含义外，晚清政府对通达权变政治人才的需求也提升了政治学的地位。以法政为名，既是适应"世界日新，世变日亟"的国际形势，也是造就研精中外法律、各具政治知识、足资应用的吏治人才，② 并且是解决"中国政治之不修，实缘官吏之不学，于国家政令条教与夫当世之务皆素所未谙"③ 的重要途径。而且，作为晚清新政试点，北洋法政学堂也是袁世凯在天津推行新政、培养新式法政人才的起点。

北洋法政学堂是在晚清仿行立宪和废除科举的形势下开办的，课程、学制设置均围绕培养专门法政人才此目标展开。学堂分简易科和专科两种学制。简易科以六月为期，分为司法和行政两门，"以造就法政通才为主"。专科又分为预科和正科，面向各省中学堂毕业生，共招考 200 名，要求年龄在 16 岁以上 25 岁以下，文理通顺、曾读经史、略具普通知识。与简易科以推荐入学不同，专科的考试较为严格，共分两场：第一场国文、经义、史论题各出一道；第二场为外语和算学。每场考试早晨七点入场，下午五点交卷，长达 10 个小时。其间，学生自备食物。④ 入学后，学生先进入预科学习三年，主修法政普通课程以及英法德日语言。因为学校章程规定，外籍教师授课，无论正科还是预科概不用通译，以节钟点而收实益，因此外语课时占到全周课时 36 小时的二分之一。其中第一外语——日语，每周学习 12 小时；英语、法语、德语等第二外语，第一年每周 6 小时，第三年递增至 10 小时。进入正科学习后，分为政治门和法律门。政治门以造就理财交涉行政及地方自治人员为主；法律门以造就立法司法人员为主，所修科目包括大清律例、大清会典以及西方的政治学、财政学、经济学、应用经济学、社会学、政治哲学、政治史、外交史、通商史、宪法、民法、刑法、国际公法、私法、商业、银行、货币、商法地方自治、统计等

---

① 《丁未年法政学报发刊词》，《北洋法政学报》第 17 期，1907 年，第 1~3 页。
② 《修律大臣订定法律学堂章程》，潘懋元、刘海峰编《中国近代教育史资料汇编·高等教育》，上海教育出版社，2007，第 130 页。
③ 欧阳弇元：《酌拟课吏馆改设法政学堂章程禀》（并批），潘懋元、刘海峰编《中国近代教育史资料汇编·高等教育》，上海教育出版社，2007，第 130 页。
④ 覃艺、张偏：《中国工运历史人物传略·李大钊》，中国工人出版社，2012，第 12 页。

30 多科。①

聘日本法律专家，改国人传统政治观。如前所述，中西学堂对西方法律的引介主要还是停留在"西艺"层面，并未从观念上真正意识到国家盛衰与法律的关系，这与中国传统"法在礼下"之政治观不无关系。然而 1905 年日俄战争后，社会舆论普遍形成了以日本为师，通过立宪实现富国强民的理想，"故夫法律者，国家所恃以存立⋯⋯惟我中国向以人治，不以法治⋯⋯以无法之国之民立于天演之界，岂不危哉?"② 北洋法政学堂亦围绕此目标，聘请日本法律专家来津讲学。例如，时任学堂总教习今井嘉幸曾言："西人得行其裁判权于东方，则东方又何以不得行其裁判权于西方?""领事裁判权乃强国挟以凌弱国者，所谓强者之权也"。③ 日本因学习西方政治经济制度，达到了修改不平等条约、废除领事裁判权的目的，因此他极力推动法政学堂诸生应"研究法学，宜预为之备"。④ 体现在课程内容上，为侧重应用类型，如警察法、监狱法、现行租界会审制度、诉讼实习等。经过较短时间的发展，1908 年该校职绅两班共毕业 264 人，⑤ 一定程度上满足了天津地方司法体制改革和各地法政人才需要，逐渐成为直隶乃至全国培养法政专门人才的模范学校。

律师是在法官职业化的过程中诞生的。"与法官专业化互为因果，同步发展的是律师阶层的出现。"⑥ 从这一点上看，面向直隶和天津招生的法政学堂无疑为民国法官职业化提供了人才储备。司法门主要面向直隶省候补暨京外候补候选各员，名额为 100 名，同时还专门为天津各司法人员开设定额为 50 名的旁听班，以方便其利用公余时间学习法政知识；

---

① 《直隶总督杨奏北洋法政学堂渐著成效请立案折》，《政治官报》光绪三十四年四月二十九日第 290 号；覃艺、张倜：《中国工运历史人物传略·李大钊》，中国工人出版社，2012，第 12 页。

② 《振兴中国何者为当务之急》，《大公报》（天津版）1905 年 4 月 22 日，第 1 版。

③ 中共河北省委党史研究室、唐山市李大钊研究会编《李大钊人格风范》，红旗出版社，1999，第 156 页。

④ 《〈中华国际法论〉译叙》，朱文通等整理编辑《李大钊全集》第 2 卷，河北教育出版社，1999，第 3 页。

⑤ 河北省地方志编纂委员会编《河北省志》第 76 卷《教育志》，中华书局，1995，第 294 页。

⑥ 程汉大：《12—13 世纪英国法律制度的革命性变化》，《世界历史》2000 年第 5 期。

行政门则面向直隶省绅士招考，定额为 150 名。现代性的制度建构并不意味着与传统体制的完全割裂，反而遵循着改旧为新的渐进性程式。① 将士绅作为法政学堂的主要培养对象，主要考虑到"中国向来积弊……不惟官与民隔，绅亦与民隔，城绅与乡绅犹隔，往往城关之绅耳闻时法而不能知乡情，乡村之绅心只吝财而不能知事变"。因此为推动新政改革，"必先使绅与绅通，而有以联之，官欲民信，必先使绅为民信而有以导之"。② 因此，法政学堂拣选士绅条件有二：四十五岁以下且品学兼符乡望者。

学堂不仅在培养目标方面向传统士绅倾斜，如学制设计以速成与专门并重。如绅班专收直隶士绅，以造就直隶通晓法政官吏为目的，职班则招收外籍有职人员，以培养律师及谳局人员为主，而且在制度上也优先安排，"入堂毕业后分别奏留，以供任使。至本省士绅各署幕僚，皆有佐治之责，亦分别筹设学堂，兼营并进"。③ 比如获鹿县增生王瑞云因有法政学堂学历，而在毕业一年半旋由科员晋升为县农会会长。④ 与之有类似经历的还有唐山迁西县的石文华、王作霖、王汝橱和贾宝信，⑤ 以及四川万县的张锡龄、杜翰香、孔庆洞、孔庆善和谭治等人。⑥ 曾担任天津律师公会常务理事的张士俊，据族人回忆，其十分熟悉《大清律例》，可以倒背如流，自学堂毕业后，即开始了长达 35 年的律师执业生涯，并在抗战期间及抗战后为天津律师的复业及业务拓展做了大量的工作，推动了战后天津律师业的发展。

---

① 王先明：《袁世凯与晚清地方司法体制的转型》，《社会科学研究》2005 年第 3 期。

② 《隆平县设立公议局警务研究所禀请核示文并批》，《大公报》（天津版）1906 年 7 月 20 日，第 3 版。

③ 《隆平县设立公议局警务研究所禀请核示文并批》（续），《大公报》（天津版），1906 年 7 月 21 日，第 3 版。

④ 任吉东：《新陈代谢：近代地方精英群体的成式与异化——以获鹿县为例》，《城市史研究》2010 年第 26 辑。

⑤ 潘一中、李荣珊主编，迁西县地方志编纂委员会办公室编《迁安县志译注》（二），新华出版社，1990，第 316 页。

⑥ 四川省万县市龙宝区教育委员会编《万县市政教育志》，万县日报印刷厂，1996，第 325 页。

第四节 律师的摇篮：“天津法政”的发展
与法政系律师的培养

晚清天津法律人才的培养，为民国天津乃至直隶法官职业化奠定了基础。其中承继于清，发展于北洋、国民政府时期的北洋法政学堂，自成立以来，历经清末、北洋政府和国民政府三个时代，学校名称由北洋到直隶而后河北，主持校政由监督，继之校长、院长，“更易之繁，多至十有八人”。[①] 后为方便，人们统称其为“天津法政”。虽饱受锋镝之苦，更替之乱，“天津法政”仍培养了一批法律、政治、经济、商学等方面的人才，尤其是在天津律师界，出自“天津法政”的毕业生几乎占到了整个天津律师群体的一半。[②] 可以说，在近代天津律师群体的发展过程中，“天津法政”及其培养的“法政系律师”无疑有着重要的地位。

一 变与不变：北洋法政专门学校——律师培养的开端

“天津法政”兴起于庚子之后，“国中崇尚法学之时”，[③] “国中论政者，皆觉国家富强之本在于修明政治，讲求法度”，[④] 在清末仿行立宪和废科举的双重推动下，法政学堂兴起，1909 年，隶属直隶的法科专门学堂共有 6 所，学生 2034 人，约占当年直隶学生人数（4028 人）的一半。[⑤] 其中北洋法政学堂乘新政之势，以教授高等法律、政治、理财专门学术以及造就完全政法通才为目标，逐渐成为直隶乃至全国培养宪政人才的模范

[①] 吕复：《河北省立法商学院三十周年纪念辞》，《法商周刊》三十周年纪念册，1936 年，第 1~2 页。

[②] 《杂件》，《朱道孔法律事务所》，天津市档案馆，档案号：J45 - 1 - 1 - 1049；《法院律师登录事项》，《天津市地方法院及检察处卷》，天津市档案馆，档案号：J44 - 3 - 288 - 817、819、821。

[③] 吕复：《河北省立法商学院三十周年纪念辞》，《法商周刊》三十周年纪念册，1936 年，第 1~2 页。

[④] 吕复：《河北省立法商学院三十周年纪念辞》，《法商周刊》三十周年纪念册，1936 年，第 1~2 页。

[⑤] 周予同：《中国现代教育史》，福建教育出版社，2007，第 147~150 页。

学校。民国初立，因"清政府之学制，最必须改革者"，① 同时教育部考虑"民国肇建，法政人才需用孔亟"，"此项国立学校固应早日设立"，② 令原北洋法政学堂改为北洋法政专门学校。1911 年北洋法政学堂因相较于同时期直隶其他法政学堂，"规模尚属宏大，讲堂宿舍俱极整齐"，③ 得以在原址上直接易名为北洋法政专门学校。

学校正式开学后，除了新生，"元年春开课之时，旧有学生回校者虽亦不乏"。④ 当这些学生返校后，他们发现学校还是原来的学堂，坐落在新开河旁，师生通过学校对面的木桥或新修建的旱桥可以直接到达河北新区，交通比较便利。建筑风格上，学校依然保留着原学堂的建筑风格，二层砖木结构式校舍，配以栏杆式女儿墙，同时也未进行大规模的学校扩建和校园景观建设。从外观上看，易名后的北洋法政专门学校与原学堂并无二致。学生仍然与以前的老师——今井嘉幸和大石定吉等日籍教师生活在一起。唯一改变的是，学堂变为学校，原来的张恩绶张监督得改称呼为张校长。

民国社会处于特殊的转型时期，法学教育也处在频繁变动与重构之中。在此背景之下，北洋法政专门学校原有的培养模式、课程选择以及教学方式，即使是在不变的校园里，也会因社会环境的改变而发生变化。这种变与不变势必会折射到教育理念上，从而使法学教育呈现一种新旧杂糅的过渡性特征，并对未来律师从业人员产生了潜移默化的作用。

首先，北洋法政专门学校依然保留着速成与实用的法学培养模式。民国成立后，一方面政府选吏多出法科，根据《文官考试法草案》，涉及法律科目的考试在文官高等考试初试科目中占比达到80％，法科成为"干

---

① 《教育部：电各省颁发普通教育暂行办法》（1912 年 1 月 19 日），《中国近代教育史资料汇编·学制演变》，上海教育出版社，2007，第 605 页。

② 周予同：《中国现代教育史》，福建教育出版社，2007，第 147～150 页。

③ 《教育部：咨直隶巡按使该省公私立法政专门学校立案准驳情形请分别饬遵文》（1914 年 7 月 7 日），潘懋元、刘海峰编《中国近代教育史资料汇编·高等教育》，上海教育出版社，2007，第 496 页。

④ 《公牍：直隶民政长据北洋法政专门学校呈覆添招法政别科学生程度情形咨覆教育部文》，《大公报》（天津版）1913 年 4 月 27 日，第 6 版。

禄之终南捷径"。① 另一方面就律师职业而言，1912 年 9 月 16 日《律师暂行章程》的颁行，不但首次从国家层面明确了律师作为法律职业的合法正当性，而且该条例将法政学校三年制学历或法政学校教师的条件，作为获得"比别种职业来得写意"② 的律师职业资格的免试条件。一时间入读法政学校，学习法律专业为众人所追逐。"戚党友朋，驰书为子弟觅学校。觅何校，则法政学校也。旧尝授业之生徒，求为介绍入学校。入何校，则法政学校也。报章募集生徒之广告，则十七八法政学校也。行政机关呈请立案之公文，则十七八法政学校也。"③ 社会风气之下，北洋法政专门学校自然也难免滑向速成与实用一途。

其一，北洋法政专门学校继续保留了别科。法政别科源自清末法律改革，是为了应对新型司法体制下司法人才急需而为"举贡生监"安排的一条出路，后因入学资格和办学条件泛滥于清末，招致人们颇多异议。民国成立后，虽然教育部颁布《专门学校令》，称由于民国初年宪政人才的短缺，特允许法政专门学校在不设本科的情况下设立别科。④ 这本是过渡时期的过渡办法，但各法政专门学校"入学新生动辄数百，考其内容大率有专门之名，无专门之实，若不急行截止，流弊曷可胜言"。⑤ 虽然无法得知北洋法政专门学校正科学生确切人数，但从《大公报》持续一年的"北洋法政专门学校别科招生广告"上看，别科人数可能会超过正科人数。1914 年，北洋法政专门学校别科毕业生达到了 372 人。⑥ 其二，培养目标重实用。像法律别科的课程设计有宪法行政法、民法、刑法、商法、刑事诉讼法、民事诉讼法、国际法以及国际私法，从中可以看出学校的法学教育还是多侧重于对现行法令条文的学习，偏重于辩护的应用以及文字上的实用主义。这固然有利于缓解因实行律师制度而不断涌现的法政

---

① 蔡元培：《就任北京大学校长之演说》（1917 年 1 月），《东方杂志》第 14 卷第 14 号，1917 年，第 148～149 页。
② 南风：《法政学院——连夜赶造律师》，《硬的评论》第 1 卷第 3 期，1930 年，第 45 页。
③ 黄炎培：《教育前途危险之现象》，《中国近代思想家文库·黄炎培卷》，中国人民大学出版社，2015，第 24～26 页。
④ 《教育部赞准法政专门学校设立别科令》，《教育杂志》第 4 卷第 9 号，1912 年。
⑤ 《政府公报分类汇编》第 14 期，1915 年，第 34 页。
⑥ 《本埠　请给证书》，《大公报》（天津版）1914 年 10 月 3 日，第 5 版。

人才，但却"对于理论法学不甚重视，许多法律学校的毕业生眼光小而不知应变，对于各种法律制度，只知其然而不知其所以然"。① 最终学校培养了一批新官僚，却难以造就法学家阶层，他们"所贡献于国家的，较之国家原所希望于他们的，相去甚远，事倍功半"。②

其次，北洋法政专门学校的变化体现在教育培养目标的改变上。受民国初年以法治国潮流的影响，社会上下对文明法治的期望，转化为民初政府急切希望培养本土新兴法律知识分子，为司法界补充人才供给，从而使司法制度更加合法化。尤其是当一批深谙欧美近代文化教育的知识分子占据了中枢位置后，民国的法学教育逐渐显现出民主化和专业化的趋势，民国政府教育部先后公布了《专门学校令》和《法政专门学校规程》，前者强调了对专门人才的培养，后者则规定法政专门学校应与大学的法科在入学资格、课程设置、分科结构、修业年限等方面相同。1914 年民国政府教育部《整理教育方案草案》中再次明确"专门法政教育，官治与自治人才并重"的教育培养目标，并指出"除育成官治人才外，以多储自治人才为要义；凡其学资不足为官，其讲授之目的在于输入法政知识者，任其设立讲习科或补习科，养成公民之资格；而正当之法政教育，则注重裁判实习、国会实习等，俾进而在位则能自效其力，退而在野则能有益于乡，此专门法政教育设施之要旨也"。③ 此培养目标突出了北洋法政专门学校教育的两大目的：发展高等学术和培养国家吏治人才、获得公民资格，这显然也与清末"服从心、保守心，易受政府驾驭"④ 的忠君意识教育培养截然不同。

最后发生变化的是，原北洋法政学堂累积的民主革命思潮并未衰退，反而受国民教育的推动愈加蓬勃发展。清廷谢幕意味着皇权从制度层面退出，同时也意味着"务使全国学生每饭不忘忠义，仰先烈而思天高地厚

① 杨兆龙：《中国法学教育之弱点及其补救方略》，郝铁川、陆锦碧编《杨兆龙法学文选》，中国政法大学出版社，2000，第 152～153 页。
② 王健：《中国近代的法律教育》，中国政法大学出版社，2001，第 342 页。
③ 璩鑫圭、唐良炎编《中国近代教育史资料汇编·学制演变》，上海教育出版社，2007，第 756 页。
④ 《临时教育会议日记》，璩鑫圭、唐良炎编《中国近代教育史资料汇编·学制演变》，上海教育出版社，2007，第 648 页。

之恩"① 的忠君教育思想彻底失去了意识形态领域的合法性，并反转为陈腐的标志。1912 年 9 月，在时任教育总长蔡元培（蔡氏有四年留德学习、生活经验）的支持下，教育部通过了"注重道德教育，以实利教育、军国民教育辅之，更以美感教育完成其道德"② 的教育宗旨。需要强调的是，这里的"道德"教育并非指君权神授下之"忠、君"，而是"养成国民公共心及自治习惯"③ 的"尚公"教育观，强调的是对国民品格的养成。国民是现代政治体系下民众的新身份，国民对应的公民责任是对国家社会的责任，而非对君主的责任。这是民国政府寻求有别于清廷与西方，并谋求自身政权合法性的主要途径，是一种结合了现代政治民族主义的道德要求。在此政治氛围下，素有民主革命基础的北洋法政专门学校的师生——国会请愿运动以及辛亥革命中的王宣、汪瀛、童启颜（冠贤）、童启曾、凤文祺等④学生曾参与其中，以致袁世凯赴京履职之际特嘱咐天津督抚，要"严防某法校"⑤——组建了北洋法政学会，并以《言治》月刊为阵地，揭露、斥责军阀政客的同时发表了大量文章，成为推动民主化的重要力量之一。

对国民品格的养成培养与注重实用速成培养方式的结合，在民国初年国家与社会、政治与学术以及"宪政"与"法治"氛围的裹挟下，北洋法政专门学校"思想最发达"⑥ 的毕业生们在选择自己的职业时，主要有四条出路。一是钻研学问，成为著名法学家。像夏勤，字敬民、竞民，江苏泰州人。1912 年作为第一批会员加入北洋法政学会，曾担任李大钊任部长的编辑部部员，毕业后长期在朝阳大学执教，先后任教师、教务长、

---

① 《学部：奏请宣示教育宗旨折》，陈学恂主编《中国近代教育史教学参考资料》（上），人民教育出版社，1986，第 564 页。

② 璩鑫圭、唐良炎编《中国近代教育史资料汇编·学制演变》，上海教育出版社，2007，第 661 页。

③ 《公报辑要》，《教育研究（上海 1913）》第 15 期，1914 年，第 7 页。

④ 刘国有：《李大钊、〈言治〉与天坛宪草》，《河北工业大学学报》（社会科学版）2014 年第 2 期。

⑤ 齐植璐：《北洋法政学堂及其沿革》，政治协商会议天津市委员会文史资料研究委员会编《天津之史资料选辑》第 44 辑，天津人民出版社，1988，第 41 页。

⑥ 凌钺：《辛亥滦州起义记》，中共唐山市委党史研究室、唐山市李大钊研究会编《李大钊史事钩沉》，2011，第 159 页。

董事、副院长、代院长等职。二是选择投身革命，像李大钊、白坚武等人，如李大钊所言，"那时中国北方政治运动首推天津，天津以北洋法政为中心"。① 三是游走于学术与实务之间。要么以实务为主，如法律本科二班的邓哲熙，字毓芝、仲知，1913 年加入北洋法政学会，之后长期服务于冯玉祥的西北军，任立法委员以及法院院长等职务；② 要么是在两者之间选择，"北洋三杰"之一的郁嶷，在学期间因不满政府"政不加进，真理日晦者，则又政党之亭毒也……党人类挟其自私簧鼓天下，而真理之泪凭尤倍葰焉"，③ 与李大钊创办《言治》，推动宪政发展。毕业后先后在奉天官立法政专门学校和朝阳大学任教，并参与《甲寅》《晨钟报》等的创刊与撰写。其间也曾任职江宁地方审判厅厅长和湖南代理财政厅厅长，皆因不得行其志而挂靴。四是抱着做法官只局限于一法院，而做律师"可为人民请求，可为全社会尽力"④ 的信念，弃政选择做律师。

不过，有一个现象值得注意。1906 年《大清刑事民事诉讼法草案》首次提出并规定了律师职业及其资格问题，到 1912 年 9 月民国司法部正式颁行《律师暂行章程》，在中国历史上首次确立了律师职业。之后被赋予民主法治标签的律师业在中国得到了认可，1912 年底通过考试合格的律师有 297 人，到 1913 年达到了 2796 人。⑤ 然而，1938 年律师登记册显示，毕业于北洋法政专门学校法科的从业律师仅有 3 名，而且这 3 名律师也并非以律师为第一职业，多由教授、推事、检察官等职业转行而来。⑥ 虽然无法具体了解北洋法政专门学校毕业生的流向，但从中仍可发现，至少在北洋法政专门学校时期的法学教育尚未与律师执业直接结合，天津的"法政系"律师也尚未形成，做治国栋梁，从政仍是法政学生的首选。

① 李大钊：《十八年来的回顾》，政协天津市南开区文史文化委员会、天津市南开区城市建设委员会编《文史丛刊》总第 11 期《胡里春晖专辑·南开春秋》，第 226 页。

② 刘国有：《李大钊、〈言治〉与天坛宪草》，《河北工业大学学报》（社会科学版）2014 年第 2 期。

③ 郁嶷：《〈言治〉宣言书》，《言治》第 1 卷第 1 期，1913 年。

④ 《律师诸克聪通告》，《民主报》1913 年 4 月 9 日，第 9 版。

⑤ 《政府公报》1913 年 8 月 13 日，第 457 号，转引自徐小群《民国时期的国家与社会：自由职业团体在上海的兴起，1912—1937》，新星出版社，2007，第 107～108 页。

⑥ 《律师登录》，《河北省高等法院天津分院及检查处》，天津市档案馆，档案号：J44 - 246 - 48。

二　自由民主：直隶法政专门学校——律师培养的起步

民国的法政专门学校自成立始就埋下了隐患，作为公私立法政学校滥觞，法科学生数量暴增，且法政专门学校学生、教师旷课兼差情况日甚，教育质量饱受诟病。1913 年教育部专门下令整顿全国公私立法政学校，于各省创办省立法政专门学校。1914 年 7 月，北洋法政专门学校因"现设本科、预科各两班、别科三班，规模尚属宏大，讲堂宿舍俱极整齐，一切办法核与定章尚无不合。调阅各科学年成绩及入学试卷，均属相称"，①因此得以合并直隶公立法政专门学校（保定）和直隶高等商业学校，在原址上扩容为直隶法政专门学校。其下设法律、政治经济和商业三科，后添设甲种商业讲习科，学制四年，其中预科一年，本科三年。

承继了北洋法政专门学校"宏丽之建筑"，直隶法政专门学校校舍以砖为主材料分两层建筑，在立面和屋顶大面积保留中国传统建筑样式的基础上，只有山墙所开的左右对称高窗上方的砖砌弧形拱券以及窗下线脚采用了西式装饰风格。从整体上看，由传统建筑组群院落组成的学校虽"间有颓废陵塌者"，②但掩映于蓊郁青葱的树木中，偶有坡式屋顶露出，且有三三两两学生驻足小花园内，较之昔日仅有及肩树木的校园颇具田园之风。

田园气息浓厚的校园颇适合重建后的直隶法政学生。于内，一方面学生来源比较单一，以直隶地区为主。以法律本科三班为例，37 名学生中有 30 名学生来自直隶地区。到四班时，全班除了四名京兆地区的，其余来自直隶省。即使是在校教师，也多出自直隶及周边地区。③生源地的集中虽然可能造成自我封闭，但同学同乡的关系网络也为日后法政系律师的形成奠定了基础。这一点，与北洋法政时期学生"几于遍各省而有之"④

① 《教育部：咨直隶巡按使，该省公私立法政专门学校立案准驳情形请分别饬遵文》（1914 年 7 月 7 日），潘懋元、刘海峰编《中国近代教育史资料汇编·高等教育》，上海教育出版社，2007，第 496 页。

② 《天津法政专门学校校长及教务长易人》，朱文通等整理编辑《李大钊全集》第 2 卷，河北教育出版社，1999，第 709 页。

③ 《直隶法政专门学校同学录》，1917 年。

④ 《天津法政专门学校校长及教务长易人》，朱文通等整理编辑《李大钊全集》第 2 卷，河北教育出版社，1999，第 709 页。

的情况是不同的。另一方面直隶法政学生年龄普遍偏大，法律本科四班学生平均年龄达到了 26 岁，最大的甚至有 30 岁，[①] 稳重保守的个性也让学生更趋于安定。于外，学校不仅为优秀毕业生提供赴日留学机会，而且还为法科毕业生铺好了进入仕途的通道，比如学校专门为学生编制公文程式讲义，培养文官秘书，而且毕业后学校专门造册呈省政府通饬各机关分别录用。[②] 既无外事侵扰，又无生计可忧，学生们自然可以"潜心读书，不与闻外事"。[③] 他们享受着因"民国初立，改革之业告成"所带来的宁静与自由，甚至连昔日活跃的法政学会也日渐沉寂。[④] 当李大钊 1917 年回母校时，亦不禁发出"斯校亦渐缩小……非复曩昔之盛矣！"[⑤] 的感叹。

然而，在宁静悠闲的校园生活表象之下，涌动着自由民主的思潮。一如学校盾形校徽，校徽上方图案为罗马字头 C. L. C，其为直隶法专之名，红色字体寓意"盛大"，中间淡青色，外围纯白色，传达了中心淡泊且外体纯洁之意。[⑥] 校徽乃学校教育理念之体现，"防御恶社会潮流之意"的盾形设计传递出两层意思。一是对北洋政府藐视法律的抨击。辛亥革命后，"以法治国""以法立国"渐成潮流，然而，在实际政治操作中，各政治派别和军事集团却屡次借用法律外衣鼓吹"和平统一"，陷国家于内乱之中。二是表达了对当下法科教育理念的反思。经过十几年的发展，北洋法科教育仍因袭德日，课程编制稍显呆板，且无伸缩余地；教学方式上偏重理论灌输而轻视实践辩论；[⑦] 预科学习仅为一年，时间略显短促，不足以治斯学而

---

① 《直隶法政专门学校同学录》，1917 年。
② 《本埠新闻：饬令录用毕业生》，《大公报》（天津版）1917 年 6 月 8 日，第 7 版。
③ 《天津法政专门学校校长及教务长易人》，朱文通等整理编辑《李大钊全集》第 2 卷，河北教育出版社，1999，第 709 页。
④ 刘国有：《李大钊、〈言治〉与天坛宪草》，《河北工业大学学报》（社会科学版）2014 年第 2 期。根据相关的研究，在袁世凯当政时期，北洋法政学会的拥袁立场是该学会社会活动沉寂的原因之一。
⑤ 《天津法政专门学校校长及教务长易人》，朱文通等整理编辑《李大钊全集》第 2 卷，河北教育出版社，1999，第 709 页。
⑥ 《直隶法政专门学校十八周年纪念特刊》，刘民山：《李大钊与天津》，天津社会科学院出版社，1989，第 223 页。
⑦ 王勇则、周利成：《美国教育家孟禄考察记》，贾长华主编《百年中山路》，天津社会科学院出版社，2006，第 160 页。

资深造也。① 1921 年美国教育家孟禄来津考察时，也指出了直隶法政专门学校存在教师讲授偏重理论灌输而轻视实践辩论等问题。孟禄建议，该校对律师、审判官或检察官培养时应把"审判厅的实在案子取来辩论"。②

基于整顿"暮气沉沉，画而不进"③ 校风之目的，1923 年直隶法政专门学校仅用一个月的时间修建了面积十二亩的斋舍，之后投标售卖六马路校地七亩，共计 11200 元，添置中外书籍数百种以扩充图书馆。学校"力图革新，一切设施，悉本教学原理"，④ 为培养学生学习兴趣，学校组织法科各班成立法学会，以促法学进步；⑤ 学校还通过编排法律新剧的形式吸引学生，培养学生实践能力；⑥ 为增广学生见闻，增长经验阅历，学校组织学生赴日参观东京、大阪法院组织以及模范监狱特别审庭。⑦

为培养学生实务能力，学校邀请美国艾迪博士探讨中国前途问题；聘请律师李毓堂任法律科主任，聘律师荆可恒任政治经济科主任，⑧ 聘任律师、国会议员黎炳文为教员等，以培养法律专门人才。教学内容则在学习本国法的基础上，重视外国法与本国法的结合。自清末新政以来，由于"世界立法规范不尽相同，各有精义"，近代中国的法学教育一直存在"随意模拟，有从罗马法系者焉；有从英美法系者焉；最新者则瑞士苏俄立法例，亦有难揉其中者焉"⑨ 的现象。鉴于此情况，正如江庸所指出的，前案（民法）多继受外国法，于本国固有法源，未甚措意。与社会情形悬隔天壤，适用极感困难。⑩ 因此，直隶法政专门学校专门为法科学

① 《改良省立法政教育建设案》，蔡元培：《中华教育改进社第一次年会高等教育组通过〈废止法政专门学校法律政治经济各科应在大学教授案〉之说明》，《晨报附刊》1922 年 8 月 8 日，第 2 版。

② 王勇则、周利成：《美国教育家孟禄考察记》，贾长华主编《百年中山路》，天津社会科学院出版社，2006，第 160 页。

③ 《本埠新闻：直隶法专之升格运动》，《大公报》（天津版）1928 年 7 月 13 日，第 7 版。

④ 《直隶法政专门学校全体学生宣言书》，《大公报》（天津版）1924 年 5 月 21 日，第 6 版。

⑤ 《北洋法政专门学院及北洋法政学会》，刘民山：《李大钊与天津》，天津社会科学院出版社，1989，第 223 页。

⑥ 《本埠新闻：举行毕业之开会》，《大公报》（天津版）1917 年 12 月 12 日，第 7 版。

⑦ 《法政生赴日参观》，《大公报》（天津版）1922 年 5 月 25 日，第 10 版。

⑧ 《厅令》，《直隶教育旬报》第 7 卷第 15 期，1924 年，第 9 页。

⑨ 《社评：全国律师代表大会之希望》，《大公报》（天津版）1932 年 6 月 7 日，第 2 版。

⑩ 谢振民：《中华民国立法史》（下册），中国政法大学出版社，2000，第 748 页。

生开设了张庆开的国际公法、中国财政史、通商史，赵廉凯的民法概论和经济概论以及贾文范的罗马法等课程，并在物权法的讲解中，突出了对典、先买、老佃以及铺底等民间习惯的讲解。对本国法以及民间习惯的重点讲解，有助于直隶法政专门学校毕业的律师们处理复杂的债务纠纷，政治经济本科二班的张绍曾毕业后以专打债务纠纷闻名津城，其中最著名的一个案例就是经办溥仪和文妃的离婚案。

直隶法政专门学校亦重视学生品格之培养。一方面，有对法律职业道德的培养。自民国以来法政学生在世人的观念中，不仅学之不精，而且不见信于社会，甚至奔走经营违法败德之活动。① 为张法信，直隶法政专门学校注重对学生职业道德的日常教育。当法专学生高汉三因保卫桑梓而遇害后，李志敏、张念祖、李毓堂、毕培真等学校教职员以高汉三孝义勇烈、视死如归而专为其开追悼会以示纪念。② 另一方面，也对学生民族革命思想表示认同。当时在校的法政学生思想多源，既有持社会改良观点的，也有埋头书本不问政治的，还有持个人自由主义的。为了能够在青年学生中宣传革命思想和发展革命力量，留校任教的法科毕业生于树德、安体诚成为天津团组织的骨干力量；会计兼总务崔溥组织校内外进步青年学习马克思主义新思想，并成立了"马氏学会"。法政革命力量渐兴。到 1924 年社会主义青年团天津支部在直隶法政专门学校设立第二支部，发展团员 10 人。③ 如果说之前法政学生的民族情怀还停留在对"商女不知亡国恨"的抨击上，像法科学生徐葆田，因刘喜奎来津唱戏而发出"犹自溺歌舞，坐视金瓯，神州堕落且无极"④ 之感慨，那么 1923 年李大钊回校演讲以及 1924 年学校举行纪念列宁逝世等活动则更进一步激发了法政学生的民族精神，而学校后面的荒冢田畔，则成了法政师生骨干分子宣扬革命斗争的秘密集会之地。⑤ 正如李大钊所言："黄金时代总是站在吾们前进的时间，作吾们引路

---

① 《社评：全国律师代表大会之希望》，《大公报》（天津版）1932 年 6 月 7 日，第 2 版。
② 《为高汉三请褒奖》，《大公报》（天津版）1923 年 4 月 21 日，第 6 版。
③ 于建：《天津现代学生运动史》，天津古籍出版社，2007，第 98 页。
④ 徐葆田：《刘喜奎来津一般趋之若鹜感而赋此》，《益世报》1918 年 3 月 26 日，第 11 版。
⑤ 张锐：《峥嵘岁月忆先行——记我的父亲张贵祥》，中共天津市委党史研究室编《天津党史资料与研究》，天津古籍出版社，2007，第 141 页。

的一盏明灯，一直照着他奔去。"① 这种精神也成为日后天津律师群体认同的来源之一，更是支持沦陷时期天津律师保持民族气节的动力之一。

到 1923 年，直隶法政专门学校不仅为社会培养了 1720 名法律专门人才，② 其中 88 名毕业生加入了天津律师公会，而且他们当中有三分之一的人将律师作为第一职业。尽管不排除北洋政府对法官兼职限制的因素，但至少可以看出北洋政府时期律师职业对法科毕业生有着一定的吸引力。同时还应注意，直隶法政专门学校不但为天津培养了诸多律师，而且也为直隶其他地区培养了诸多律师人才，唐山律师公会会长孙鹤鸣、干事于值庭和潘树人均出自直隶法政专门学校。③

三　济世英才：河北省立法商学院——律师培养的发展

1924 年第二次直奉战争期间，直隶法政专门学校屡被征用，后停课。国民政府成立后，试行大学区制，直隶法政专门学校复校，先后更名为河北省立法政学校、河北省立法商学院。大学区取消后，河北省立法商学院复隶河北省教育厅，1929 年添设大学部，将法律、政治和商业三科改为三系，学习年限为预科二年，本科四年。预科的招生条件为旧制（四年制）中学毕业生。作为华北专门研究社会科学的高等学府，④ 复校后的河北省立法商学院陆续进行大规模的整顿。⑤

河北省立法商学院升格于国民政府成立之时，形式上统一中国的国民政府，于内面临着中国共产党、国民党地方势力的挑战。大学校园既是国共较量的舞台，也是国民党内部派系角逐的场所，为维持威权统治，国民政府将"三民主义"泛化解释并确立了以之为核心的"党化教育"，并在

---

① 《历史与人生观》，朱文通等整理编辑《李大钊全集》第 2 卷，河北教育出版社，1999，第 314 页。
② 天津市地方志编修委员会办公室、天津市司法局编著《天津通志·司法行政志》，天津社会科学院出版社，2008，第 132 页。
③ 河北省地方志编纂委员会编《河北省志·司法行政志》，河北人民出版社，2012，第 118 页。
④ 《本院三十周年纪念盛典中各界名流与会讲演》，《法商周刊》第 3 卷第 11 期，1936 年，第 2～5 页。
⑤ 本文关于法商学院校园建筑的描述参考河北省立法商学院照片，详见《河北省立法商学院：照片二十五幅》，《法商周刊》三十周年纪念册，1936 年，第 4 页；张绍组《近代天津教育图志》，天津古籍出版社，2013，第 82～86 页。

大学中大力推行。国民政府对大学的规训要么通过人员直接输入的方式对其进行指导，比如天津市党部"鉴于迩来各地学潮澎湃，学生活动亟待指导……特派训练科工作人员"[①]，指导河北省立法商学院学生社团工作；要么以课程改革方式规范法商法学教育，规定各类法律院校必须开设"三民主义"教育内容，并在"党义"的教学宗旨下进行教学，法商学院亦在复校不久，便组织法律系学生参加了党部监督之下的党义演讲竞赛会。[②] 随着国民政府对法律院校管理的日趋严格，不仅学校行政管理由教育部统筹规划，甚至还将运用党义判案作为审查法官成绩优劣的第一标准。大学自主空间不断压缩，加上运动、学潮不断，学校欲求有所突破或标新立异均很困难。即便如此，河北省立法商学院在对律师的培养上仍形成了一定的特色，即"以讲学为中心，竭力避免官厅化，研究法律、商学、经济，无一不以国家为对象"的办学理念。

以讲学为中心，养成学生治学风气。1936 年在河北省立法商学院 30 周年纪念活动中，包括法商学院校长、主任、教授在内的社会各名流均表达了学院要致力学术的观点。就河北省立法商学院而言，倡导治学立校，形成笃学之校风，既可造就济世英才，担当治国平天下责任，提升文科在社会的地位；又可迎合国民政府之政策，避免"时有不好事件发生"。[③] 事实上，河北省立法商学院无论是从校园改造还是教学方式上均朝着这一目标努力。

整修后的校园整体建筑风格以宏大庄严为主线，掩映于葱郁树木中的建筑散发出冷静、威严的气势，以彰法商兴学安邦之校风。河北省立法商学院中，融合了中国传统"牌坊"式和西方石制梁柱、拱券式建筑手法的三拱石门矗立于树丛，两侧的青砖基座上分别立有四根高大的石制圆形立柱，嵌在厚厚的白色石墙上，威严中透着规则严谨。穿过校门的中心拱洞进入校园，教学楼屋顶为西洋式四坡顶样式，立面红色砖墙镶有圆角壁柱，同时配以西式雕窗装饰，下部花岗岩墙基则采用多立克柱式的古典做

---

① 《本市新闻：市党部派员指导各校学生会 黄星炎等五千事即日出发指导》，《大公报》（天津版）1931 年 12 月 23 日，第 6 版。
② 《教育界：法商学院党义演说预赛》，《大公报》（天津版）1929 年 5 月 26 日，第 5 版。
③ 《本院三十周年纪念盛典中各界名流与会讲演》，《法商周刊》第 3 卷第 11 期，1936 年，第 2～5 页。

法。其中引人注目的建筑，当属耗资两万余元修建的两层十间图书馆，图书馆屋顶完全用红色机器砖筑造，外墙立面嵌有硕大玻璃，同时以立柱相隔，立体式的外观甚是庄重。走进图书馆，楼下阅览室为瓷砖砌地，给人一种专业冷峻之印象，而楼上铺以美国松红色地板，传递出温和安详的阅览氛围。[①] 馆内共计藏书 11008 册以及 92 种期刊，[②] 供学生自由阅览。总而言之，河北省立法商学院试图借助学校建筑来传达出大学教育所特有的专注、严肃以及威严的治学氛围。此外，河北省立法商学院在时间管理上也厉行纪律化。例如，考试制度分临时与常规两种，学生有严格的出勤、出入记录等。严格的时间管理与严肃的教学环境表达了河北省立法商学院向学术方面的发展，[③] 以及培养法学鸿儒的教学理念。

在河北省立法商学院冷静、威严的治学氛围中仍然可以感受到自由、活泼以及开放的气息。礼堂、教学楼、图书馆、宿舍楼、运动场、花园排列有序，校园整体建筑实现了教学、生活以及行政的功能分区。在学校建筑功能分解的同时，不同建筑之间的联系得到了加强。校园整体规划以开敞的二门外转盘甬路为中心，同时根据学校教学发展需要，利用学校地形布置校园建筑与道路。与此同时，校园景观设计更加自由活泼。植物景观营造主要是在校门、重要的学校建筑周围以及各处校园中心布置几何花坛或植坛，校园道路两旁平整土丘，分植松柏和竹子，栽植行道树形成林荫甬路十余条；同时设计具有游览、聚会功能的草坪、花园、荷花池、牡丹池和草亭二座；注重草本花卉的种植，有大白果松、罗汉松、马尾松、梧桐、龙爪槐等名贵树木。[④] 运动场上"每日自早五时起至晚七时止，运动场中无空闲之时，尤以下午更为拥挤，学生运动之风可见一斑"。[⑤] 有序、自由、开放的景观设计，不仅使生活、学习于其中的学生怡情悦性，不论男女生"向来具有活泼可亲的面孔，既没有恶习，也没有看不起人的轻

---

① 《河北法商学院建筑图书馆》，《浙江省立图书馆馆刊》第 2 卷第 1 期，1933 年，第 15 页。
② 王振乡：《我所纪念的法商三十周年》，《法商周刊》三十周年纪念册，1936 年，第 5~12 页。
③ 王振乡：《我所纪念的法商三十周年》，《法商周刊》三十周年纪念册，1936 年，第 5~12 页。
④ 《本院改院后历年建设之一斑》，《法商周刊》三十周年纪念册，1936 年，第 16~17 页。
⑤ 《体育消息：天津市体育设备调查河北省立法商学院（续昨）》，《大公报》（天津版）1930 年 7 月 10 日，第 8 版。

视心……表现出互相亲爱的表情";① 而且在专业的加持下，学生的视野会更加开阔，思想会更加开放，进而养成"高尚品格"②。

在河北省立法商学院，学生可以发展个人研精学术能力。法学名家吴家驹任河北省立法商学院院长期间，曾为《法商半月刊》作发刊词，在文章中他希望河北省立法商学院的学生"既不敢如汉唐以来学者之故步自封，亦不愿效法当今流辈苟为蚁附。远诏晚周诸子自由研学之坠绪，广搜欧美鸿硕体大思精之义诣，审酌得失，融会贯通，则学术蒸腾，邦国攸赖"③。为达此宏愿，河北省立法商学院为法律系学生开设了中国法制史、罗马法、监狱学、劳工法、诉讼实务、外国法、刑事政策等课程，④ 突出了专业法学课的基础性、比较性和时代性。尤其当国民政府陆续制定了一系列基础法律，如《民法》《刑法》《民事及刑事诉讼法》《公司法》《票据法》《海商法》《保险法》等商事法，《破产法》《商标法》等，河北省立法商学院更加注重从实际出发，先后聘请冈田朝太郎（大清新刑律的起草者）的弟子张孝移任刑法讲师，精通国际公法的赵泉任外交史讲师，⑤ 律师老遇春任民法、刑法及诉讼法教员等，甚至还邀请"北洋三杰"之一的法理学家郁嶷、"红色教授"杨秀峰以及共产党员阮慕韩等人回校任教，真正体现了学院聘请教授不问出身、信仰和政治主张，而唯是否有真才实学的态度。学院还资助学生创办期刊，为法律系学生提供学术争鸣的论坛。1930 年的《法商周刊》中，法律系学生围绕民事诉讼等相关继承法、债权等法律知识进行了广泛讨论，并探讨了法律与国家、法律与政治的关系；邀请国内法学名家，如北京大学法学院院长周炳琳、朝阳大学教授王漱苹到校讲演，提高了法律系学生的学术水平。1935 年，法律系学生的毕业论文选题广泛涉及民商法、刑法、诉讼法、组织法以及国际法的各个领域。

在河北省立法商学院，学生们的思想更加多元，更具包容性。他们可以通过《法商周刊》《法商半月刊》《农业经济》等校办期刊了解中国现

---

① 王振乡：《我所纪念的法商三十周年》，《法商周刊》三十周年纪念册，1936 年，第 5 ~ 12 页。
② 《法商学院改进方针》，《益世报》1932 年 7 月 31 日，第 6 版。
③ 吴家驹：《法商半月刊发刊词》，《法商半月刊》第 1 期，1934 年，第 3 页。
④ 《法商学院新气象》，《益世报》1933 年 9 月 7 日，第 7 版。
⑤ 《法商学院近讯》，《大公报》（天津版）1929 年 8 月 11 日，第 5 版。

实问题，了解马克思主义以及中国革命问题；他们也可以通过组建法学励进会，在"本互相砥砺之精神，增进法学之知识"宗旨下，进行模拟法庭、案例讨论、学术研究以及社会调查，如某法科学生通过对天津地方法院看守所在押犯人的调查，认为生活日艰是造成"愚顽者遂以窃盗为常业"的根本原因，① 进而对社会现实有了更进一步的体会。而对河北省第三监狱的参观，则提出了监狱改良，发出建设救国之呼吁，而这正是从事律师职业所必须具备的正义感、同情心。

在河北省立法商学院，学生们还可以参加学生自治会，开展爱国民主运动，"大声疾呼唤国魂，至大至刚浩气存"。② 1933 年，为了支援中国军队在长城沿线的抗日活动，学院组织了慰问代表团，全校师生捐款购买了钢盔等物，学生代表庄金林和赵越超到前线慰问将士。1932 年，学生朱继章、郝金贵入党。1933 年，河北省立法商学院建立了党支部，朱继章、庄金林、阮务德等人相继加入。③

经过河北省立法商学院的培养，进入天津律师界的法商毕业生不仅有法律系的，也有政治经济学的。在天津律师界的法商毕业生人数较多，根据 1940 年律师公会的会员统计，河北省立法商学院的毕业生数量占到了全体会员的四分之一，而且有着较高的社会地位，譬如担任公会评议员的崔学章、耿运枢、胡学骞，担任干事的邢忠烈等。可以说，"天津法政"发展至河北省立法商学院阶段已经达到了顶峰。

作为明清天津重要的道德教化场所之一，涌泉寺成为政府完善且宣扬传统礼仪与法度的符号。通过讲读律令以及一系列的礼仪，明清统治者表达了"律依附于儒"的统治秩序，于此相悖的讼师自然无法成长为"阳光"下的职业，也就无法发展出近代律师职业。

天津中西学堂是在 19 世纪以来清政府逐渐丧失主权，被迫重新加入现代世界秩序的背景下成立的。建筑属性上，是鲜明的"西式"哥特式

---

① 《天津地方法院看守所参观记》，天津市地方志编修委员会办公室、天津图书馆编《〈益世报〉天津资料点校汇编（三）》，天津社会科学院出版社，1999，第 234 页。

② 德斋王：《母校三十周年纪念》，《法商周刊》三十周年纪念册，1936 年，第 4 页。

③ 刘国有：《法学大家吴家驹在天津》，王振良主编《九河寻真（2013）》，天津古籍出版社，2015，第 513 页。

建筑；建筑功能上，则是为了满足交涉人才的培养以及西学的推广；表现在社会功能方面，天津中西学堂是清廷为方便与列强交涉，急需培养熟知国际法的人才，不得不放弃天朝大国、唯我独尊的心态，表示愿意在"中外体制不能无异"的前提下进行调整，以作为解决"精英内部有限范围冲突的一种设计"。① 天津中西学堂开设法律科，则是晚清洋务思想家试图通过一种融通中西法律文化的方式，以寻找解决国际争端的途径和人才，反映了洋务派试图实现从"摄法归礼"到"弥合融通"的转变。值得注意的是，晚清中国引进近代西方国际法，使西方法律观念与传统儒家法律观念相遇，这既是国际法在近代国际新秩序构建过程中的一个案例，也是洋务时期人们基于传统礼治和王道政治原则，赋予国际法普遍正义性的反映。但也不可否认，学堂所采法律书籍的翻译也有比附中学之意，这使得洋务时期大多数思想家只看重"大同"，希望以英美法律作为中外谈判解决矛盾、防止战争的有效保障。② 在学堂法科教学中，则体现为法学教育的内容和方法与中国实际脱节，这也是学堂以及后来北洋大学的法科毕业生很少选择从事律师和法官职业，而多数转行为外交官员的原因之一。③

20 世纪后，基于"外有国际竞争之剧烈，知非立宪而谋国民之发达，不则足以图存，盖大势所趋，终难久抗"④ 建立的北洋法政学堂，与传统"左庙右学"的学校建筑空间不同，学堂不再强调学术与礼仪并置的格局，而是采用"中西合璧"的建筑风格，这是符合晚清政府"节取欧美日本诸邦之成"，"博考外国，参酌变通，择其宜者用之"之政策转向；在社会功能上，反映了晚清新政从单纯强调法律向"法政"的转变，因为"法政"一词由"法"之制度、"礼"之规范到法律与政治的合称，契合了近代以来国人学习西方宪政文明的心态。而"法政学堂"与天津城的外部连接，则主要体现在"天津"作为北洋缩毂之区、京师门户以

---

① 林林：《法文化建构：穿越比较与社会的表象》，西南师范大学出版社，2013，第 191 页。
② 关于洋务派对《万国公法》的态度，参见范广欣《从三代之礼到万国公法：试析郭嵩焘接受国际法的心路历程》，《天府新论》2016 年第 4 期。
③ 尹超：《黄进丛书顾问》，曹义孙：《法律文化视域中的法学教育比较研究——以德、日、英、美为例》，中国政法大学出版社，2012，第 219 页。
④ 故宫博物院明清档案部编《清末筹备立宪档案史料》（上册），中华书局，1979，第 31 页。

及直隶巡道所在地。北洋法政学堂成为新政改革的试点之一，"宜竭力劝勉官吏，使之讲求法治之原理，以为推行之准则"，① 其便是以培养通晓法律与政治的吏治人才而闻名的。毕业于北洋法政学堂的学生，不仅成为日后直隶立宪派的主要力量，成为各地法政学校和司法机构的骨干，② 而且也成为日后民国天津律师群体的主体力量。当然也正是因为晚清中国的法学教育与政治的过度结合，从而在一定程度上影响了民国天津律师群体的发展。

之后北洋法政专门学校和直隶法政专门学校逐渐重视校园文化建设，表现为校舍的扩大以及学校的认同等方面，延伸到社会功能方面，则反映了北洋政乱之下，法政学校意欲改变国人对法政学生的观感，以及对本国法学教育的支持。河北省立法商学院时期，学校的建筑风格与空间布局又出现了新的变化。宏大庄严的校园建筑与河北省立法商学院提倡的"以讲学为中心，竭力避免官厅化，研究法律、商学、经济，无一不以国家为对象"的教育方针相契合；自由活泼的校园景观设计则符合了河北省立法商学院对学术自由的追求，"延聘教员，只问其讲授之科学有无根底，能否领导学生，至于其政治主张，社会地位，有无宗教信仰及信仰如何，则不克过问"。这与其作为"华北专门研究社会科学之学府，亦为专门研究人类生活之学府"③ 的地位是吻合的，正如河北省立法商学院校歌所唱："法维国本，商裕民生……修齐治平……矢勤矢勇必专必精……欧风美雨正纵横，努力我前程。"④ 无怪乎时人认为，从河北省立法商学院走出来的学生，"思想向来是超越的，前进的，革命的"。⑤ 自由活泼的校园景观设计以及相互联系的校园建筑，无不体现了民国以来，中国大学对培养思想自由、行动自立、生活有组织的特色国民⑥的向往。

---

① 《公牍：宪政编查馆通行各督抚考核各省咨报法政学堂办理情形文》，《四川教育官报》第 12 期，1910 年，第 2 页。

② 金淑琴：《直隶省新式教育发展概况》，中国人民政治协商会议河北省委员会文史资料研究委员会编《河北文史资料》第 25 辑《教育史料专辑》，河北人民出版社，1988，第 7 页。

③ 《本院三十周年纪念盛典中各界名流与会讲演》，《法商周刊》第 3 卷第 11 期，1936 年，第 2～5 页。

④ 马军编纂《近代中国高校校歌选》，上海社会科学院出版社，2006，第 178 页。

⑤ 王振乡：《我所纪念的法商三十年》，《法商周刊》三十周年纪念册，1936 年，第 5～12 页。

⑥ 《中国近代教育史教学参考资料》（上册），人民教育出版社，1986，第 321 页。

　　建筑代表着一种文化符号，大学校园建筑自然也反映了一定历史情境下的社会文化意义。自民国北洋法政专门学校成立始，至 1928 年改为河北省立法商学院，"天津法政"以"法商"易名"法政"的过程中，学校（院）作为人造建筑空间①同样体现了历史、文化与物质的模塑，折射出受西方大学教育影响下，近代中国大学教育所体现出的教育文化和意识形态的变化。总之，通过明清以来天津法学教育的发展，可以看出国家对律师培养的态度经历了否定、被动接受以及主动培养三次转变。从"律依附于儒"对讼师的打压，到通商开埠为应对西人交涉而培养外交人才，之后为"立宪"培养法政人才，在维持清廷统治秩序的同时，也间接为律师培养奠定了知识基础。民国以降，无论是北洋政府，还是国民政府在寻求政权合法性、构建威权统治的过程中，法治作为黏合国民价值观的手段之一越发显得重要，"久为国人一致之呼声"，② 培养律师，健全律师制度亦为其中重要内容：一方面政府兴办了许多公立、私立法科专门学校和学院，同时教学模式、课程设置、修业年限也基本成型，培养了众多有影响力的律师人才；另一方面由于国内外政治形势的变化，律师人才的培养时有中断，导致律师良莠不齐。但总而言之，这些接受了西方法学理念和教育培养的未来律师们，当他们走出校门从事律师职业后，他们所接受的职业道德训练能否与社会相契合，能否形成自我职业认同，不仅关乎律师本人的成长，而且也对律师群体、律师阶层的形成与发展有着至关重要的作用。因此，下一章主要围绕律师自我认同的相关问题展开讨论。

---

① 照片资料参考《直隶法政专门学校同学录》；《法商周刊》第 3 卷第 11 期，1936 年，第 6 页；《法商周刊》三十周年纪念册，1936 年，第 4 页。
② 《社评：国家治乱紧要关头》，《大公报》（上海版）1937 年 4 月 17 日，第 2 版。

第三章　民国天津律师身份认同的
塑造、反思与重构

　　1912 年北洋政府正式公布施行《律师暂行章程》，标志着中国律师首次确立了合法地位。之后自 1913 年到 1936 年，天津律师从业人员从 3 人增长至 609 人，[①]　一直到中华人民共和国成立前，在津律师人数虽有起伏，但基本维持在 900 人左右。[②] 同时期，北京律师从业人员到 1941 年达到了 1358 人，[③] 上海律师到 1948 年则有 1660 人[④]之巨。可以说，在如何成为一名律师的问题上，法学院、司法部门以及律师公会为律师设计了一条清晰而详细的路线图，即学校为准律师提供了专业知识的储备，而官方和律师公会则明确了一名准律师如何成为合格律师的刚性条件。不过之后，这条路线图会变得模糊不清。因为此路线图只是解决了"如何去做"的问题，而对于"我是谁"的问题并没有为执业律师提供一个明确的答案，人们也不知道他们中有多少人适合律师这一职业。[⑤]

　　之所以关注"我是谁"的问题，主要是考虑到当前学界较多强调律师制度、律师职业化以及律师群体在国家与社会框架下所发挥的作用等

---

① 《冀察平津律师及律师公会统计》，《冀察调查统计丛刊》第 1 卷第 6 期，1936 年，第 24 ~ 36 页。
② 《天津律师公会会员录》，《天津市各机关汇集全录》，天津市档案馆，档案号：J250 ~ 1 ~ 1 ~ 142。如果重复统计公会成员人数的话，其数量达到了 1302 人。
③ 邱志红：《现代律师的生成与境遇：以民国时期北京律师群体为中心的研究》，社会科学文献出版社，2012，第 71 页。
④ 陈同：《在法律与社会之间：民国时期上海本土律师的地位和作用》，《史林》2006 年第 1 期。
⑤ 《社会谐谈：律师之大规模制造》，《英华独立周报》第 1 卷第 17 期，1931 年，第 4 页。

问题，^① 而较少去关注律师对职业的内心感受。近代律师群体的发展，是由每一位律师的发展汇集而成的。如果我们不能准确地捕捉近代律师面对多重角色所产生的困顿与失衡，也就无法了解他们在追求自我认同的过程中所面对的障碍与不安，当然也就无从探究由每一位律师实践活动推动下的律师群体发展。就本书而言，民初历史背景下，由于律师职业的特殊性，社会各界习惯从职业道德角度界定"自由职业"。通过赋予律师"高尚职业"和"在野法曹"的社会身份角色，以此区分律师与其他自由职业，律师也因此被裹挟成官方与民间话语建构下的"自由职业者"。不过这种他赋的身份认同并未随律师合法地位的确立而加强，反而随着律师自我意识的觉醒，造成了律师身份认同危机，他们开始进行自我反思性理解。基于自由职业的特性，他们通过对职业本质的剖析，重构了自我职业身份认同。

作为一种自由职业，律师自我身份认同的形成是在个人反思性建构和社会结构性建构互动影响下"生产"出来的。此过程既是律师对执业的反思性实践，也是律师的自我重新审视与定位，更是反观民国律师自由职业发展以及律师作为一个中间阶层崛起的重要路径。

第一节 "自由职业"与北洋政府时期
律师的身份他塑

20 世纪初，西方法文化渐为国人所熟知。随着晚清司法改革和修律运动的徐徐展开，现代意义的律师开始为民众所熟知。自清末引进西方律师制度，至南京国民政府确立律师自由职业者身份，其间官方与民间对律师自由职业身份的建构引发了律师职业认同危机，因此只有厘清"自由职业"的内涵与外延，方能理解北洋政府时期律师职业被赋予"高尚职业"与"在野法曹"的符号意义，继而探究近代律师产生自我认同危机的根源。

---

① 相关的研究有徐家力的《中华民国律师制度史》（中国政法大学出版社，1998）、王申的《中国近代律师制度与律师》（上海社会科学院出版社，1994）、任拓书的《中华民国律师考试制度》（台湾正中书局，1984）、椎木绿司的《中国律师制度考察》（《社会科学参考》1982 年第 12 期）、李严成的《民国时期的律师、律师公会与国家法律机关》（《江苏社会科学》2006 年第 4 期）等。

一　"自由职业"的内涵与北洋政府时期律师职业定位

"自由职业"一词源自英文"freelance"，"lance"本意指武士的长矛。中世纪的欧洲，每逢国王与贵族发动战争，双方会与佣兵团签订雇佣契约以招募军队，其中长矛的数量也被列入契约，作为支付佣兵团佣金的一个核算标准。后来，"lancer"便成为士兵的代名词。"free lance"就用来代指中世纪欧洲四处流浪（free）的小股军队（lancer），且他们随时准备为任何出钱雇用他们的人做任何事。[①] 近代以来，随着骑士制度的衰落以及资本主义经济的兴起，"freelance"引申为一种脱离固定工作的状态，不过具体的语境中该词又有广义与狭义之分。

一种侧重于广义的概念，如《韦氏大词典》中的定义："独立工作，不隶属于任何组织的人；不向任何雇主做长期承诺而从事某种职业的人。"独立（independent）和自雇（self-employed）[②] 是自由职业的核心特点。1937年伦敦出版的 *The Freelance Register 1936*（《自由职业者登记簿（1936）》）将记者、作家和艺术家等职业统称为"freelance"，[③] 1946年美国影星普莉希拉（Priscilla）也称不受时间和工作限制的职业为"freelance"。[④] 直到20世纪70年代，"freelancer"一词仍然翻译为"无边界工作者"（Boundaryless Worker），专指不隶属任何组织，也不受任何雇主限制而从事某一种职业的人。[⑤]

一种则趋向于狭义的解释，强调职业的专业化特质，类似于德文"freiberufler"或"freier beruf"，[⑥] 与之对应的英文有"free profession"、

---

① 陈鑫源：《大学英语文化背景辞典》，上海交通大学出版社，2000，第258页；同时亦参考了维基百科中有关自由职业的相关解释。

② 朱光磊等：《当代中国社会各阶层分析》，天津人民出版社，2007，第472页。

③ 《自由职业者》，《华北捷报及最高法庭与领事馆杂志（1870～1941）》1936年8月12日，第39版。

④ 鲍勃·托马斯：《普莉希拉回归自由职业》，《大陆报》1946年7月7日，第9版。

⑤ Tams Svenja, Michael B. Arthur, "New Directions for Boundaryless Careers: Agency and Interdependence in a Changing World," *Journal of Organizational Behavior* 31 (2010): 629 – 646.

⑥ 徐小群：《民国时期的国家与社会：自由职业团体在上海的兴起，1912—1937》，新星出版社，2007，第1页。

"liberal profession"① 以及 "independent profession"② 等词，是指基于独特的专业资格或能力，能够独立地为客户或公众提供高质量服务的一种职业。该职业本质上受伦理规范，而非营利取向，是不同于其他经济行业的一种自由职业。③ 1908 年法国在征收特许税（营业税）时，明确将医生、律师纳入自由职业，且在征税额度上与普通商贾、手工商人等职业相区别，不课定额税。④ 不过需要注意的是，律师作为自由职业所享受的独立性权利并不是一蹴而就的。早在 19 世纪欧洲追求民主的市民运动中，就有 90 名律师为争取自由职业的独立地位，以领导人的角色参与了德国法兰克福保尔教堂举行的第一次国民议会。⑤

质言之，与 "freelance" 相比，首先 "free profession" 更具专业性。前者主要提供一种服务，后者更倾向于提供一种智力上的支持。其次 "free profession" 有雇用他人的可能，而前者强调独立工作。最后 "free profession" 还承担为公众服务的公益责任。不过值得注意的是，在西方语境下，无论是 "freelance" 还是 "free profession"，"free" 都强调职业的独立性，即独立于国家机构、独立于雇主以及拥有独立的职业价值观。

目前囿于资料，尚不可知 "自由职业" 一词何时进入中国，但现有资料显示，民初 "自由职业" 一词就已经出现在官方文件中。1914 年民国北洋政府颁布的《所得税条例》，将官吏、公司、大商店以及自由职业等行业从业者纳入所得税征收对象，且规定征收税率倍于所得税法所定之税率。⑥ 显然，民国北洋政府更倾向于采纳 "freelance" 的广义解释。不过令人疑惑的是，1912 年司法部颁行的《律师暂行章程》中，律师的职业定位却类似于 "free profession"。比如章程规定律师必须具有一定专业资格，即 "专业性"；禁止律师兼任有俸给公职、兼营商业以及收买当

---

① 《每日新闻》，《字林西报（1864—1951）》1931 年 3 月 24 日，第 8 版。
② 《每日新闻》，《字林西报（1864—1951）》1937 年 3 月 21 日，第 10 版。
③ 许春镇：《德国专门职业及技术人员管理法制》，《台湾海洋法学报》2008 年第 7 卷第 2 期，第 23 ~ 79 页。
④ 〔日〕小林丑三郎：《法国现行租税制度》，姚成瀚译，《法政杂志》（上海）第 3 卷第 5 期，1913 年，第 58 页。
⑤ 黄瑞明：《欧陆法系下律师社会角色之探讨》，《律师通讯》（台湾）1990 年第 130 期，第 35 ~ 39 页。
⑥ 张效敏：《中国租税制度论》，《大中华》第 2 卷第 8 期，1916 年，第 4 页。

事人间所争之权利，即"非营利性"；规定律师受当事人委托执行法定职务，即"独立性"；律师公会还有维持律师德义之义务，即"自治性"。

尽管到北洋政府结束，其也未明确律师自由职业的定位，但随着律师职业的发展，律师作为"free profession"的自由职业定位却越发清晰。一方面，受日本学界影响，20 世纪 20 年代国内学界更加关注自由职业的专业性和独立性。米田庄太郎在《现代智识阶级运动与社会问题》一文中，认为自由职业就身份而言，既不同于经济职业（农工商业职业），又不同于教职（宗教职务）、官职和军职；就收入而言是利润而非俸给；就雇佣关系而言，非他人所雇用而是独立自营职业。① 显然，米氏定义下的自由职业通过个人专业知识获取报酬。受其影响，李三无在分析中流阶级时，也认为自由职业者"各有相当才智与技能，以为生活及社会的势力及报酬获得底基础……只以自身底勤劳交换报酬，不为他人所固定使用，而自由独立营其业务"。② 另外，律师也开始以自由职业身份参与各种社会活动。1925 年广州国民政府改组委员制度时，广东律师公会就曾向广州市政委员长伍朝枢提议参选自由职业代表，虽因名额已满未能参选成功，但可证明广州国民政府已将律师视为一种自由职业。③ 1927 年上海工人武装起义胜利后，上海市民大会以及由此产生的市民政府明确将新闻记者联合会、律师公会、医师公会、会计师公会、教职员联合会等统称为自由职业团体，并写入《上海市临时代表会议组织法》和《上海特别市市民代表政府组织条例草案》中。④ 需要补充的是，上海市民大会的召开是由中国共产党推动促成的。所以至少可以推论出 1927 年之前，社会各界已经普遍认可将律师纳入自由职业范畴。与此同时，自由职业的概念也愈加清晰，并最终在南京国民政府时期得以确定。

南京国民政府成立后，1930 年的《国民会议筹备条例》中正式将律

① 〔日〕米田庄太郎：《现代智识阶级运动与社会问题》，寿凡译，《解放与改造》第 1 卷第 3 期，1919 年，第 58 页。
② 李三无：《物价腾贵与中流阶级问题》，《改造（上海 1919）》第 4 卷第 9 期，1922 年，第 11 页。
③ 《函广东律师公会自由职业界》，《广州市市政公报》第 194 期，1925 年，第 29～30 页。
④ 房列曙：《中国近现代文官制度》（上），商务印书馆，2016，第 158 页。

师、医生、新闻记者、工程师以及会计师等界定为自由职业团体，并允许
其以团体代表的身份参加国民会议。① 自此，"自由职业"有了官方明确
的界定以及合法的政治地位。1931 年，中训部再次规定关于自由职业团
体的组织办法，应按照《人民团体组织方案》及《民法》中关于法人之
规定办理，自由职业指国议代表中的记者、律师、医师等。② 此后，这些
群体也都自称为"自由职业者"，律师也由北洋政府时期的准自由职业身
份转变为政府授权的自由职业身份。之后坊间出现了诸多有关自由职业的
解释，如"能有自由独立的发展机会的职业"，③ 或者是"不根据雇佣关
系，完全依自己的意志进行劳作获取报酬，以维持其生活的职业，如文
士、著作家、画工、律师、医生等"。④ 1946 年商务版《辞源》总结为，
"供自己之劳力于他人以谋生活，然非全然为他人所雇用，常得独立而衣
食其职业者，谓自由职业，如医生、律师、技术家等"。⑤

　　与其他自由职业相比，民国时期的律师既有作为自由职业的共性，也
有其特殊性。就共性而言，立信会计事务所创始人潘序伦曾评价会计师，
"会计师方诸于律师、医师，其相需之切，未为多让。而又处于超然地
位，本其独立不倚之精神，证明金融界诸般之真相，以坚社会之信用，而
供公众投资之参证，其影响所及，正不独直接利害关系人而止"。⑥ 不难
发现，潘序伦对会计师的职业定位更接近于 "free profession" 的精髓，即
"独立、专业和信用"。因此比照会计师的职业定位，律师首先应具有一
定的专业水平。民国《律师章程》《律师法》等都制定了相应的专业标
准，并可根据这些标准衡量律师的专业水平。律师还应具备一定的职业道
德，在司法框架内，维护当事人的合法权益以及监督公权力的适当行使。
律师亦应有较高的职业自由度，可以按照自己的意志挑选当事人并为其服
务。按此标准，律师作为自由职业的社会作用是：以专业知识服务社会，

---

① 《扩会第九次临时会议通过国民会议筹备条例》，《山西村政旬刊》第 3 卷第 31 期，1930
年，第 8~10 页。
② 《自由职业团体记者律师医师》，《益世报》（天津版）1931 年 3 月 5 日，第 3 版。
③ 《国际小常识：自由职业》，《西安一中校刊》第 4 卷第 11 期，1936 年，第 5 页。
④ 文顽：《现代知识术语辞典（一）自由职业》，《世界晨报》1937 年 2 月 9 日，第 1 版。
⑤ 褚柏思：《与青年谈自由职业第十封信》，《建国青年》第 4 卷第 1 期，1946 年，第 23 页。
⑥ 潘序伦：《会计师业概况》，中华职业教育社，1928，第 28 页。

维护公众权益和实现社会公平公正。不过这个答案虽然简单，但却很抽象，其中原因就在于律师职业的特殊性。

律师职业的特殊性主要体现为律师道德的模糊性。北洋政府时期的律师处在一个复杂多变的现实社会中，现实生活的多样性导致了是非标准的分歧性，即使是像自由、公平、公正这样的基本价值观都是相对而非绝对的。最常见的一个问题就是，杀人犯需不需要辩护？为杀人犯辩护的律师是否专业？道德判断的相对性与法律职业伦理的标准性，让律师处于被普通大众持续质疑社会合法性的压力之下。基于此，北洋政府时期官方与民间试图合流将律师职业塑造成"高尚职业""在野法曹"，以此作为一套基本原则来形塑律师身份认同。

二　司法独立公正：律师作为一种"高尚职业"的社会角色

与传统讼师不同，律师自出现伊始就被视为与"商人、工人贩卖其商品制品之营业迥不相同，亦非昔日社会所谓之讼棍"① 的职业，而是一种拥护国法、保障民权且独立于司法的"高尚职业"，律师资格也最为"高尚"。②

首先，在近代救亡图存的历史主题下，律师承载着国人对司法改革的期待与想象，对律师角色的期待与想象无不基于改良司法、建立民主法制国家的整体性考虑。自西人以"中国为专制之邦政府，独于上有司独断，于下不设律师，不设陪审，报馆不能听审记，事亲不能出首作证，惟凭一人之独断"，③ 无法保障本国侨民之利益安全为由，允中国修订法律，方可收回治外法权始，沈家本、伍廷芳就已尝试引进西方律师制度，认为陪审制度和律师制度"俱我法所未备，尤为挽回法权最重之端"，"我国亟应取法者，厥有二端：一宜设陪审员也……一宜用律师也"。④ 之后法学界奔走呼号，皆以改良刑律为变法自强之枢纽，顺势之下律师成为彰显

---

①　刘震：《律师道德论》，《法律评论》（北京）第 3 卷第 29 期，1926 年，第 1~4 页。

②　《惩儆律师之部令》，《大公报》（天津版）1919 年 10 月 13 日，第 10 版。

③　《节译西报论中国停免刑讯事》，《大公报》（天津版）1905 年 6 月 8 日，第 1 版。

④　《修订法律大臣沈家本等奏进呈诉讼法拟请先行试办折》，西南政法学院法制史教研室编《中国法制史参考资料汇编》第 2 辑，西南政法学院法制史教研室，1982，第 63 页。

"司法独立""司法公正"的形象代言人。他们树立了律师制衡法官的公正形象。"司法独立之国，于法院必置有律师，不第以拥护诉讼当事人且以尊重国家之法律，故律师一职亦为构成法院之分子，与检察官，推事同其重要。"① 他们凸显了律师服务当事人的专业形象。"世界法理日精，诉讼法之手续尤繁，断非常人所能周知，故以律师辩护，而后司法官不能以法律欺两造之无知"，② 是为司法公正。总之，律师以维持庶狱为责任，自"法官而外，即为律师，律师与法官盖为相对机关，缺其一即不足以维持庶狱之实"，③ 且"与司法独立相辅为用，夙为文明各国所通行"，④一时间律师制度的设立成为衡量司法进步、国家独立法权行使的风向标之一。直至民国初立，此风非但未减，反而与日俱增。

清朝统治结束后，以孙中山为代表的资产阶级革命派仿效西方资本主义国家，建立了民主共和政体性质的国家制度，实行"三权分立"。政府北迁后，苏浙律师界以"司法独立为国家分权要素，律师制度尤为司法精神所系"，且律师"上关司法前途，下系私人权利"⑤ 为由，希望北洋政府确立律师制度。天津律师界则把培养本土律师视为"国家自主独立法权之地位"，"保人民公权重法律"的国家目标，⑥ 律师王振烈更是疾呼，"现在之世界，一贫富不均强弱不平之世界也，处此世界，仍以侠义之法治主义为唯一治平之具"。⑦ 因此，在延续清末、临时政府司法改革的基础上，民国北洋政府把规范与管理律师业视为建立宪政法治国家所必需的司法改革之一部分。也正因如此，相对于其他领域，司法领域"平心论之，犹以为此善于彼也"。⑧ 1912年9月《律师暂行章程》颁行，11月司法总长许世英在《司法计划书》中特别指出，"亟需创办者则莫重于

① 《新评三》，《新闻报》1915年2月7日，第10版。
② 《考察司法制度报告书》，《大公报》（天津版）1911年7月15日，第9版。
③ 《律师存废问题》，《大公报》（天津版）1915年5月14日，第2版。
④ 宋四辈等主编《中国法制史教程》，中国民主法制出版社、中国致公出版社，2001，第296页。
⑤ 《苏州电北京大总统》，《时报》1912年5月12日，第6版。
⑥ 《反对外国律师出庭文电》，《大公报》（天津版）1921年1月30日，第7版。
⑦ 《律师公会提议案》，《大公报》（天津版）1921年10月18日，第7版。
⑧ 江庸：《朝阳校刊〈法律评论〉发刊词》，朝阳法律评论编辑委员会编著《朝阳法律评论》第2辑，中国华侨出版社，2009，第242页。

律师"，因"前清采用检察制而律师从略，按诸世界通例，殊为缺点"，今律师"能尽辩护之职权而后法官得行公平之裁判，故历行律师制度，亦改良司法之一端"。①

可以看出清末以来，律师的职业身份被赋予了一层特有的政治隐喻意义，人们普遍认为律师制度的设立是民主法治国家的体现，是与帝制政权进行切割的意义符号。这种对律师职业的构想，使得律师职业的象征意义与价值观念不断得以表达和彰显，进而转化成民国律师群体参与政治活动的内在动力。段祺瑞执政后，以"解决时局和平统一"为由召开国民代表会议，但却将"精研法律主持正义"②的律师排除于代表名单之外，天津律师公会多次致电段祺瑞，希望段政府本着国民二字精神，将法定团体律师公会纳入代表名单，以符法治，而慰舆情。③

其次，国家设律师，以"依其法律知识，保护当事人之权益，协助诉讼之进行"④为一贯之目的，律师为"诉讼上必要机关，故审覆资格严重，取缔既以法律专科毕业为标准，而名誉道德尤其要素"。⑤所以律师"极有体面，法界中咸尊崇"，⑥而非"形同商贾，夸饰市招"⑦之辈。1912年9月，司法部颁布《律师暂行章程》，从修业年限、专业背景以及实务经验等方面限定了律师从业资格以及准入标准。虽然"实行律师制度之初，不得不暂从宽格"，但司法部对于颁发律师证书"拟取严格主义，以免滥竽充数而重法律"。⑧《律师暂行章程》第三条从应试资格方面限制了本国或外国速成学校、专门学校以及大学法政专业学生的修业年限，这也反映了政府对律师法学教育背景和专业能力的重视。自1916年始，司法部每年会审核律师毕业证书以及毕业院校，1916年曾退回申请391份。⑨尽管与"吾

①　许世英：《司法计划书》，《政府公报》第219期，1912年，第7~15页。
②　陈炳堃：《善后会议公报（附录）》第7期，1925年，第13页。
③　《律师公会力争出席会议》，《大公报》（天津版）1925年2月26日，第6版。
④　《司法行政部训令》，《司法公报》第528~532期，1942年，第23页。
⑤　《指令第九百九十三号》，《江苏司法汇报》第5期，1912年，第12页。
⑥　《论中国青年学习法律者之宜减少（续）》，《大公报》（天津版）1914年1月11日，第2版。
⑦　《整饬律师道德风纪》，《大公报》（天津版）1933年5月19日，第9版。
⑧　《司法部慎重律师资格》，《法政杂志（上海）》第3卷第7期，1914年，第74~77页。
⑨　《严格审查律师》，《益世报》（天津版）1916年11月4日，第7版。

国人士之研习法律者，如过江之鲫"① 现状相比，司法部退回律师申请书的数量有限，但从司法部对律师考核"以学堂出身为限，旧日悉遭屏弃"② 的态度来看，此举在一定程度上也利于律师的职业化。

"与讼师惟利是图之职业生活观念"③ 不同，律师还承担着保障人权，维护社会正义的重任，"有道德者，故人民不受其害"。④ 东吴大学法学院的创办者兰金曾言，"律师，人民的天然而正当的领袖，他们应率先抵制堕落并维护美德，当成为人民的法律顾问和法庭上的辩护人，他们应采取这样的行动准则，即无论站在何方立场，其唯一目的即要为当事人和法庭提供尽其所能之帮助，以求达于公正。律师不应只是探究技巧和学识，还应成为一个品质无暇、完美无缺的人"。⑤ 为防舞弊滋生，《律师暂行章程》规定律师不得兼任有俸之公职，不得兼营商业，不得推辞审判衙门所指定之任务，对当事人之委托要尽心尽力；1915 年《律师应守义务》对律师与当事人的关系、律师疏忽责任以及律师诚实信用原则作了规范，并授权律师公会除了规范、监管之外，还要承担"维持律师德义"的义务。

北洋政府时期，政府从立法层面上确立了律师较高的准入门槛，律师一度被普遍认为是"知识阶级之上级"；⑥ 社会各界则从道德上赋予律师高尚之人格，"不但宜有学问且宜有道德"。⑦ 官方与民间对律师形象的理想化构想以及对律师职业的定位，逐渐转化为律师的自身发展规划，像张务本"以学问经验久为"在天津充任大律师，周笠也以"学问渊博，人品端方"为招牌在天津设立律师事务所等。天津律师公会会长兰兴周逝世后，获得了同人"道德高尚，法学久为人所共仰"⑧ 的高度评价。律师

---

① 《冀察平津律师及律师公会统计》，《冀察调查统计丛刊》第 1 卷第 6 期，1936 年，第 24～36 页。
② 《国务院十七日纪事》，《大公报》（天津版）1913 年 1 月 18 日，第 3 版。
③ 《老阎剧话》，《大公报》（天津版）1931 年 9 月 2 日，第 9 版。
④ 《论中国青年学习法律者之宜减少（续）》，《大公报》（天津版）1914 年 1 月 11 日，第 2 版。
⑤ 〔美〕康雅信：《培养中国的近代法律家：东吴大学法学院》，贺卫方编《中国法律教育之路》，中国政法大学出版社，1997，第 248～297 页。
⑥ 《报界力争国民代表》，《大公报》（天津版）1925 年 3 月 23 日，第 4 版。
⑦ 《论中国青年学习法律者之宜减少（续）》，《大公报》（天津版）1914 年 1 月 11 日，第 2 版。
⑧ 《悼念会长兰兴周》，《大公报》（天津版）1924 年 3 月 6 日，第 6 版。

公会也发挥行业自治职能，对违反律师职业道德的会员予以惩戒。比如一律师因缮写状词违反当事人意思而处以停职，[①] 另一律师因违法贿托而被公会勒令停职律师公务，[②] 等等。

三　司法监督：律师作为一种"在野法曹"的职业角色

"法曹"一词最早起源于中国，《后汉书·百官志》中载，"法曹，主邮驿科程事"。唐宋以后，职权范围有所扩大，《新唐书·百官志》云：法曹"司法参军事，掌鞫狱丽法、督盗贼、知赃贿没入"。近世以后，法曹内涵发生转义，日本将法官、检察官和律师总称为"法曹"，誉为"法制建设上的三根支柱"。民国律师制度确立后，受日本影响，国人对律师的职业角色期许颇高，"身在法曹有赞襄司法进行之责"，[③] 律师也往往以"在野法曹"自诩。"法曹"本身具有司法机关的意义，"在野"则表明了不在位，独立不受任何组织羁束的立场。"在野法曹"除了保障当事人权益外，亦有维护国家法律秩序与社会公益之职责。其属于司法机关的一部分，且与法院、检察院平等而分立，共同构成了完整的司法体系。

首先，"在野法曹"是官方和法界对律师职业角色的期望与想象，是法界对司法公正、独立的期望与想象。在民主法治国家建设的历史背景下，律师"亦为构成法院之分子，与检察官，推事同其重要"，"为司法三职之一"，[④] 是从事司法工作的独立机关。换言之，附加于律师"在野法曹"的社会意义，即为独立司法机关，且不隶属于任何国家机构或接受其管辖。具体表现为以下几方面。一是独立于国家公职的职业地位。《律师暂行章程》第十五条规定，律师不得兼任有俸给之公职；《律师章程》第十三条同样也规定，律师执行职务时不得兼任官吏或其他有俸给之公职；1913 年国会召开之际，议员袁本贵律师也提出"凡被选为国会议员之律师，在开会期间内停止其律师职务，以保人权而维立法"。[⑤] 这

①　《律师交付惩戒》，《益世报》（天津版）1919 年 3 月 31 日，第 7 版。
②　《律师违法停职》，《大公报》（天津版）1919 年 2 月 6 日，第 7 版。
③　《请停议员之律师职务》，《大公报》（天津版）1913 年 4 月 21 日，第 5 版。
④　许世英：《司法计划书》，《政府公报》第 219 期，1912 年，第 7～15 页。
⑤　《请停议员之律师职务》，《大公报》（天津版）1913 年 4 月 21 日，第 5 版。

对于律师而言具有特别意义，因为它的基本原则肯定了律师与法官和检察官平等而分立的地位，尤其是在诉讼程序中律师与法官地位的对等，也意味着律师地位的提高，至少在一定程度上认可了律师在法庭上享有自由独立之地位，维护了律师尊严，避免了"有旁听人竟有开口干涉者，有旁听人面斥律师之事"，① 保障了律师自由辩护之权。二是"在野法曹"的独立性也体现在独立于当事人。律师为当事人提供法律服务，"大抵拥护被告人权利者为先"，② 毕竟《律师暂行章程》规定"除了约定之公费外，不得别立名目索取报酬"。但事实上，律师如果完全附属当事人，难免出现"与不肖之司法官勾结成团，通同作弊"，③ 未尽法曹辩护职权之现象。因此，"在野法曹"的社会责任以维护法律秩序与社会公益为重，其实践有赖于律师"具有深邃之法学及高尚之人格，德义渊深，智识丰富。自能以道义自绳，无虞失检"。④ 所以也可以认为，律师如果能独立于当事人从事法律活动，也是律师获得社会大众尊重的基础。

除此之外，"在野法曹"还有一份重要的社会责任，即"赞襄司法进行之责"。中华民国律师协会主任理事陈炳堃曾评价律师职业，"以超出一切正当之外，又所以研究法律执行法律为唯一之职业，且对于国家社会情形无不谙熟，绝无偏重任何部分，人民之流弊对于法律学理、法律实效上节能融会贯通"，因此承担"制宪之责最为适当"。⑤ 天津律师公会则呼吁"热心公益，于法律素有研究"之会员，对条例中"审查于国情民性，有不适宜处，指择明确，以利人民权利义务和生命财产"。⑥ 由于"在野法曹"的职业定位在保障人权、维护司法独立的同时，还能推动律师参与社会公益，因而得到了律师界的普遍接纳与认可。

其次，社会各界赋予律师"在野法曹"的社会角色也是司法发展的现实需要。帝制时代的基层审判是以地方长官集行政权与司法权于一体为特征的，地方官员行政司法兼理，需要延聘幕僚处理司法事务，绍兴人因素

---

① 洁：《时评》，《时报》1912 年 7 月 14 日，第 10 版。
② 许世英：《司法计划书》，《政府公报》第 219 期，1912 年，第 7～15 页。
③ 《徐谦党化司法之怪论》，《大公报》（天津版）1926 年 9 月 25 日，第 2 版。
④ 张守顺：《律师规范》，西安正谊律师事务所，1935 年，第 40 页。
⑤ 陈炳堃：《善后会议公报（附录）》第 7 期，1925 年，第 14 页。
⑥ 《审查民刑条例预备请愿》，《大公报》（天津版）1922 年 8 月 6 日，第 10 版。

谙法律厕身其间成垄断地位。审判以政府为主导，相形之下诉讼参与者被动配合且权责皆弱。① 民国实行政法分权，"司法行政各有独立性质"。② 依此为原则，北洋政府设置法院、大理院以及审判衙门三司制度，实行四级三审制审级制度，采用辩护制度、陪审制度、回避制度、公开审判原则以及合议复判等审判制度。③ 审判制度发生改变的情况下，清朝所奉行的政府主导审判模式自然也逐步向中立主义转型，即法庭处于中立听断地位，法庭角色日趋中立，法庭地位逐渐中立化。④ 法庭中立化产生的后果之一就是法官职权限缩，律师权利空间相对扩大，与"老讼当年之鬼鬼祟祟包打官司，而不敢公然上堂者，其苦乐之相悬，奚啻霄壤耶"。⑤

此外，民初"百政草创，日不暇给，新旧法律修订未完，或法规与礼俗相戾，或程序与事实不调"，⑥ 普通人法律知识薄弱自不待言，即使对于法官，繁复的诉讼程序也会因其经验缺乏、不谙方法，导致积压办案，诉讼不能速结。而且"诉讼关系，亦益复杂"：不仅涉及一些"大银行、大公司，都是新兴事业，资本雄厚急思扩张发展，不似从前的一味保守行为。所以业务愈大，则纠纷愈多，事事牵连到法律问题"；⑦ 也牵扯到复杂的华洋诉讼纠纷，从直隶高等审判厅的判决书中，除了参照中国法律、判例、习惯以及情理等判决依据外，外国民法典中的一些通行原则也经常作为判决的依据。在此背景下，如果由当事人自诉，势必旷废原有职业；如果被动等待法官判决，又造成法曹誉望堕落以及国家人力、财力资源浪费。因此，"如欲伸张权利，防御侵害，自非籍长于法学，富于经验之律师，不能达其目的"。⑧

---

① 王志强：《辛亥革命后基层审判的转型与承续——以民国元年上海地区为例》，《中国社会科学》2012 年第 5 期。
② 《县公署何以仿造法庭》，《大公报》（天津版）1919 年 6 月 23 日，第 10 版。
③ 直隶高等审判厅编《华洋诉讼判决录》，何勤华点校，中国政法大学出版社，1997，第 5 页。
④ 王志强：《辛亥革命后基层审判的转型与承续——以民国元年上海地区为例》，《中国社会科学》2012 年第 5 期。
⑤ 《戏为讼师请入律师公会》，《大公报》（天津版）1914 年 1 月 16 日，第 13 版。
⑥ 《大总统命令》，《大公报》（天津版）1913 年 12 月 30 日，第 2 版。
⑦ 包天笑：《钏影楼回忆录续编》，香港：大华出版社，1973，第 112 页。
⑧ 刘震：《律师道德论》，《法律评论》（北京）第 3 卷第 29 期，1926 年，第 1~4 页。

最后，"在野法曹"代表着普通大众对律师职业的美好愿望，这种愿望在实践中转化为一种"能舍公费不论，而实践保障人权，锄强扶弱，伸张法理"① 的侠义精神。北洋政府时期以来，民众诉讼意识增强，1914～1919 年华洋诉讼案例中，中方当事人为争取权益积极主动应答"官司"，一审判决不服，接而二审，继而三审，人们强烈希望自己的纠纷能够得到公正解决，自然也希望律师能够破除情面、不遗余力为当事人伸张正义、争取权益。天津广仁堂因前庄董侵蚀堂款发生债务纠纷，委托律师陈宝生向地方检察厅起诉。其间陈律师不但暂停外间委托事件，且将车马费数十元全数捐助堂内，不受广仁堂丝毫报酬。堂内职员无不称之"慷慨磊落，真有义士之风矣！"② 律师张务滋在津任律师十年有余，时人评价："极富道德心，素日义侠性成，乐善不倦，对于贫户皆纯尽义务而为之。"张务滋的侠义誉满津城，仅 1927 年一年就办理义务案件不下百起。③

民国肇始，政府与社会各界对律师期许颇高，认可了律师"自由职业"与"在野法曹"的身份合流，树立了律师司法独立与公正的形象，提升了律师社会影响力。凭借着舆论的助推，至 1928 年全国法科学生共3570 名，占各大学学生总数的 18.03%，位居各专业之首。④ 天津律师公会会员亦因之有增无已，不下 200 人。作为新兴的社会力量，律师由此进入国家公共空间，并借助国家司法机制参与国家法令制定，协助地方公署处理积压案件，维护当事人权益。

需要指出的是，国人赋予律师"高尚职业""在野法曹"的社会角色意义，究其根本是站在完善律师制度的立场上的，希望律师能够作为国家司法机关一部分的同时，维持自由职业精神。从国家到社会，从官方到民间，从外在期待到自我认同，北洋政府时期的律师都被赋予维护法治、正义以及人权的身份与价值期待。但从实际来看，北洋政府地方司法行政权限不分，"地方行政官，亦行使地方法院之职权、自检察之、自审判

---

① 帮办：《律师外传侠义精神沈星侠》，《奋报》1940 年 11 月 18 日，第 4 版。
② 《律师陈宝生侠义可风》，《大公报》（天津）1923 年 3 月 16 日，第 10 版。
③ 《律师界消息》，《法律评论》（北京）第 245 期，1928 年，第 66 页。
④ 国民党中央执行委员会秘书处：《教育部报告民国十九年度高等教育概况》，中国第二历史档案馆编《中华民国史档案资料汇编》第 5 辑第 1 编，江苏古籍出版社，1991，第 274 页。

之",① 以致法官律师"交相狼狈，舞文甚于吏胥"。② 甚至有些地方以未设审判厅为由，暂停律师辩护。中央政策与地方实践的割裂，自然无法合理地规划以及贯彻律师制度的执行，结果导致社会大众，甚至律师本身出现了三种认识倾向上的偏差。一是单纯将律师视为司法公正的象征符号，而在实践中却对其熟视无睹，国务总理段祺瑞，因某报馆"对于政府信口雌黄，不顾大局，甚且捏造谣言毁人名誉，兼及个人之私德"，③ 而授权律师予以控告。二是把自由职业精神视作律师的"保姆"，只关注律师自身的对与错。一旦律师出现了"种种违法之事，或亦不满于人心"，④ 社会各界就呼吁废除律师制度。三是将律师的专业精神狭义理解为侠士精神，强调律师的社会责任而忽视律师自身权益的诉求。因为缺乏准确的职业定位以及职业伦理约束，造成了清者自清、浊者自浊的现象。南京国民政府建立后，这种认识上的偏差加剧了律师自我认同危机的形成。

第二节　国民政府时期的认同危机：基于自由职业身份的自我审视

随着社会各界对自由职业认识的不断深入，以及 30 年代中国中心城市社会自治程度的逐渐加深，人数众多的自由职业者要求城市政治、经济权力以及独立自由空间的意识亦随之增强，律师作为职业主体的意识也日渐增强。与此同时，律师数量日益增长所产生的道德多样性、复杂法律纠纷对律师要求的日益严格，以及委托人日益增强的"权利意识"都让律师深切体会到"高尚职业""在野法曹"的职业身份与现实之间的巨大鸿沟，导致律师产生了严重的身份认同危机。

一　戴着镣铐的自由舞者

南京国民政府建立后，为标榜"本政府确为民众之政府"，⑤ 达到

① 《律师存废问题》，《大公报》（天津版）1915 年 5 月 14 日，第 3 版。
② 《大总统命令》，《大公报》（天津版）1913 年 12 月 30 日，第 2 版。
③ 《要闻》，《大公报》（天津版）1912 年 9 月 22 日，第 3 版。
④ 《律师存废问题》，《大公报》（天津版）1915 年 5 月 14 日，第 3 版。
⑤ 《党潮中之南京宣言与通电》，《大公报》（天津版）1927 年 5 月 5 日，第 6 版。

"青天白日旗帜下之人民，皆得受法律保障"① 之目的，"民国建设首重法治，而法治精神之确立实有赖于良好之司法制度"，而对"司法制度改良尤力"。② 其间，国民政府不仅赋予了律师自由职业身份，从法律层面确立了律师群体专业性、自由性和独立性的特征，同时声称"司法独立为环球各国相同"，③ 要扩大北洋政府时期律师被限制的权益。不过律师界却认为，所谓国民政府的自由职业是"有自由时便无职业，有职业时不得自由"。④ 显然律师认为职业独立性受到了来自官方的威胁，律师只不过是戴着镣铐的自由舞者。

首先，律师监管机构的变化模糊了律师的社会角色。如上文所述，近代律师制度的引入与发展是司法改革的重要内容，律师职业的发展程度反映了国家司法制度的先进与否。北洋政府时期尽管政权更替频繁，但在"法统"的旗帜下仍然对规范和促进律师业做了许多制度上的建设，趁势之下，天津律师也努力彰显独立、专业与具有高尚道德的社会形象，即履行为当事人提供专业法律服务，保护当事人合法权益以及维护司法公正的职业责任。不过1927年南京国民政府成立后，律师的社会角色开始变得模糊。

北洋政府时期，律师监管是以司法机关监管为主、行业管理为辅的双重管理监督机制。南京国民政府成立后，《律师法》规定，律师公会的主管官署，在中央为社会部，在地方为省市县社会行政主管机关，但其目的事业应受司法行政部及所在地方法院首席检察官指挥监督。二者对比可以发现，北洋政府虽未确立律师自由职业的地位，但对律师管理的动机和方式却是职业的，是将律师视为从事司法活动的一个职业团体，隶属司法部管理，政治倾向上则以超脱政党为公认原则。理论上，律师享有一定与法官对等的司法地位，律师公会也有一定的自治职能。国民政府时期，虽然确立了律师自由职业的合法身份，但管理的动机和方式却具强制性。1931

---

① 王罗杰：《国府治下之司法》，《大公报》（天津版）1928年10月15日，第9版。
② 王罗杰：《国府治下之司法》，《大公报》（天津版）1928年10月15日，第9版。
③ 季啸风等：《中华民国史料外编——前日本末次研究所情报资料》，侯欣一主编《南开法律史论集 2009—2010》，南开大学出版社，2012，第79页。
④ 伊谁：《律师职业甘苦谈》，《晶报》1933年7月3日，第2版。

年天津地方法院和法院检察处发给天津律师公会一份通知，通知称，公会应依照人民团体组织方案补清手续，经当地高级党部核准后，呈请当地法院备案。① 其实对于这样的通知，天津律师公会是抵触的。天津律师公会是依据《律师章程》所产生并依法令组织而成的，与商民协会、妇女协会等自发松散的人民团体在性质和组织上有很大的不同，如果以人民团体组织，《律师章程》是否仍具有法律效力？律师公会是否对会员仍有管理监督之责？对于天津律师公会的质疑，最后河北高等法院还是下令说，尽管律师公会与其他社会团体不同，但在执行党义方面需要接受市党部的指示。

　　本为防止司法独断、维护当事人合法权益而建立的律师制度，事实上却是受法院和检察处的双重监督。律师登录是由高等法院院长验证核准后呈报司法部部长；公会日常活动要受所在地法院首席检察官监督，首席检察官随时出席律师公会会议，并命报告会议详情；律师惩戒委员会不再以公会为主导，而是由高等法院院长为委员长，法院庭长和推事共四人为委员。这样一来律师具有了自由职业与社会团体的双重身份特征，就职业属性而言，律师业务活动隶属司法活动的一部分；就社会属性而言，律师作为社会团体又应处于社会局和党部的管理监督之下。换言之，律师的司法实践应建立在党义政纲之上，而党义政纲也成为律师"适用法律之标准"。律师陷入了一个自相矛盾的怪圈，本来代表着司法民主改革方向的"高尚职业"，应是司法独立、法律职业化的重要内容，但在"以党治国，惟司法党化，革命精神始能贯彻"② 的司法政纲下，国民政府又需借助民主之名行党治、威权之实。处于矛盾旋涡中的律师，如果维护司法独立，司法公信力则难免下滑；如果宣扬司法民主，则不可避免受到来自政府对司法的干涉。1948年美国司法调查团团长庞德就曾质疑，中国是否需要律师职业，因为在他看来，国民政府时期的律师制度已经脱离了它所仿行的欧美律师制度。③

　　其次，身份的模糊引发了律师被污名和边缘化。"在野法曹"是天津

---

① 《附录：天津律师公会来函》，《上海律师公会报告书》第29期，1931年，第179页。
② 王罗杰：《国府治下之司法》，《大公报》（天津版）1928年10月15日，第9版。
③ 《律师职业是否需要》，《时事新报晚刊》1948年6月20日，第4版。

律师标榜的重要社会身份角色，如前所述，"在野法曹"本身就具有司法机关的意义，律师不在司法机关任职，但却是与法院、检察机关并立的司法体系中的一部分。1928 年南京司法部欲进行司法改革，因听闻"司法官进身之始，多由贿买而来"，① 感到危机的天津律师致电南京司法部，认为"改革伊始，首在人选得宜"，由于"直隶司法黑暗、积弊太深、法律精神完全遗失，人民生命财产无由保障"，因此人选尤以"道德高尚、品行端方、洞达直隶民情，熟悉直隶民隐者，方为至善"。② 天津律师希望以自荐的方式，劝阻当局不要插手直隶司法改革。然而，在一个"国人因向来漠视法律生活，仍赖于数千年传统的伦理观念、家庭组织和乡里思想"③ 以及司法党化的社会中，律师他赋的"在野法曹"身份往往招致各种污名。

其一，国民政府对律师执业活动监管的"有所为"和"无所为"，导致律师公信力不断下降。政府不合时宜的"有所为"束缚了律师自我监管与加大了管理力度，在律师李景光退会一案中，天津律师公会以该律师违背职业道德，涉嫌非法广告宣传和兼营贷款业务以及违背风纪，离婚诉讼中"常与女当事人往来于交际场中，素有'包办离婚的花花律师'之誉"，"将律师人格完全丢尽"④ 等十条违法事实向天津地方法院提起惩戒。案由和案情事实清晰，但却遭天津地方法院、检察处多次驳回拒绝起诉。显然，天津地方法院是将国家监管凌驾于公会监管，削弱了公会的公信力，而政府的"无所为"则更进一步削弱了律师的公信力。天津律师公会会员李崇芬曾就"高院地院以及调解处，多有黑律师以普通代理人名义代理当事人出庭"之事实向河北天津地方法院进行申诉，并请"各级法院查核，以普通代理为诉讼代理人者亟应严加禁止，严厉惩戒以彰法纪"。天津地方法院虽然表明对"挑唆词讼之劣迹者，严加禁止，以维法纪"的态度，但同时还持有保留意见，即认为因"民事诉讼法对于诉讼代理人，不限于必用律师"之法律规定，所以对于"非律师之代理人"

---

① 《徐谦党化司法之怪论》，《大公报》（天津版）1926 年 9 月 25 日，第 2 版。
② 《津律师公会致南京司法部电》，《益世报》（天津版）1928 年 6 月 28 日，第 10 版。
③ 《全国律师代表大会之希望》，《大公报》（天津版）1932 年 6 月 7 日，第 2 版。
④ 佚名：《李景光妨害风化真像》，《新天津晚报》1936 年 7 月 24 日，第 10 版。

应分情况加以甄别。甚至天津地方法院院长方药雨，认为"过去律师收费未免太高"，所以"在野律师"（方称黑律师为在野律师）的存在是必要的。不可否认，黑律师中不乏有职业道德的律师，但任由黑律师执业不仅打击公会监管的积极性，损害公会在会员中的威信，而且律师也因此遭到社会的污名化，"律师有的是钱，就是官府去告也不好办，赵泉虽是律师但本一流氓"。①

其二，律师资格泛滥也招致社会大众不断质疑。本来在野法曹和高尚职业的社会身份赋予了律师保障当事人权益，维护国家法律秩序和社会公益的职能，但国民时期律师资格审查的宽松引发了民众的不满，"为什么我们要律师来替当事人辩护，目的是在避免冤狱，保障人权，卫护正理，所以律师地位是极重要的，那末他们的资格的审查又该怎样的严密。但是现在的律师，除了以前的承发吏，讼师老爷和洋律师的翻译们的化身之外，大都是什么政治学系、法政学校、法律学系毕业的后生小子，或是吃过外国面，拉过黄包车式的'跳舞'，开口也是，闭口恶来的硕士博士们……硕士博士们因为花过大本钱才换得来的，即使对于中国情形不太熟悉，然而资格已经是真不二价了，至于那辈后生小子，经验既不充足，学理更欠研究，一出校门，就挂起了大律师的招牌，甚至有在专修科专了一年后也可以向司法行政部领取律师执照了"。② 在他人眼中，律师取得资格远较司法官容易。滥竽充数、挑词架讼依然是社会各界对律师评价的标签，结果民间聘请非律师身份的民事诉讼代理人屡见不鲜，③ 最终导致律师行业生态进一步恶化，良善律师畏之而去。

二　"双面亚努斯"

亚努斯是古罗马门神，他有着两副截然不同的面孔：济危救困的天使和唯利是图的魔鬼。以亚努斯比喻律师，形象地说明了律师与社会大众相

---

① 《谢广海诉赵泉等窃占等罪》，《河北省高等法院天津分院及检察处》，天津市档案馆，档案号：J44～2～156～117960。

② 白木：《司法部实行节省：限制新律师》，《社会日报》1932年7月16日，第1版。

③ 《医生与律师　无照行医当局将取缔　非律师代理诉讼须裁定　打官司托情无用》，《大公报》（天津版）1948年8月11日，第5版。

互之间抵触且又纠结缠绕的关系。在这个纠结的关系网中，律师身处其中，内心的挣扎与外界的质疑再次引发了律师的身份认同危机。

首先，繁杂矛盾的法律条文导致法律归法律，民间归民间，律师不见信于社会。南京国民政府成立后，为确立国民党统治权力在法律上的合法性，国民政府在保留了以三民主义和五权宪法为根基的 1912 年法统体制的基础上，陆续颁行了一系列法律法规，后统称为《六法全书》，即宪法、民法、刑法、民事诉讼法及相关法、刑事诉讼法及相关法与行政法及行政诉讼相关法等六大类法律。这一时期的立法具有数量多、内容丰富且速度快的特点，同时《六法全书》"法令滋多、支离破碎"的缺点也非常明显。立法者闭门造车，一方面杂糅各国立法随意模拟，"有从罗马法系者焉；有从英美法系者焉；最新者则瑞士苏俄立法例"。另一方面则不通下情，比如商法"固于全国经济界有切身利害者也，然而是非利病不闻商人有何主张"，民法本为"私生活之根本法也，若在他国必成重大问题，而中国则无人讨论也"，结果导致民商刑法，"本属息息相通，（结果）矛盾冲突各不联串"。① 行法者只能削足适履，像婚姻问题是社会大众关心的主要问题，"律师濮舜卿女士，自设事务所于英租界后，日来女界方面，向该律师请求以法律解决者，门庭若市"。② 不过如濮舜卿所言，大多数情况下她还是以劝说为主，不建议女性走出家庭。还有一女子因夫家官气十足，不事生产而穷奢挥霍，且不许该女子充任教师以补家用，因此精神上倍感痛苦而欲在律师帮助下离婚。③ 但律师却只能依据民法之"一方离婚"规定行事，即一方有过错，另一方才可提出离婚。律师认为女方以男方思想陈腐为由不足以提出离婚，因为思想陈腐并非过错。诸如此类的问题比比皆是，以至于人们不禁对律师所引以为豪的职业伦理产生怀疑，"如该女士读此答案后，认为此难题解决无望，婚事只有听命于既有事实"。④

① 《全国律师代表大会之希望》，《大公报》（天津版）1932 年 6 月 7 日，第 2 版。
② 《津法院新纪录女律师出庭》，《益世报》（天津版）1931 年 10 月 19 日，第 6 版。
③ 《法律解答》，《大公报》（天津版）1933 年 4 月 8 日，第 13 版。
④ 夏英喆：《法律以外的事实可以不顾么?》，《大公报》（天津版）1934 年 4 月 8 日，第 11 版。

社会伦理一般是指人与人之间符合某种道德标准的行为准则，是一种存在于人与人之间平等无差别的规范要求，相反职业伦理是具体有差别的，律师职业伦理则是规范律师行业活动、维护职业的正常运行和发挥社会作用的准则。因此，律师职业伦理与社会伦理时常出现不一致的现象，"许多问题人情道理说得通，法律却说不通"，① 这种不一致产生的冲突又因为司法革旧鼎新而进一步强化。律师遵从法律职业伦理，依据法律事实与法律条款为当事人提供权益的保障，就律师而言，这种单一标准的存在可以减少操作层面上的复杂性，不过对于当事人而言，"这问题不应该是不负责任的几句法律条文便解决的，这是关乎至少一个人的终生幸与不幸的问题"。② 社会伦理与法律伦理矛盾的不可调和，要么人们开始诉诸以暴抵暴的黑律师，"搞案子始而诉讼，诉讼不行就诉诸武力"，王俊生律师因官司赢了黑律师"南霸天"而惨被泼硝镪水；要么直接对律师造成人身威胁，薛万选律师由法院归家，经过金钟桥时欲被对方当事人拉着跳河，后经多人劝说才作罢。虽然律师公会为保障会员人身安全而行文法院，请求严查，但最后也只能是不了了之。③ 黑律师照常行走于法院，结果造成整个律师行业声誉的污名，如同莎士比亚文学作品中农民起义军的呼号："我们要做的第一件事，就是干掉所有的律师。"

其次，律师中立客观的职业立场发生了动摇。律师制度建立以来，从事"高尚职业"和"在野法曹"的律师大部分遵循着"生活程度勿过高、委任人所言事实勿轻信、委任人所言宜细听、诉讼记录宜详查、交际宜广、必败事件勿担任、讼师勿使用、应以正直公义为主、勿热衷金钱、调查事当研究证据勿怠忽、辩论事项之顺序勿拘泥于理论、听取前辈之指导"④ 的职业准则，彰显了独立、客观以及顾问的公众形象。一方面大众对追求秩序、公平、正义的法律价值产生怀疑，"但见司法者如过江之鲫，而守法的固然微乎其微，至于护法者则更是属于理想了"。⑤ 因此为

---

① 然：《史良律师怎样处理案子》，《大公报》（天津版）1947 年 2 月 18 日，第 6 版。
② 夏英喆：《法律以外的事实可以不顾么？》，《大公报》（天津版）1934 年 4 月 8 日，第 11 版。
③ 朱道孔：《形形色色的律师：鼓簧弄舌作帮凶》，俞小敏编《民国官场厚黑学》，团结出版社，1995，第 77 页。
④ 《青年律师十二则》，《顺天时报》1921 年 1 月 1 日，第 15 版。
⑤ 李建钊：《专论：当前法律教育的危机》，《法声新闻》第 475 期，1945 年，第 1 页。

赢得诉讼，人们更加偏向于寻找"能干"的律师。另一方面律师开业太易，品流太滥，① 导致"律师充斥，市面萧条，收入大形锐减"，② "河北一带律师事务所，多半十室九空"，③ 迫于生活的压力，大多数律师不得不借助跑街和中介来招揽业务，以致民众谴称律师"无异于妓女，妓女挂牌子吃饭，律师也是挂牌子吃饭"。④ 既然要挂牌子吃饭，就必须成为当事人心中的"好"律师。于是作为"有能力"的人，律师要把自己描绘成"能干"的人，致力于尽一切努力去完成当事人委托的案件，甚至承诺为委托者作胜诉保证。⑤ 这样不仅影响了律师间的关系，包括如何向当事人描述竞争对手，而且也改变了律师与法律的关系，律师与当事人互为独立的关系变成了一种"权力对话"的关系。唯当事人利益论，只能将法律沦为律师服务当事人的一种工具，这显然与服务社会、保障平民权利的初衷大相径庭。

最后还有一个老生常谈但却实际的问题，"职业虽然自由，可是肚子不让他们自由"。⑥ 律师制度自确立以来，与其他职业相比，律师因"生活是自由的，没有统治的上司，也没有一定的办公时间，有案子来，高兴的接办下来，不高兴的可以借别种理由拒绝，收入虽不一定，但是很有发财的机会"⑦ 而备受人们青睐。一名在校法学生在谈及未来职业理想时，曾羡慕律师的自由职业，他们收入丰富、生活优裕，将来挂律师招牌还可以兼差。⑧ 可以看出，这位学生理想中的律师，既可以摆脱"什么都感觉到非常之枯燥"⑨ 的固定工作，也可以通过"努力交际"兼差获得一定收入，而无五日京兆之虞。对于大部分人而言，律师的自由也意味着永不失业，因为"无论你在亭子间里，过街楼上，只要外面挂着招牌，假如问

---

① 《覃振氏改革司法意见》，《大公报》（天津版）1934 年 11 月 24 日，第 2 版。

② 张务滋：《中国四十年来律师之业务》，《北洋理工季刊》第 4 卷第 2 期，1936 年，第 53 页。

③ 《津变后市面之惨淡》，《益世报》（天津版）1931 年 11 月 27 日，第 3 版。

④ 玉：《时间的点滴》，《红叶》第 3 期，1931 年，第 79 页。

⑤ 《今日司法大病》，《大公报》（天津版）1947 年 11 月 24 日，第 2 版。

⑥ 《吃一行怨一行律师们也叫苦》，《益世报》（天津版）1948 年 4 月 3 日，第 5 版。

⑦ 伊谁：《律师职业甘苦谈》，《晶报》1933 年 7 月 3 日，第 2 版。

⑧ 陈正受：《目前的法律教育》，《大公报》（重庆版）1944 年 5 月 11 日，第 3 版。

⑨ 阿 Q：《银行生活的回顾》，《银行生活》第 1 卷第 6 期，1937 年，第 29～31 页。

起那里得意的话，终可以把律师两字很响亮的对付一下"。① 在大众心目中，从事自由职业的律师就是高薪厚禄的代名词。然而事实上却诚如马荃所言，马荃是民国天津执业时间最久的女律师，她曾这样评价律师职业，"律师属于自由职业部门，有时自由得令人受不了，清闲起来可以两三个月没有一个案子。忙起来呢，助理秘书都得请上一大堆。假使家里没有恒产，没有别的办法，想靠律师来维持生活，还是干脆改行吧"。结果"律师公会三百多个会员中，已经有三分之二改行或兼差了，有些兼教员，有些兼机关行号职员，有些索性抛去本行跑合，跑单帮"。②

尽管律师可以依赖自己的专业知识和专业服务获得一定的酬劳，也可以享受"因一案之敲推，终日彷徨，终夜不寐期"③ 后拨云见日的职业满足感，但如果只强调律师的侠义精神而忽视律师的商业性特点，或是只强调律师的商业性而忽视道德约束的话，都会造成律师认知上的偏差，如公会所言："律师为职业之一，具有业务消费及家庭负担，欲使其竭力服务免兹流弊，应先求其权义平衡。"④ 因此，如果将社会伦理置于职业伦理之上，可能会产生两个后果。一是社会伦理成为衡量律师是否专业的"保姆"，1934 年南京国民政府司法部颁布《整饬律师风纪通令》，列举了诸如"强词夺理，为冗长陈述""挑唆诉讼""阻止当事人和息"等"漠视职责与德义"的行为。由于条款解释模糊，反而造成了律师消极被动的职业态度，否则很可能会因上述理由而被惩戒，甚至吊销律师资格证。二是如果过分强调律师职业的非营利性，作为自由职业的律师为了生存要么改行，要么就要通过其他途径来赢得诉讼，最终损害的不只是律师的名誉，也损害了民众的利益。后者将律师利益与当事人利益捆绑得过于紧密，律师丧失了对当事人的独立性，并唯当事人利益为先后，更加剧了律师的污名化。比如两律师为当事人办理离婚诉讼，中间发生纠纷以致一律师竟将另一律师的事务所砸毁，并殴打办事员。⑤ 还有的甚至因为不能

---

① 伊谁：《律师职业甘苦谈》，《晶报》1933 年 7 月 3 日，第 2 版。

② 鲁琳：《天津职业妇女群像（续）》，《益世报》（天津）1947 年 8 月 30 日，第 4 版。

③ 《广告》，《申报》1930 年 5 月 30 日，第 9 版。

④ 《第八次理监事联席大会内容》，《天津市地方法院及检察处》，天津市档案馆，档案号：J44～3～288～1130。

⑤ 《律师言桑梓感情》，《民国日报》1928 年 9 月 7 日，第 14 版。

胜诉而埋伏打手于厅内，伺机殴打对方男女证人。① 更为甚者，律师越界违反职业操守，王忻堂律师为某印人案出庭高院辩护，以及为陆姓等四被告控滥发支票一案辩护，时有女记者听取审讯结果，竟遭王律师横加干涉并要求离席，② 这无疑干涉了新闻自由，造成了对律师形象的损害。

　　律师制度兴起于清末危时，且被视为司法改革的重要内容。辛亥革命后，在民族救亡图存的时代感召下，律师逐渐被他赋于"高尚职业"和"在野法曹"的职业身份。虽然北洋政府并未确认律师的自由职业身份，但在实践中，律师对国家与社会的责任、高尚的职业道德等律师职业伦理表现出了积极的认同。南京国民政府成立后，律师作为自由职业的身份得到了合法的确认。有了合法职业身份的认可，天津律师似乎看到了实现行业自治以及律师业加速发展的端倪。然而随着国民政府司法党化的深入，以及国内形势的恶化，律师所具有的自由、独立以及专业等职业特征几乎全面沦丧。在此过程中，职业伦理与社会伦理、司法党化与职业自治矛盾引发的话语冲突将律师置身于矛盾与冲突中，律师产生了严重的身份认同危机。他们试图去维护独立客观的专业公众形象，但却发现律师声望仍然遭受着下降的威胁；他们试图维护当事人的合法权益，但却受到人身安全的威胁和职业惩戒的威胁；对于大部分律师而言，他们迫于生计又不得不低头于现实。"戴着镣铐的自由舞者"以及社会大众心目中的"亚努斯"形象成了所有律师必须面对的问题，如果律师不能从国民政府党化的司法体系中以及不断污名的形象中实现自我拯救，他们将始终无法冲破障碍实现自我身份的认同。

第三节　民国天津律师身份认同的自我重塑

　　近代以来，天津律师接受并认同了"高尚职业""在野法曹"的社会角色，然而在宏大的国家叙事和社会伦理话语下，律师们却承受着职业声望持续下降的危机。所谓好律师，在国家话语下是内驱德操，忌舞文仇法，国民政府更是将其具化为"律师如因懈怠或疏忽，致委托人受损害者，应

---

　① 《法庭中聚众殴人》，《益世报》（天津版）1927 年 12 月 25 日，第 11 版。
　② 《妨害采访新闻自由》，《民国日报》1946 年 10 月 9 日，第 3 版。

负赔偿之责" 等法条；大众话语下则将其具化为外崇物望，律师成为扶危济困的侠士。随着律师自觉意识的日渐成熟，政府与社会大众所建构的话语，与律师的个人经历和经验发生碰撞。碰撞下，律师运用和讨论这些话语，并最终在职业实践和经验中展示自我意识，重塑自我身份认同。

一　从个人经历中建构职业认同

随着自我意识的觉醒，民国时期的天津律师，不再执着于宏大国家叙事下对律师身份的他赋话语，而是倾向于以一种职业的态度，将职业发展与个人经历与经验联系在一起，重申律师职业价值与重塑自我身份认同。

对执业律师而言，律师职业不仅是谋生的手段，更可从中实现自我价值。大部分律师以当事人的酬金为生，"就报酬上说，那当然律师比当教员好得多"，① 而且律师这个行业 "进可做官经商种种无限前程，退又不失其本位，直可称为百业之师"。② 无论是青年法学生，抑或是其他法律从业者对 "这清高酬报之丰富，羡之者固大有人"。③ 律师不失为谋生的上好选择，重庆特种刑庭解散时，检察官、庭长纷纷重营律师旧业，以渡时艰。④ 虽然律师日常有应付不完的挑战，所得 "酬报之由来皆其脑力之代价，往往因一案之敲推，终日彷徨，终夜不寐期"。⑤ 也因 "公务纷繁，家居日少"，以致 "其妻不耐，以违犯民律夫妇有同居之务，提起离婚"。⑥ 但他们并未感觉到生活枯燥，⑦ 反而沉浸于代人抱不平的满足感中，律师是 "实实地为被迫害者做点有益的事"⑧ 的一个职业，并从中获得了精神上的满足和职业上的尊重。

这种满足感来自利用合法手段，为当事人争取最大的权益。刑事案件事关当事人的自由，甚至生命，为当事人进行无罪辩护是对律师个人专业

---

① 逸霄女士：《上海职业妇女访问记：律师江蕙若女士》，《大公报》（上海版）1936 年 10 月 3 日，第 7 版。
② 伊谁：《律师职业甘苦谈》，《晶报》1933 年 7 月 3 日，第 2 版。
③ 《广告》，《申报》1930 年 5 月 30 日，第 9 版。
④ 《本报讯》，《大公晚报》1949 年 2 月 17 日，第 1 版。
⑤ 《广告》，《申报》1930 年 5 月 30 日，第 9 版。
⑥ 淳于云：《律师新笑谈》，《时报》1912 年 12 月 10 日，第 11 版。
⑦ 何之硕：《现象漫画》第 1 期，1935 年，第 25 页。
⑧ 然：《史良律师怎样处理案子》，《大公报》（天津版）1947 年 2 月 18 日，第 6 版。

素养和职业道德的综合考察。当事人王某因刑事嫌疑判处有期徒刑一年六个月并褫夺全部公权五年，后经周仲苏律师辩护得以冤屈昭雪，王某特在大公报登载广告半月，感谢周律师不收公费慨然辩护。① 为当事人进行无罪辩护也是律师乘此扩大社会影响力的契机，"刑事案开庭时轰轰烈烈，非常热闹，大的案件甚而轰动全市全省"。② 施剑翘刺杀孙传芳一案，律师胡学骞依靠公众同情与舆论实现胜诉，名列民国著名案例之一。与刑事案件造成的社会轰动影响力不同，"民事案，比如一个良家妇女被拐骗强奸了，或是妻子被丈夫遗弃了，只不过私人间的事情"，但是律师却认为"身为她们者所受的心理痛苦也许比强盗强去些钱尤甚，所以替她们解排纠纷更重要"。③

这种满足感也来自对社会大众的救助，"遇有理直气壮，且无支出公费能力之诉讼当事人"，律师的尽力扶助，可以"免律师成为资产阶级之专用品，而树立平民对于法律之信仰心"。④ 詹某介绍律师李君为何某代理人，请李君控告某县长收受何某钱财，并提起行政诉讼。李君认为何某侵吞公产有目共睹，为维持律师信义，当即严词拒绝。⑤ 律师的专业和自由也使他们能够"若遇见某人被欺骗，她便会自告奋勇代之起诉，反之若遇见专事借势凌人者，虽出高价的委托费，她依然会婉言谢绝"。⑥ 当这些接受救助的人们"送来公费二十枚鸡蛋和一对装稻草的老式枕头"，或是"坐在律师客厅沙发里祈求帮助"时，曾经因为对"国家前途都会悲观，真不明白星星点点的医治有没有办法和效果"而感到的头痛心烦也因此消失了，律师觉得"他是光荣的"。⑦ 律师"忠心为被害者伸张正义的精神，已使得每个得助过的当事人感到她是他们不可缺少的救星"。⑧

---

① 《感谢周仲苏大律师》，《大公报》（天津版）1931年9月18日，第2版。
② 方媚：《女律师生活：和施庆珍女律师谈起》，《女声（上海1942）》第3卷第4期，1944年，第8～9页。
③ 方媚：《女律师生活：和施庆珍女律师谈起》，《女声（上海1942）》第3卷第4期，1944年，第8～9页。
④ 余和顺：《我将怎样做律师》，《辅导通讯》第9～10期，1946年，第36～38页。
⑤ 《何庆成谋控县长》，《大公报》（天津版）1925年7月17日，第5版。
⑥ 方媚：《女律师生活：和施庆珍女律师谈起》，《女声（上海1942）》第3卷第4期，1944年，第8～9页。
⑦ 子冈：《北平流行的官司》，《大公报》（上海版）1946年8月17日，第3版。
⑧ 然：《史良律师怎样处理案子》，《大公报》（天津版）1947年2月18日，第6版。

对社会大众施于法律援助的职业道德感，也让他们满怀热情去普及法律知识，对"一般民众负义务报导之责任，使法律平民化，法治亦可顺利推行"。[①] 张子腾、张慰祖、张务滋、张锡鸿以及刘廷俊等天津知名律师，定期到天津青年会公民教育演讲会讲演法律常识，并分饰庭长、检察官和双方辩护律师，会同"法律班班友剧社社员扮演话剧"。[②] 赵鉴唐律师认为最快乐和荣幸的就是和"同学们谈话，与诸位讨论法律知识"，告诉同学们"法律不是专门的学问，应当拿他当作家常便饭"。而且"在课余的时候，把公布的现行法律当小说似的去研究，这对于我们的常识很有裨益"。[③] 为了更好地从事律师职业，他们不断地对职业进行反思和自省，"当今世风浇离，社会恶劣。自治功夫稍疏，即不免沉湎不返，然自治功夫可以居家读书，收摄身心"。[④] 他们努力完善自己，主动进修提高专业素养，"法令之公布，废止应随时留心，并加研讨，以便援引，如有意见，不妨举其所知，撰文投登法学杂志，与海内法学家共同探讨，并拟最浅显之文字，择现行法令之与日常生活有密切关系者，加以说明，投登本地报纸"。[⑤]

从事律师职业更是对女性自立天性以及服务社会能力的肯定，"现在女记者很多，可是女律师还少"。[⑥] 且"女子任事能力及责任，并不逊于男子"。[⑦] 在平津执行业务的李德义律师，以北平妇女社会服务促进会主席的身份督促国民政府维持法律，顾及妇女道德与人格尊严，同时致电南京妇女界进行联合行动。[⑧] 她们为了更好地从事该职业，"躲在高院记者席上旁听记录，将法律常识向几个大律师请教"。[⑨] 因此，比起其他职业，律师因为"一件责任明显的案子，往往由于金钱、势力或情面，可以黑白相反，颠倒是非，做律师的引经据典，凭三寸不烂之舌来争辩，想事情

① 余和顺：《我将怎样做律师》，《辅导通讯》第9~10期，1946年，第36~38页。
② 《法庭表演大会青年会今晚举行》，《大公报》（天津版）1936年3月28日，第13版。
③ 《法律知识的需要》，《大公报》（天津版）1935年3月9日，第13版。
④ 《青年会征友发奖大会志盛》，《大公报》（天津版）1922年12月11日，第10版。
⑤ 余和顺：《我将怎样做律师》，《辅导通讯》第9~10期，1946年，第36~38页。
⑥ 方媚：《女律师生活：和施庆珍女律师谈起》，《女声（上海1942）》第3卷第4期，1944年，第8~9页。
⑦ 《女权发达我国将有女律师》，《大公报》（天津版）1922年11月13日，第11版。
⑧ 《京沪妇女会代表》，《大公报》（天津版）1934年11月14日，第4版。
⑨ 《女记者法院实习蒋蕴薇带做女律师》，《泰山》第1期，1946年，第7页。

得到公平合理的判决，又不知要付出多大的努力"。所以"律师应该是冷静的，客观的，行为品格是超然的"。① 特别是有感于女性"受人欺压虐待的案件、总知以前的理想只是百分之一的比例"，而萌发了愿以法律能力保障女权的思想，甚至为了"使一般妇女能得到一些法律的常识、将来更想办女子法律学校、培养女界法学人才"。② 为了体现作为律师的使命，他们积极践行并认同律师职业规范，并在个人的执业经历中不断地反思，以创造出一个律师的职业形象并彰显其职业的社会意义。可以说，在他们身上充分体现了律师的职业价值和人生价值。

二　把律师当作一种生活方式

选择做律师，就是选择了一种生活状态，无论社会地位如何高，名望如何响亮，只要是律师就免不了要"每日出庭，办理诉讼文件"，③ 免不了要埋首阅卷、精研法律条文、舟车劳顿调查取证、仗法直言捍卫正义。史良和她的助手"一清早冒着大雪坐滑竿去，等到从滑竿下来，她们两人已手僵脚冻得不能动弹了"。④ 胡毓枫不畏强权，敢以辩护人的身份对抗律师公会会长。⑤ 他们选择了律师职业，就是把"努力工作"⑥ 视为自己的一种生活方式。

系统的法学教育是从事律师职业的基石，不断地学习则是应对法律实务的重要前提。律师的目标是"为断定法庭应作的事而有裁判"，但要达此目的，"不是一件很容易的事情，这需要有学识，有修养，有经验，有勇气"。因为律师需要"任何智识皆应具备，不以法律知识为限也，即一切之社会常识皆应有"。所以"非有渊博学识，益富社会经验者不能胜任愉快，否则力不从心，心难如愿"。⑦ "我们相信，假使能够得到关于宇宙

---

① 鲁琳：《天津职业妇女群像（续）》，《益世报》（天津版）1947 年 8 月 30 日，第 4 版。
② 《濮舜卿访问记》，《大公报》（天津版）1932 年 4 月 30 日，第 7 版。
③ 《明日之教育　职业教育的理论》，《大公报》（天津版）1936 年 8 月 24 日，第 11 版。
④ 然：《史良律师怎样处理案子》，《大公报》（天津版）1947 年 2 月 18 日，第 6 版。
⑤ 《李洪岳李仰白案》，《大公报》（天津版）1937 年 7 月 7 日，第 6 版。
⑥ 《法院关于呈报律师调查表及律师公会各事项》，《天津市地方法院及检察处》，天津市档案馆，档案号：J44～3～288～1130。
⑦ 赵铢：《论律师应有之责任》，《三民主义半月刊》第 11 卷第 5 期，1947 年，第 26 页。

的充分的知识，我们就能控制他，因为我们不很知道那种事实是于我们有帮助的，所以我们就全去搜集，而希望能得到其最好的，这就是科学精神。"① 可见，律师不是一个轻松休闲的职业，而是充满挑战，需要克服懒惰和依赖并付出艰辛努力的工作，"一事无成两鬓斑"，感到心累的并非只有马荃一人，"短促的时间，实在不容我们再偷闲懒惰了"。② 况且"近年来乡下人变聪明了，从前有了小事便打官司，现在即使杀人放火的大案件也私自和解了"。③ 为了不被淘汰，青年律师每天工作时间"上午九时至午夜十二时，没有宿舍，每天在办公室内写字台上起铺搭铺，薪水每月十二元，要做满一个月后三四日才能领到。抄写公文，不留神抄错了就要重新去买九毛钱的民诉状"。④ 即使是享誉津城的名律师张务滋，也不断学习以开拓多种业务方向，其 1923 年"呈请在京津设立商标注册事务所"，⑤ 并获批准；1946 年与马荃合作，开设京津事务所拓展天津妇女界法律业务。⑥ 只有抱着终身学习的心态，才能在律师的道路上越走越远。

　　"细心的注意每个事情或案件的小节"让律师远离了"玩世不恭、落拓不羁、不修边幅、不注意整洁的文人墨客、才子雅士风流自赏、清谈课国的作风"，他们认为如果对"一切琐事都不经心，如此那能代当事人搜集有利证据尽攻击防御之能事？由于这一点出发，以后便一直跟着错将下去"。⑦ 因此，抱着"慎思明辨、精细相尚"的思想，奉行"委任人所言事实勿轻信、委任人所言宜细听、诉讼记录宜详查"⑧ 的行为准则，他们选择一丝不苟，甚至在外人看来是枯索无味的生活方式。早晨起来，有案件开庭便夹了皮包到法院，坐在律师休息室等开庭。上庭后，披上法衣，

---

① 《明日之教育　论大学教育》，《大公报》（天津版）1936 年 11 月 9 日，第 11 版。
② 《小公园　冷话》，《大公报》（天津版）1933 年 3 月 9 日，第 12 版。
③ 徐转蓬：《端木律师》，《大公报》（天津版）1936 年 6 月 19 日，第 12 版。
④ 何中文：《从煤堆里爬到律师办公室》，《中文读书生活》第 1 卷第 2 期，1934 年，第 24 ~ 25 页。
⑤ 《公文　令商标局局长》，《商标公报》第 5 期，1924 年，第 2 页。
⑥ 《本市第一名女律师》，《大公报》（天津版）1946 年 10 月 1 日，第 5 版。
⑦ 章泓湜：《一个学习法律者的看"艳阳天"》，《大公报》（上海版）1948 年 6 月 23 日，第 7 版。
⑧ 《青年律师十二则》，《顺天时报》1921 年 1 月 1 日，第 15 版。

拿着卷宗，规规矩矩地发表理由。没有庭期，就接见当事人，商讨案情。[①] 男律师一般身着西装，女律师则以旗袍为主，头发梳得一丝不苟，身披法衣下显得端庄稳静，因为"法律界，女子执行律师业务总被视为新奇，惟其如此，做开创事业的人，更需要谨慎从事，不落任何把柄于同业男子手中"。[②] 为了缓解日常紧张工作，有的律师喜欢看看小说;[③] 有的则是"香茗一壶，知友二三，漫无拘束的讨论或闲谈，与其和许多人做无味的周旋，不如坐在小屋里看本法律书籍"。[④] 他们认为"学理与实际应相提并重"，且更希望"学法律者对于心理伦理学应特加注意，以期成一完美的法官或律师"。[⑤] 可见，律师的自我认同并非无所不能的认同，而是一种对律师职业如履薄冰的敬畏。

律师希望化干戈为玉帛，勿走极端。[⑥] 他们长期"置身纠葛烦恼的场中"，[⑦] "洞悉津市社会情形"，[⑧] 对于民众的疾苦、人心的向背以及法律的现状见解颇深，所以他们倾向于抱着"息事宁人的主旨，化大事为小事，小事为无事，排解纠纷，非万不得已绝不诉诸于法"。[⑨] "中国固有法律条文已不适合现实社会，许多问题人情道理说得通，法律却说不通。法律解决等于战争，凡事须先讲情，后讲理，最后才诉之法律。"[⑩] 他们抱着以直报怨，以德报德的态度，凡是"遇委托案件之显无理由者，则明白告知，劝其切勿轻启讼端，致花无益之诉讼费用，于事无补。苟该当事人因此息讼，在法院既可节省手续，无理于讼者，亦可免受讼累，一举两

---

① 灵芝：《新生周刊》第 1 卷第 26 期，1934 年，第 18 ~ 20 页。
② 方媚：《女律师生活：和施庆珍女律师谈起》，《女声（上海 1942）》第 3 卷第 4 期，1944 年，第 8 ~ 9 页。
③ 何清儒：《明日之教育　职业教育的理论》，《大公报》（天津版）1936 年 8 月 31 日，第 11 版。
④ 方媚：《女律师生活：和施庆珍女律师谈起》，《女声（上海 1942）》第 3 卷第 4 期，1944 年，第 8 ~ 9 页。
⑤ 《南开社会视察团两个讲演》，《大公报》（天津版）1927 年 4 月 2 日，第 7 版。
⑥ 《平报详载张今吾被绑案》，《大公报》（上海版）1947 年 5 月 6 日，第 7 版。
⑦ 《国大律师代表候选人》，《大公报》（上海版）1937 年 7 月 17 日，第 15 版。
⑧ 里洁：《天津之页：女律师王秀洁》，《三六九画报》第 18 期，1943 年，第 15 页。
⑨ 郑涛：《经验谈：怎样做一个律师》，《社会服务》第 6 期，1943 年，第 2 页。
⑩ 然：《史良律师怎样处理案子》，《大公报》（天津版）1947 年 2 月 18 日，第 6 版。

得，何乐不为。此就营利眼光论之，固属背道而驰"。① 平时则以具体案例规劝乡邻，告诫他们"应互相帮助互相谅解，和睦相处，不要为一些小事闹纠纷，告到衙门打官司，结果是两败俱伤，轻者倾家荡产，重者家破人亡"。② 律师的调和和劝解得到了当事人"万分的感激他的善意"，③ 甚至当事人终成眷属，举行婚礼还请史律师吃喜酒去。

"要成为一名合格的律师，你必须在为正义而战的过程中训练有素、诚实无畏。"④ 一个仅有些法律知识的人无法成为好律师，律师是代表着正义和保护人民权利的职业，因此他们选择了将孜孜不倦的学习态度、谨小慎微的处事原则以及诚实的辩护职业道德作为自己的一种生活方式，只有"这些事情会让你变得更强大"，⑤ 从而构成了 20 世纪三四十年代天津律界的一道独特风景线。

三　解构传统职业观，凸显自觉意识

20 世纪 30 年代以来，律师们对法界和社会大众所建构的"在野法曹""高尚职业"的职业定位进行了反思与重构，反对将改变"法制紊乱，社会根本动摇"的现状视为律师天职，认为国家社会只强调律师对于民族国家的意义，却未考虑律师是否能够充分发挥职业才能。因为"今日言德治，则嫌其太高，言法治则病其寡信，举世滔滔，皆以玩法相尚……全国既惯惯然习于违法弄法不加尊重，纵有善法，亦被恶用，此法治国之所以终不能有成，而国家社会之所由纷乱无已也"。⑥ 所以律师应负的"最重大责任"不是根治社会法制紊乱，而是根治"法信之不立"。律师同业者应"互相砥砺，努力于爱法信法守法，以为国人劝，同时又以之鞭挞法官，期与共勉"。尤其是要"根据历史习惯加以研究，求得新旧法融合贯通之道，则更为有益社会之工作也"。那么如何去做对社会有

① 余和顺：《我将怎样做律师》，《辅导通讯》第 9～10 期，1946 年，第 36～38 页。
② 梁晓云：《开明律师梁锡纶——回忆先父二三事》，中国人民政治协商会议河间县委员会编《河间县文史资料》第 4 辑，1989，第 96 页。
③ 庆云：《如何救济未自杀的妇女？》，《大公报》（天津版）1934 年 9 月 2 日，第 11 版。
④ 《约翰逊法官向法学院学生发表演讲》，《大陆报》1925 年 11 月 17 日，第 5 版。
⑤ 《约翰逊法官向法学院学生发表演讲》，《大陆报》1925 年 11 月 17 日，第 5 版。
⑥ 《全国律师代表大会之希望》，《大公报》（天津版）1932 年 6 月 7 日，第 2 版。

益的工作，律师为职业之一，应先求其权义平衡。① "权义平衡"主要是指律师承担的社会功能与律师职业权益之间的平衡。律师是法律文化的重要一环，与检察机关、法院共同构成了互相监督的司法体系。律师与法官的关系赋予律师"守门人"的角色，为更好地发挥该角色作用，律师长期以来被赋予了独特的职业自由性。这种职业的自由性源自法律本身的重要性，而非来自律师本身的重要性。这一点非常重要，因为社会赋予了律师职业的自由性和独立性，也就意味着律师应承诺利用其自主性来加强法律的社会功能。

首先，对职业要保持一种高度自我尊重感。"一个意识清明的民治社会要服从的是真理，我们应当努力做一个荣誉的公民。这个荣誉的保持，是要从自我尊重下手，这又是我们所认为培成民治精神的另一要点。"② 律师对法治的尊重应该是积极的，作为法律专业人员，律师的部分责任是帮助大多数人"将无从理解这种种性质互异，成千上万表面上乱若纷丝的法律条文，利用他的特殊知识，避免责任的为非作恶无所忌惮"。③ 从而为当事人"谋利益，且期收诉讼上善良之效果"，④ 也就是公平和谐地解决争议。为达此目的，律师"要有道德的修养，律师既居于帮助人民指导人民的地位，本应该先有高尚的道德，守法的精神，这样才能取得当事人的信任"。⑤ 即使到了 20 世纪 30 年代，"除了少数都市居民以外，大部分人对律师和包揽词讼的讼师有何区别，仍是不了解的"。⑥ 对法律的漠视必然导致对律师职业的不认可，进而也无法理解法律对人们生活的重要性。"到社会去生活，便晓得法律之需要的了。"⑦ 所以做律师的，要"能够珍重自爱，做些榜样出来"，⑧ 只有当律师认真对待自己的责任并能尊重自己，他人才能充分理解法律对社会生活的重要性。也只有有了这样

---

① 《第八次理监事联席大会内容》，《天津市地方法院及检察处》，天津市档案馆，档案号：J44 ~ 3 ~ 288 ~ 1130。
② 《徇情与谄媚》，《大公报》（重庆版）1943 年 12 月 2 日，第 2 版。
③ 《律师道德的堕落》，《华年》第 3 卷第 28 期，1934 年，第 3 ~ 4 页。
④ 曾浪平：《谭律师道德》，《当代法学》第 1 卷第 1 期，1934 年，第 117 ~ 121 页。
⑤ 郑涛：《经验谈：怎样做一个律师》，《社会服务》第 6 期，1943 年，第 2 页。
⑥ 《律师道德的堕落》，《华年》第 3 卷第 28 期，1934 年，第 3 ~ 4 页。
⑦ 《法律知识的需要》，《大公报》（天津版）1935 年 3 月 9 日，第 13 版。
⑧ 《律师道德的堕落》，《华年》第 3 卷第 28 期，1934 年，第 3 ~ 4 页。

的理解，社会大众才有可能接受律师的自由、独立性对于法律制度的充分运作是必要的。这不仅意味着律师"对于同业应表示真挚态度"，① 以使案件处理得以顺利进行，还意味着律师要注意与当事人谈话时所负的特殊责任，对于"绝对无胜诉希望之事件，应研究其事件之正当或不正当，如不正当应即拒绝为是，既可免教诉、滥诉之弊，复可维持自己业务上之信用"，② 同时以免损害法官和其他律师的名誉。

其次，站在弱者的立场去维护社会大众的权益，是大众心目中侠士的形象，也是律师执业活动中的一部分，而非不寻常或超委托的。"相信能抱侠义之同情，对贫苦民众予以法律之援助，则此后社会组织，当可日趋良善；人群之利益，亦必随之增进。"③ 社会舆论支持律师执业要抱以卓越的职业伦理，希望律师如同侠士一般提供无偿服务，固然通过为弱者提供无偿服务可以提升职业口碑，李景光律师一到天津执业便登报声明，要实力援助张致和杀害发妻案的受害人。不过随着律师自觉意识的增强，律师却对这种无偿服务有另外的看法。他们认为，一来大部分普通律师"具有业务消费及家庭负担"，④ 在缺乏其他途径谋生的情况下，律师只能通过公费来维持生活；二来是对职业的尊重，许多法院或律师公会指定的辩护案件并非简单的法律问题，其本身就涉及非常专业的法律领域，因此要为这一群体提供合格的法律服务并非偶尔为之的公益行为，是需要律师具有相应的专业水平和付出相应的工作时间的。这样的结果是，如果律师将大量的时间投入公益性质的法律服务中，那么可能会影响为其他当事人服务的效率；要么尊重其他当事人的利益，而减少对公益服务的投入。律师面临的这种困境，律师公会也早有了解，"以刑举指定辩护事件日见增多，轮流指定义务反不平均"。因此公会提出"仿照高等审判厅选聘办法，从常川驻津律师中选聘数人，每年每人由厅发给车马费六七十元，稍资补助"。⑤

---

① 苏哲：《律师道德论》，《华年》第 3 卷第 30 期，1934 年，第 16～17 页。
② 曾浪平：《谭律师道德》，《当代法学》第 1 卷第 1 期，1934 年，第 117～121 页。
③ 《贫民法律扶助会昨日举行成立大会》，《大公报》（天津版）1935 年 4 月 1 日，第 6 版。
④ 《第八次理监事联席大会内容》，《天津市地方法院及检察处》，天津市档案馆，档案号：J44－3－288－1130。
⑤ 《律师公会消息二则》，《大公报》（天津版）1924 年 4 月 20 日，第 6 版。

20 世纪 30 年代，随着律师主体意识由自发走向自觉自为，律师试图摆脱宏大叙事下的身份标签而重建自我职业定位以及自我身份认同。在尊重职业的基础上，律师从职业的角度认同了律师的职业身份，并在执业过程中实现了律师对自我身份的认同。

近代天津律师的身份认同是一个从话语他赋到话语自赋的过程，同时也是律师基于自由职业的特性，从寻求职业的民族国家意义到立足于职业本身来寻求自我职业认同的过程。清末民初，在民族危亡的时代背景下，律师顺应时代潮流将改良司法，建立民主法治国家和维护法治、正义以及人权的身份与价值期待内化为自己的行动准则。这种他赋下的话语实际上是国家意志对律师职业发展的强制性塑造，在实践中，律师对国家与社会的责任、高尚的职业道德等律师职业伦理表现出了积极的认同。沉浸于该叙事意义中的律师，似乎看到了实现行业自治以及律师业加速发展的端倪。然而，伴随着国民政府对司法的介入与干预，以及社会污名化的不断增强，律师开始质疑该话语掩盖下的职业发展本质。为了摆脱长久以来声望下降的威胁，他们开始强调律师自身职业的价值，并努力构建属于律师的独立话语空间。在批判传统职业观的同时，他们通过不断反思律师的职业本质，比较清晰地认识到职业发展所面临矛盾与困难的症结所在，从而开始了对传统职业观的解构与重建。可以说，民国律师的自我重塑是基于律师自身的执业实践而对主体身份认同的追寻，是一种来自实践的自我行动意识。综上所述，作为近代职业群体身份变迁的一个缩影，律师身份认同的主动建构是现代职业发展的结果，亦是城市社会进步的体现。随着近代天津律师自我身份认同意识的增强，以及对律师职业认同度的不断提升，个体的力量逐渐汇集成群体的力量，进而推动了近代天津律师作为群体的崛起。

第四章　律师公会与民国天津
律师群体的发展

1912 年民国北洋政府颁布《律师暂行章程》，规定：律师应于地方审判厅所在地，设立律师公会。1913 年 3 月，继北平律师公会和保定律师公会后，天津律师公会成立。此后，作为"公同组织之会所"① 的天津律师公会，不仅见证了天津律师群体从小到大的发展，而且在与社会互动的动态发展中通过建构共同体，助推了天津律师群体的发展，继而为律师作为一个阶层的崛起奠定了基石。所谓律师共同体是由价值维系的"想象共同体"②，即指具有一定法律知识背景、专业知识以及职业伦理的群体成员，他们通过共享价值规约建造了律师主体所依赖的精神家园。本章通过对天津律师公会组织建设及社会活动的考察，分析在构建律师共同体的过程中，律师公会是如何有机地将律师主体、职业伦理以及民族精神融合在一起的，继而推动了律师群体的发展。

第一节　律师公会的建立与发展

一　天津律师群体的兴起与律师公会的建立

民国肇始，天津律师作为群体的兴起主要基于两方面的因素。其一，近代

---

① 《冀察平津律师及律师公会统计》，《冀察调查统计丛刊》第 1 卷第 6 期，1936 年，第 24～36 页。
② 〔美〕本尼迪克特·安德森：《想象的共同体：民族主义的起源与散布》，吴叡人译，上海人民出版社，2016，第 6 页。

社会转型之使然。1860 年天津开埠后，除军队外，外国移民人数近 4000 人。①
按照领事裁判权的规定，无论刑事还是民事案件，只要涉及华洋混合案件，外国人均不受中国司法机构管辖，而是由各国领事按其本国法律审断。于是各地领事馆纷纷根据各国法律制度，其中包括通过律师制度处理本国侨民或华洋法律事务。天津为华北商务荟萃之区，纠纷较多且复杂，比如"保了火险者，失火时自然应得赔偿，但保险是契约中最复杂的一种，常人决不能尽知其中种种具文或不具文的权义，故非有律师代为辩护不可。而且除了在讼案中代任辩护而外，律师尚可作种种别的职务"。②
所以在中国律师制度未确立之前，不但政府常聘西洋律师数人，处理教案等重大交涉；③民间"每有同业之间发生小小争议，双方也必互请外国律师"。④可见，值此社会变动之际，旧有的职业划分及专业知识已难适应新的社会需求。况且，国内传统知识结构中儒者不谙法律者甚多，为应付"通商交涉，事益繁多"的局面，实现"通商惠工，为经国之要政"的新政革新之主旨，律师作为一种新的职业引起了社会的强烈关注。

其二，政府法律制度发展之推动。天津律师制度的确立，是经历了较长时间的酝酿逐步形成的。尽管中国早在唐宋时期就有"讼师""代书"等法律服务人员，但直到 1906 年清末新政，由沈家本、伍廷芳共同编订的《大清刑事民事诉讼法草案》（以下视情简称《草案》）才真正开启了具有现代意义的律师制度的建立。《草案》虽未正式颁行，却较为详细地规定了律师资格、律师注册登记、律师职责、律师惩戒以及外国律师在华业务等内容。可以说，《草案》奠定了中国律师制度的雏形。1912 年 9 月 16 日，民国北洋政府颁行《律师暂行章程》，同月 19 日颁布《律师登录暂行章程》，律师制度首次获得了合法地位。按照《律师暂行章程》第六章第二十二条规定：律师应于地方审判厅所在地，设立律师公会。本着

---

① 陈克：《心向往集——献给天津博物馆成立九十周年》，天津古籍出版社，2009，第211 页。
② 《社论　贫民法律扶助会》，《益世报》（天津版）1934 年 8 月 23 日，第 1 版。
③ 《拟设特别公堂志》，《大公报》（天津版）1907 年 9 月 27 日，第 2 版。
④ 《中国一周》，《向导周报》第 1 卷第 41 期，1923 年，第 309 页。

"律师之人数既多，各不相谋，不特意见参差，难收声应气求之成效，抑且漫无统系，无规矩准绳之可循，极其所至，流弊丛生，殊非法律设置律师制度，用以保护诉讼当事人权利之初旨"，① 天津律师经过半年筹办，于 1913 年 3 月在天津河北黄纬路咸安里 27 号成立天津律师公会。之后，天津律师公会便与天津律师群体的发展紧紧联系在一起，成为推动律师共同体形成的重要载体。

作为北洋新政之区，天津的法学教育有开风气之先，且受华洋承审处洋律师示范之影响，这些都为天津律师群体以及律师公会的发展提供了充足的人员储备。然而事实上，清末以来天津法学毕业生热衷从政，像直隶法政专门学校会直接推荐毕业生到省政府各机关，以分别录用，② 所以民国元年律师制度确立后，天津仅有吴大业、钱俊、张务滋③、梁锡纶和张家谦五位律师登录注册。因此，初建的天津律师公会不仅在成立时间上晚于民国元年成立的北京律师公会，以及元年 11 月成立的保定律师公会，而且律师发展基础也落后于上海等地。例如，江苏在武汉军政府时期就已设江苏律师总会，负责律师登记，之后民间还自发组建了杭县律师公会。上海则在辛亥革命爆发后，由留日法学生蔡寅向沪军都督陈其美呈请成立"中华民国辩护士会"（中华民国律师总公会），制定自治章程。相较之下，初建期的天津律师公会无论是从成立时间上，抑或是历史积淀上，天津律师的发展程度都稍逊于上海、北京两地律师群体。

随着律师制度的不断完善，北洋政府时期的天津律师也进入了较快的发展阶段。这一时期，天津律师发展具有两个明显的特征。一是律师以办理华洋诉讼案为主。其中固然与普通民众拘泥于旧习不谙法律者甚多，一切诉讼不得不借重律师以达诉讼④等原因相关，也与天津为华北通商口岸，外国人居多有关。据天津海关数据，常驻天津的外侨人数从 1877 年

① 《冀察平津律师及律师公会统计》，《冀察调查统计丛刊》第 1 卷第 6 期，1936 年，第 24 ~ 36 页。

② 《本埠新闻：饬令录用毕业生》，《大公报》（天津版）1917 年 6 月 8 日，第 7 版。

③ 张务滋：《中国四十年来律师之业务》，《北洋理工季刊》第 4 卷第 2 期，1936 年，第 53 页。

④ 参考王静《近代天津律师群体状况分析》，《理论与现代化》2013 年第 5 期。

的 175 人，上涨至 1927 年的 8142 人。① 如果将流动外侨人数计算在内，数量更为可观。在津外侨人数增长的同时，英美华洋诉讼以及日商讼案也日益增多，② 而且囿于领事裁判权，"凡华洋诉讼事件发生，如华人为原告，外人为被告时，外国领事署例皆不易受理，即或受理而审判往往有失于公平"。③ 于是熟知华洋交涉以及债务账目等业务的中外律师广受津城百姓青睐，尤其是诸如法国大律师、日本久保大律师、大英国顾然森大律师、大美国博克大律师以及达商英达大律师等备受天津富商追捧；中国律师也因华洋诉讼事件日益增多，或者像张务滋、尹凤藻、余敬昭等人直接从事华洋民刑诉讼办理业务，或者如李景光等人聘请外籍代办人，来增加事务所业务。二是在津律师人数与日俱增。天津律师公会成立之前天津律师人数为 7 人，到 1913 年底发展为 24 人。不到一年的时间，经由天津律师公会推荐，司法部又核准了包括梁锡纶、崔亮辰等 40 名律师在内的律师资格申请。④ 1917 年，天津律师公会在元纬路东口同庆里召开春季大会。经过会员讨论，梁锡纶当选为天津律师公会会长，副会长为张家麟，评议员为宋恒升、李润芝和王道霖。⑤ 之后，梁锡纶连续两年任天津律师公会会长，公会会员也增长至近百人。1923 年，兰兴周继任公会会长，会员人数增至 133 人。1925 年，律师公会注册人数为 500 余名。1928 年发展为 575 人，一直到 1933 年天津律师公会人数始终以增长的态势发展（见表1）。其间天津律师公会进行了六次会长改选，分别是梁锡纶（1917～1919 年）、兰兴周（1923 年）、许肇铭（暂代会长，1924 年 2 月至 6 月）、许云舫（1924 年 6 月至 1926 年）、许肇铭（1928～1930 年）以及李洪岳（1931～1940 年）。

---

① 杨大辛：《天津租界的社会众生相》，中国人民政治协商会议天津市委员会文史资料委员会编《津门古今杂谭》，天津人民出版社，2015，第 138 页。
② 《地检厅添设英翻译》，《大公报》（天津版）1921 年 1 月 9 日，第 7 版。
③ 《天津总商会来往要电》，《大公报》（天津版）1923 年 5 月 11 日，第 6 版。
④ 《甄别律师》，《大公报》（天津版）1914 年 7 月 22 日，第 3 版。
⑤ 《选定职员之函知》，《大公报》（天津版）1917 年 4 月 30 日，第 7 版。

表 1　天津律师公会人员数量（1912~1933 年）

年份	1912	1913	1914	1928	1929	1930	1932	1933
人数（人）	7	24	40	575	612	708	814	860

资料来源：《大公报》（天津版）以及天津市档案馆藏《天津市各机关汇集全录》《天津律师公会会员录》。

　　经过约 20 年的发展，天津律师人数由个位数发展至八百多人的规模，其中原因涉及三方面。① 一是天津为华北通商大埠，人口百万人以上，人事繁杂，律师业务自然发达。天津著名律师张务滋曾言："津市为华北商务荟萃之区，纠纷较多。"② 尤其对于商业而言，"那些大银行、大公司，都是新兴事业，资本雄厚急思扩张发展，不似从前的一味保守行为。所以业务愈大，则纠纷愈多，事事牵达到法律问题"。③ 二是 1913 年天津设置了直隶高等审判厅、检察厅以及天津地方审判厅和检察厅后，天津成为一二两审诉讼案件集中之地。此外素有"九国租界"之称的天津，华洋诉讼以及诸多涉外案件也多集中于此。可见，高等法院设在天津是关乎天津律师发展的一个重要因素，因此也有了 1928 年天津律师公会力阻南京政府搬迁高等法院一事。天津律师公会声称"天津高等法院在津多年，四通八达管辖适中，人民诉讼夙称便利，华洋诉讼日见增多，司法权衡较北平为重"，④ 请求勿迁至北平。这事实上也证明了，直到 1935 年高等法院迁至保定，天津执业律师人数始终呈上升趋势。三是便利的地理位置吸引了北平执业律师来津开展业务。平津交通便捷，距离不远，而且《律师暂行章程》规定，每一会员经呈请核准后可以兼驻另一区域内行使职务。因此，北平律师公会会员兼任天津区域的律师人数甚多，像刘崇佑、纪清漪等人都在平津两地执业。

　　需要补充的是，天津律师公会初建期的发展与会长的影响力密不可

① 《冀察平津律师及律师公会统计》，《冀察调查统计丛刊》第 1 卷第 6 期，1936 年，第 24~36 页。

② 张务滋：《中国四十年来律师之业务》，《北洋理工季刊》第 4 卷第 2 期，1936 年，第 53 页。

③ 包天笑：《钏影楼回忆录续编》，香港：大华出版社，1973，第 112 页。

④ 《律师公会挽留高等法院　电呈司法部陈述迁平弊害》，《大公报》（天津版）1928 年 10 月 20 日，第 5 版。

分。第一任会长梁锡纶是河北河间县人，青年时代就学于"毛公书院"，后考入保定法律专科学堂，毕业后即赴天津当律师。因对历代法典素有研究，且交游较广，待人接物和蔼可亲而闻名天津律师界。① 第二任会长兰兴周是天津府沧县人，1904年赴日留学，先后入日本宏院、早稻田大学政治经济科、法政大学法律科。1911年归国，在直隶私政专门学校任教授，同时在津任执业律师。② 第四任会长许肇铭（兰兴周会长去世，许肇铭曾暂代会长一职），是中国最早的一批法律专业学生，毕业于北京国民大学法律系，1917年应直隶法政专门学校校长李镜湖邀请任职，并执行律师业务。③ 教学期间，与时任督学的中国最后一位状元刘春霖关系很好。④

从履历上看，三人都深耕直隶政学两界，有着丰富的社会关系网络。1912年许肇铭参选顺直临时省议会代表，1913年梁锡纶以干事身份参加直隶行政促进会，该会以政学两界融和党见、讨论共和政治、以期裨益地方为宗旨。⑤ 兰兴周则在留日期间便深受李大钊影响，后积极投身于民主政治革命中。段祺瑞执政后，因委任帝制派朱家宝为直隶省省长遭到进步派的反对。兰兴周积极响应李大钊号召，以谋求改善直隶地方政治，相互联络为名加入推举张继为直隶省省长的活动中，⑥ 并且作为司法改良运动发起人之一，发表《直隶司法改良会宣言书》，抨击北洋政府"法制国家之司法制度非唯不求扩张，反多方摧残破坏，甚至以行政官吏兼理裁判，以期恢复专制之旧观，而司法遂日趋于黑暗，旧习积弊垒涌繁生，较诸专制时代有过之无不及"，⑦ 呼吁同人集思广益，以调查乱法事实或提出改

---

① 梁晓云：《开明律师梁锡纶——回忆先父二三事》，中国人民政治协商会议河间县委员会编《河间县文史资料》第4辑，1989，第96页。
② 中国李大钊研究会编《纪念李大钊诞辰120周年学术论文选集》，云南教育出版社，2011，第520页。
③ 许杏林：《三十五中前身——人民中学建校始末》，中国人民政治协商会议天津市河北区委员会文史资料文化艺术委员会编《天津河北文史》第6辑，1992，第85页。
④ 永志强编著《奇才妙联：历代状元对联赏读》，金盾出版社，2008，第232页。
⑤ 《促进会立案邀准》，《大公报》（天津版）1913年5月3日，第3版。
⑥ 中国李大钊研究会编《纪念李大钊诞辰120周年学术论文选集》，云南教育出版社，2011，第520页。
⑦ 《直隶司法改良会宣言书》，《大公报》（天津版）1916年8月11日，第7版。

良司法之建议。1921 年，热衷政治和司法改革的兰兴周当选顺直第三届省议会议员。

支持爱国进步学生运动，扩大了天津律师的社会影响力。1920 年抵制日货运动中，天津学联调查员遭到日本浪人毒打。结果当局不但未惩办日本浪人，反而逮捕进步人士。为抗议当局罪行，周恩来等人率领五六千名学生奔赴直隶省公署请愿，遭到军警镇压，酿成天津"一·二九"惨案。之后为了帮助被捕学生，梁、兰二人也加入为被捕代表辩护的律师团，兰兴周更是多次出庭辩护，并就学生监禁游街一事，从法律的角度对监禁进行了解释说明，认为学生将勾结日人的裴某关在商会小屋，既没有捆绑裴某手足，也没有限制其行动自由，因此并不构成监禁。① 最终，被捕代表无罪释放。梁、兰二人也因仗义执言，得到了天津学界的认可。

华北事变后，受战争的影响，大多数律师面临着"业务不振"的窘境，甚至有的会员因为"积欠公会常费者甚多，纷纷请求（公会）变通会第五条不纳会费三月以上视为退会之规定"。② 天津律师人数有所下降，1934 年下降到 518 人，1935 年和 1936 年虽有所回升，分别为 609 人和 537 人，但始终难回巅峰。天津沦陷后，律师执业更加困难，本着"难胞中被日敌摧残者，即聘中国律师保障"③ 的职业操守，律师公会并未停止活动，一部分律师仍坚守在敌占区执业，并于 1940 年进行了公会改选。日本投降后，按照国民政府人民团体规定，天津律师公会于 1946 年 3 月 28 日在天津私立河东中学礼堂召开第一届会员成立大会，改会长制为理监事制。④ 历届天津律师公会职员录详见表 2、表 3。

---

① 中国社会科学院近代史研究所《近代史资料》编译室主编《五四爱国运动》（上），知识产权出版社，2013，第 57 页。
② 《临时大会修改会章》，《天津市地方法院及检察处》，天津市档案馆，档案号：J44 - 3 - 288 - 1130。
③ 《法院律师登录事项》，《河北省高等法院天津分院及检查处》，天津市档案馆，档案号：J44 - 3 - 288 - 833。
④ 中国人民政治协商会议天津市河北区委员会文史资料文化艺术委员会编《天津河北文史》第 8 辑《三岔河口》专辑，1995，第 284 页。

表 2　天津律师公会职员录（1917～1945 年）

年份	会长	副会长	评议员	干事	会址
1917	梁锡纶	张家麟	宋恒升等 3 人		元纬路东口同庆里
1918	梁锡纶	耿廷槐			元纬路东口同庆里
1919	梁锡纶	王道霖、耿廷槐	黎炳文等 8 人	李思逊等 4 人	元纬路东口同庆里
1923	兰兴周	许肇铭、王兆槐	黎炳文等 9 人	刘凤冈等 4 人	
1924	许云舫	王兆槐			
1925	许云舫				
1928	许肇铭				
1930	许肇铭				
1931	李洪岳	老遇春、朱道孔	毕奎、王廷伟等 21 人		三马路宙纬路
1932	李洪岳	老遇春、朱道孔	李维祺等 9 人	薛万选等 4 人	
1933	李洪岳	朱道孔、老遇春	白鋆等 9 人	薛万选等 4 人	黄纬路
1934	李洪岳	朱道孔、白鋆			
1935	李洪岳	朱道孔、吴伯衡	高善谦等 9 人		
1936	李洪岳	朱道孔、田淇清	张绍曾等 8 人	刘廷俊等 4 人	
1937	李洪岳	朱道孔、田淇清	张绍曾等 9 人	刘廷俊等 4 人	
1940	李洪岳	朱道孔、田淇清	朱德武等 8 人	邢忠烈等 4 人	
1944	张绍曾	朱德武、老遇春	胡学骞等 9 人	刑忠烈等 4 人	

资料来源：《大公报》（天津版）和天津市档案馆馆藏《天津律师公会会员录》。

表 3　天津律师公会职员录（1946～1949 年）

年份	常务理事	理事	常务监事	监事	会址
1946	刘蓬瀛等 7 人	王书纶等 14 人	金葆瑞等 3 人	尹福保等 4 人	第一区迪化道 71 号
1948	朱德武等 5 人	刘蓬瀛等 21 人		王庭兰等 7 人	

资料来源：《大公报》（天津版）以及天津市档案馆馆藏《天津市各机关汇集全录》《天津通志·司法行政志》。

二　天津律师公会的组织发展

天津律师公会自 1913 年成立，至 1949 年结束，36 年间律师公会组织机构经历了两个发展阶段，即会长制和理监事制。下面我们将分阶段对律师公会组织机构的发展特点予以说明。

第一阶段是 1917～1945 年的会长制。1912 年司法部颁布的《律师暂行章程》规定：律师公会置会长 1 人，副会长 1 人以及若干常任评议员，其中常任评议员之名额视各地律师公会的具体情况而定，人数多少不等。常任评议员定期开会议决会中一切事宜，对重大事务以及对律师惩戒事务进行讨论和决策。律师公会每年召开定期总会，视情况召开临时总会。律师公会应议定会则，并由地方检察长经高等检察长呈请司法总长之认可。

根据《律师暂行章程》规定，天津律师公会制定了《天津律师公会暂行会则》。组织机构采用会长制，其中设会长 1 人，主持会内一切事务；副会长 1 人，辅佐会长办理会务，会长有事时，则由副会长代行其职务；另设评议员 3 人。以上人员由全体大会选举产生，任期皆为一年且可连选连任。全体大会分为春秋两次大会，主要处理如会长改选以及律师公会对外联络和对内会务等一些重大事件。会员大会以公会会长为当然议长，同时参加会议人数必须过半，议决之事项也以是否达到会员之半数为断。临时总会由超过 20 人的会员小组提议或者由常任评议员会议决议，以专函或登报等方式通知会员参加。日常事务则由常任评议员处理，同样是以过半数通过为标准，如果票数相同则由会长定夺。公会日常开支主要依赖会费，会费由会员入会费和会员负担之经常费两种。会费随着业务的繁盛以及日常开支的增减有所变化，到 30 年代时，公会会员入会费 40 元大洋，经常费每月 1 元大洋，经费开支主要用于法院监所、律师休息室设备、公会房租以及杂役薪金等，每年收支流水为 2000元大洋以上。

这一阶段，天津律师公会组织较为松散，不仅体现为律师公会改选具有较大的随意性，如按照《天津律师公会暂行会则》，评议员应设 3 人，但自 1919 年始，评议员人数就不断变动，甚至达到了 21 人，最明显的就是流会现象时有发生。天津律师公会的组织形式为会长制，会长权力相对集中使其能够迅速处理会中各项事务，特别是在沦陷时期，在公会人员流会且公会办公居无定所的情况之下，会长制度是一种易操作且办事效率较高的制度。以 1938 年天津律师公会第三次常任评议员会议为例，会长李洪岳、副会长田淇清以及李兆庚等 6 名评议员参加评议会，共进行了 6 项议程，处理会务 21 项，内容涉及公会地址选择、慈善捐款、税款申报、司法改革建议、会员入会退会、会员保释以及会员制证等。① 虽然会长制的实行有利于会务的及时办理，但在会员组织方面，效果却差强人意，"屡次开会选举，未能开成"。② 1913 年天津律师公会初建并于当年 10 月 29 日召开秋季全体大会，公会在《大公报》上登载广告半月有余，结果直到 29 日原定大会召开之日也未能成会。第二年公会定于 4 月 5 日召开春季大会，并于 3 月初登载广告以便周知。此次大会议题是调查在津执业律师人数以为将来调查品行经验之标准，可谓事关在津律师个人利益，结果如同去年秋季大会一般，直到 5 月底大会也未能如期召开。甚至到年底秋季大会时，公会仍未掌握在津律师的确切人数。如果说公会初建，规章制度尚未成形，那么随着公会制度的日渐完善以及律师登录人数的增多，这种流会现象也并未杜绝。按照公会会则，到会会员总人数达到三分之二即可开会。虽然考虑到会员无法按时到会，公会允许会员采用函托代表的方式参与公会活动，此办法从公会初建一直延续了十年之久。然而，这种非常办法也未能发挥应有的作用，"每次开会仍不足决定人数"。③ 1925 年律师公会改选会长，到会人数仅为 70 余人，会员耿廷槐就质疑到会人数不足注册总人数 500 余名的三分之二，人数过少，与法不合。④ 1935 年律师公会举办贫民法律辅助会，又因为到会人员不足法定人数，会长李洪岳宣布流会。⑤

　　流会现象在民国初期的律师公会可以说是一个普遍现象，上海、北京

---

① 《河北高等法院》，河北省档案馆，档案号：634～75～70。
② 《律师公会未能开会之真相》，《大公报》（天津版）1925 年 8 月 29 日，第 5 版。
③ 《律师公会未能开会之真相》，《大公报》（天津版）1925 年 8 月 29 日，第 5 版。
④ 《律师公会开改选会》，《大公报》（天津版）1925 年 7 月 14 日，第 5 版。
⑤ 《简报》，《大公报》（天津版）1935 年 4 月 15 日，第 6 版。

亦如此。比如北京律师公会要么原定大会改为座谈会，要么就是大会流会，更有一些会员签名点卯后，径自离开。① 造成流会的原因各地有所不同，上海律师公会因为"会员大半非上海人氏，平时虽各有事务所设立于上海，然时回故里不恒来申者亦所在多有，因之召集大会颇属非易"。② 北京律师公会的流会，部分是因为会员对会务缺乏关注和积极参与性，导致律师公会缺乏凝聚力和向心力。③ 与上海、北京有所不同，天津律师公会在谈及流会问题时，提到两点原因。一是会员因故不能到会。比如沦陷时期，公会旧址先后被军队和日本商会占用，新址无宽大会场，不能容纳多人且事变之后，会员一部离津，在津者也迁居无定，④ 致使公会无法正常开会和会员无法到会。二是部分职员为谋某项差缺反对函托代表，⑤ 欲借人数不到三分之二为由把持会务，致使大会长期无法举行。特别是在会长改选之期，某律师野心勃勃，联络旧日同学多人举彼为会长，结党捣乱。⑥

　　第二阶段是 1946～1949 年的理监事阶段。1941 年 11 月 16 日，国民政府司法行政部核准颁行《律师公会标准章程》，规定：公会设理事若干人（3 人到 21 人），并互选常务理事若干人轮流处理日常事务；选监事若干人（1 人至 9 人），监察一切会务，监事名额不得超过理事名额的三分之一；会员大会每年召开一次，理监事会议每月召开一次。⑦ 之后，各地律师公会陆续改会长制为理监事制。

　　1941 年天津因属于沦陷区，既无容纳多人的宽大会场，公会会员又因躲避战乱而陆续离津，会员居无定所导致公会无法正常召开大会，进行改组。因此直到日本投降，天津光复后，天津律师公会才于 1946 年 3 月 28 日借河东中学校举行成立大会，并选举了公会理监事成员。

---

① 邱志红：《现代律师的生成与境遇——以民国时期北京律师群体为中心的研究》，社会科学文献出版社，2012，第 64 页。
② 参考陈同《近代社会变迁中的上海律师》，上海辞书出版社，2008，第 176 页。
③ 邱志红：《现代律师的生成与境遇——以民国时期北京律师群体为中心的研究》，社会科学文献出版社，2012，第 64 页。
④ 《河北高等法院训令令天津地方法院首席检察官》，《河北省高等法院天津分院及检查处》，天津市档案馆，档案号：J44－40－49。
⑤ 《律师公会未能开会之真相》，《大公报》（天津版）1925 年 8 月 29 日，第 5 版。
⑥ 《运动律师会长之失望》，《大公报》（天津版）1925 年 8 月 27 日，第 5 版。
⑦ 河北省地方志编纂委员会编《河北省志·司法行政志》，河北人民出版社，2012，第 327 页。

根据《律师法》规定，天津律师公会选举产生理监事共 12 名执行公会一切会务，同时选举常务理事刘蓬瀛等 3 人，代表公会对外联系并轮流处理公会日常事务，常务理事应将本会每月款项收支情形连同有关单据簿册，提交理事会报告后送交监事会审核；理事 6 人，协助常务理事处理日常会务；监事 2 人，负责监察公会一切事务，常务监事 1 人，负责处理日常监察事务。之后，每年理监事人数略有变化，大体上增减 1~2 人。

律师呈准天津地方法院登录后入会即为公会会员，会员享有发言权、表决权、选举权及被选举权等权利，同时根据会则依法收取酬金。如果会员违反会则情节重大者，得经会员大会或理监事联席会之决议令其暂时退会，但应经天津地方法院首席检察官之核准并呈报天津市社会局备案。会员应纳入会费和经常费两种作为公会经费，其中入会费国币 5 万元，经常费每月为国币 1 万元。

理监事阶段，天津律师公会大会分为定期和临时两种。定期大会由原来的春秋两次大会改为春季一次，日期由理事会议定召开，并于开会前两个星期登报通知或专函通知；临时大会则由理监事联席会申请，但必须得到理监事联席会的认可，或者会员十分之二以上的书面请求方可开会，开会一星期前登报通知或专函通知。理事会每月举行一次，由常务理事召开并通知监事列席，常务理事会则定期于每星期日上午开会。监事会每月举行一次，由常务监事召开之。如遇临时会议，理事会与监事会的召开须经理监事三分之一以上提议方可开会。会员大会主席由出席会员互推，理事会主席由常务理事互推，监事会主席由常务监事互推，理监事联席会主席由常务理监事互推。会议事件以出席过半数之同意决定之，如出现平票，则由主席决定。每位常务理事都有权利和义务报告与公会相关的事务并发表个人意见，经过集体讨论形成议决。如果理监事或会员与所议事项有关系，则无表决权，但可以陈述事实和意见。①

---

① 《天津律师公会章程记录》，《朱道孔法律事务所》（1946 年 10 月 10 日），天津市档案馆，档案号：J45~1~1~1047、J45~1~1~1048、J19~3~30~41214。

无论是大会还是理监事会，律师公会须在会期前一个星期呈报天津市社会局和天津地方法院首席检察官，呈报批准后方可开会。开会期间，按照政府规定必须要有详细的会议记录。内容包括：①开会日期。②开会地点。③出席会议长官。一般情况下，由天津地方法院派推事一名，天津市政府社会局派专员一名以及天津地方法院检察处派检察官一名出席会议。④出席会员签到簿。⑤大会记录一人。⑥大会司仪一人。⑦大会主席一人。⑧会议主旨。⑨报告会务。⑩长官致辞。⑪主席答词。⑫讨论事项。⑬临时动议。⑭散会。①

这一时期，天津律师公会的组织架构与其他地区的律师公会并无本质上的差别，但在具体实务中，天津律师公会的组织建设仍呈现出以下特点。一是理监事制度推动了公会的自治管理。会长制阶段，会员大会为最高权力机关并决定会中一切事务，常任评议员会议决定会中事宜。理监事阶段，除了公会大会仍为最高权力机关并决定会中一切事务外，监事会作为与理事会平行的内设监督机构，监督公会成员履职情况并与理事会共同推动公会发展。设立专门的监察机构，不仅可以避免会长权力过于集中，②李景光曾因天津律师公会职员连任六年，构成世袭制度，且会长假托战乱之命，违背每年改选一次的原则而上诉天津法院；而且设立监察机构也是律师职业自治的内在要求，就公会本身而言，天津律师公会具有律师考核权、律师惩戒权、律师准入权以及纠纷调解权等，如果缺少一个专门针对公会会长、常任理事的监督机构，律师切身利益很难得以保障。二是监事会在确保制衡性的前提下，主要与理事会相互配合履行公会事务。比如为组织会员合作社，公会先安排穆常务监事与天津市社会局接洽，在常务理事张士俊的协助下排除困难，终交涉成功。社会局同意后，律师公会为推动合作社顺利进行号召公会常务理监事共同为发起人，并推举张士俊等人为筹办主席。经过两个月的筹备，最终得以

---

① 《1947 年为报春季会员大会会议记录已悉事致天津市律师公会指令（附原呈）》，《天津市政府社会局》，天津市档案馆，档案号：J25～3～5144～7。

② 《杂项》，《天津律师公会》（1938 年 1 月 24 日），天津市档案馆，档案号：J44～行政～247～40～2。

成会。①

以理监事制代替会长制，是南京国民政府直接操刀所推，也与当时推崇民主体制的社会背景戚戚相关。一方面，因为 30 年代初国民政府党治弊端的显现以及日本侵华的全面展开，各阶层以及各政党强烈要求发展民主政治以挽救民族危亡；另一方面，国民党内部也出现了要求结束训政，进入宪政的政治活动，两股力量的合流促使国民政府开始有限地派任一批社会贤达、专家和教授担任立法委员，改组社会组织，实行理监事制即为其中一项重要内容。天津光复后，按照国民政府《职业团体组织法》，律师公会由会长制改为理监事制。改制后的律师公会，有利于及时处理因律师复业、组织扩大②带来的各种问题，同时一定程度上也发挥了公会自治功能，清查了诸多因故不能执行律师职务的会员，避免了流会现象的发生。但需要指出的是，会长制下公会选举为"会员私权作用，应属私法关系"，③ 政府承担监督责任；相反理监事制下，公会选举则被纳入政府社会部和党部管理之下，强化了政府对职业团体的控制。

三　天津律师群体具象分析

了解了天津律师公会的组织架构以及发展历程，有助于从整体上理解民国律师制度的发展，就好比将律师公会视为一部机器，组织架构是支撑机器的基础，而填充于架构中的各种零部件则是维持机器运转的关键。如果仅从架构上去把握天津律师群体，则舍弃了律师群体中最鲜活的个体。因此，借助公会会员的籍贯、年龄、性别、知识背景等特征的分析，可以进一步完善对天津律师群体整体具象的认知。

---

① 《天津律师公会章程记录》，《朱道孔法律事务所》（1946 年 10 月 10 日），天津市档案馆，档案号：J45 ~ 1 ~ 1 ~ 1047。
② 《本市律师一团和气》，《大公报》（天津版）1946 年 9 月 26 日，第 5 版。
③ 《律师公会选举纠纷提起诉讼疑义（院字第一五七零号，二十五年十一月十日）》，《河北高等法院季刊》第 2 期，1937 年，第 4 页。

　　根据 1917～1949 年天津律师公会历年会员统计，[①] 河北籍律师共有
321 人，占总人数的 54%，居全体律师总数第一位。[②] 天津县、静海、宝
坻以及武清在内的天津籍律师共有 144 人，占全体律师总人数的 24%，
居第二位。包括大兴、顺义等地在内的北京籍律师有 27 人。江苏、山东、
浙江、安徽等地的律师人数分别为 35 人、32 人、30 人、33 人，人数总
和为 130 人，占全体律师总人数的 21%。10 人以上的地区有福建籍 18
人、湖北籍 17 人、四川籍和湖南籍分别 12 人以及广东籍 11 人，人数总
和为 70 人，占总人数的比例为 12%。其他的像江西、上海、吉林、广
西、河南、山西、陕西以及察哈尔等省人数不足 10 人，这些省人数总和
为 32 人，所占比例微乎其微。另外还有德籍 1 人，俄籍 6 人。

　　从天津律师籍贯分布上，我们可以发现，律师籍贯的区域分布与天津
城市移民的来源有着极高的契合度。1929 年，天津市对地毯、纺纱、针
织、织布四个行业工人省籍的调查中，河北籍工人占近六成，天津本地籍
只占两成，另外山东、河南籍的各占一成左右。1937 年，天津居民籍别
的统计数据显示，河北籍的移民已达 41.9%，甚至超过了天津本籍人口
的比例，山东籍人口占 10.1%。可以说，到 30 年代中期来自河北、山东
两省的移民已经超过城市人口总数的一半。[③] 其实这种现象不仅体现在产
业工人和普通移民身上，许多同业公会的经理和投资人也多来自河北。40
年代天津 150 余个工商业同业公会中，天津籍经理约占三分之一，外地籍
经理中又以河北籍最多，占外地籍人数的一半以上，其次则是山东籍经
理。同时还应注意，这些经理往往倾向于招募同乡工人，甚至有些工厂的
工人几乎全部为同乡。[④]

　　自 1913 年到 1949 年，各时期天津律师的年龄分布变化较为一致。首
先，以 30～49 岁的中青年律师为主。1920 年以前，该年龄段的人数比例
为 50%，之后该阶段人数比例逐渐上升，到 1949 年之前比例最高时达到

---

①　《天津律师公会会员录》，《天津市各机关汇集全录》，天津市档案馆，档案号：J250～1～
　　1～142。如果重复统计公会成员人数的话，其数量达到了 1302 人。
②　统计河北籍律师人数时，并未将曾隶属河北省区划的北京、天津统计在内。
③　刘志强、张利民主编《天津史研究论文选辑》（下），天津古籍出版社，2009，第 923 页。
④　来新夏主编，陈卫民编著《天津的人口变迁》，天津古籍出版社，2004，第 96 页。

57%（1946 年）。同时就该年龄段而言，其分布比例极不均匀。40～49 岁的人数比例要远远高于 30～39 岁的人数比例，二者甚至相差 34 个百分点（1945 年）。其次，人数分布比例较高的是 50～59 岁年龄段，人数比例维持在 30% 左右。最后为 60 岁以上，人数所占比例最高时达到 19%（1945 年），最低时为 0.3%（1935 年）。其中年龄最小者是 35 岁，最大者为 67 岁。从天津律师群体的平均年龄来看，尽管中青年律师数量稳定，也是律师经验丰富、事业有成之阶段，但总的看来，年轻律师数量较少，有后继乏人的感觉。

性别方面，天津律师群体与全国各地律师群体一样仍然是以男性为主，执业女律师可谓是凤毛麟角。1912 年的《律师暂行章程》明确将女律师排斥在职业范围之外，但随着女学的兴起以及大学开女禁，民国时期女子接受教育不仅成为事实，且受教育程度也逐渐提高，甚至留学欧美。1927 年的《律师章程》废除了对女子从事律师职业的限制，女律师的合法地位得以确立。但总体而言，虽然读法律的女子逐渐增多，真正从事律师职业的却还是寥寥。直到 30 年代，个别女律师才开始活跃在天津律师界的舞台。主要有纪清漪（黑龙江绥化人）、王秀洁（河北大城人）、陈以庄（江苏江阴人）、董端懿（河北宛平人）和马荃（河北河间人）5 位。其中马荃是天津执业最久的女律师，她于 1933 年毕业于北京朝阳大学后即进入平津律师界，曾担任天津《妇女之友》法律顾问。纪清漪是纪晓岚六世直系孙，1931 年从北大法律系毕业后进入平津律师界，著名的马荣认子案就是由她代理的，最终帮助抗日将领马占山胜诉。

新知识背景在律师执业中发挥着重要作用。以 1935 年为例，在 609 名律师中 43 名有留学海外的经历。其中，留日生共有 31 人，约占留学人数的 72%，且以日本早稻田大学最多，有 10 人；其次是日本法政大学有 9 人，明治大学和日本大学各有 5 人，帝国大学和中央大学各有 1 人；其他还有留学法国、德国、瑞士、俄国和美国的共计 12 人。相较于占律师总人数 7% 的留洋律师而言，活跃在天津律师界的律师大部分毕业于国内公私立法政专门学校和国内大学。其中毕业于法政专门学校的律师有 172 名，在直隶私立法政专门学校毕业的人数最多，为 39 人；毕业于国内大学的有 204 人，其中以朝阳大学最多，达到了 52 人。这说明，晚清以来北京、天津发达的教育事业在天津律师人才培养方面起到了关键作用。值得注意的是，天津律师的资格取得不仅看重学历，而且也看重任职经历。以朱道孔事务所的 47 名律师为例，其中 29 名律师在执业前曾担任教授、检察官、推事、司法官以及政府官员等职务。学历和任职经历并重的选拔方式，使得从业者不仅有良好的学校专业教育，而且还需要有相当的社会经验和对司法诉讼程序的体验，而这有助于律师整体素质的提升。

作为自由职业，律师收入来源主要来自受聘为常年法律顾问、作为公证人、投资合作以及充当辩护人代理案件等四种，其中代理案件的报酬又分为公费与谢金。公费是指诉讼委托人按法律规定支付律师一定数量的劳务报酬，在民国初期，北洋政府司法部曾就律师公费规定了全国的一般标准和最高标准，律师只能在一般与最高标准中收取酬金，不得超越最高限额。为了限制律师额外收费，1927 年《律师章程》中还明确了律师对于委托人除约定之公费外不得另立名目索取报酬。天津律师收受酬金的方式有分收酬金和总收酬金两种，前者是将业务细分收费，比如讨论案情每小时不得超过国币千元；到法院抄阅文件或接见羁押人每次不得超过国币千元；节录文稿或造具清册每百宗不得超过国币百元；拟函件每件不得超过国币千元；处理事项每案不得超过国币千元；办理民事执行事件，每案不得超过国币千元；调查证据每件不得超过国币千元；等等。后者则是按司法程序收费，办理民事案件第一、二审收受酬金总额，每审不得超过千元，第三审收受酬金总额不得超过千元；办理刑事案件第一、二审收受酬金总额，每审不得超过国币千元，第三审收受酬金总额不得超过国币千元；等等。[1] 谢金，即诉讼委托人在按规定支付公费以外，私下约定诉讼成功后以若干所得作为酬劳。作为一项隐性收入，谢金逐渐成为一种约定俗成的规矩。

律师收入总体上"较公务员、教员要好得多"，[2] 但具体又因人而异，取决于"个人社交之优劣，信用名誉之强弱"。[3] "一年之中如果办一两件

---

① 《律师公会章程订立办法》，《国民政府社会部》，天津市档案馆，档案号：J2～2～1769～20。

② 逸霄女士：《律师江蕙若女士》，《大公报》（上海版）1936 年 10 月 3 日，第 7 版。

③ 张务滋：《中国四十年来律师之业务》，《北洋理工季刊》第 4 卷第 2 期，1936 年，第 52～53 页。

公费优裕的案子，则生活上就可以毫无问题"，① 比如像一些清理案子，或者是"树上开花"的案子，即律师先不要公费，等案子和解，当事人拿到钱后，律师从中拿分成，案子标的大的，可以够律师维持几年生活。② 因此相对于所得报酬"只怕还不够事务所文具和水电杂费的开支"③的一般律师而言，知名律师"生涯最旺"，像北洋大学毕业的张务滋，因英文水平较高且熟悉外国司法制度，成为中国较早从事"涉外法律服务"的律师，也是较早和外籍律师合作的中国律师，年收入均在两万元以上。1940～1948 年，张务滋先后购买房产、地产多处，价值高达国币 11500万元。1940 年，购买南伍区北门内小宜门口三号靳家胡同十二号，共计地市亩一亩五分七厘二毫，砖瓦房大小四十六间，罩棚一座，过道二座，厦七条；1948 年，买到裕贞堂李淑贞名下，坐落第四区李公楼前街四段武德间胡同砖瓦房八十二间，厦十五条，过道二座，地三亩三分七厘三毫，实价国币 4200 万元；等等。④ 丰厚收入能够支持律师有机会从事各种娱乐休闲活动，打网球、打台球以及骑马等体育活动以及看电影、喝咖啡等西式娱乐已为公认之项目，此外还有一些律师，像张恩寿则爱好狩猎，认为狩猎"对于人类既能锻炼体魄，尤能增进见闻，于一般人士之知识不无裨益"。⑤

　　事务所是天津律师开展业务的主要空间场所。从时间上看，抗战前，天津律师事务所主要分布在河北新区，1932 年占比高达 61%，1936 年有所回落但仍然有近 50% 的占比。其次是老城区、英租界和法租界。其中英租界、法租界在 1936 年的事务所数量呈较快增长态势，上升了将近一倍。相反，河北新区在 1936 年虽然仍维持较高的占比，但总的趋势却是在下降，事务所分流到了租界区。日租界和意租界在抗战前，事务所数量变化不大，保持在 20 家左右。所不同的是，抗战爆发前日租界的数量有所下降，而意租界有所上升。日伪时期，整个天津律师事务所数量呈下降

---

① 逸霄女士：《律师江蕙若女士》，《大公报》（上海版）1936 年 10 月 3 日，第 7 版。
② 《律师喜接树上开花　案子大分到的钱多》，《大公报》（上海版）1946 年 12 月 9 日，第 5 版。
③ 鲁琳：《天津职业妇女群像（续）》，《益世报》（天津版）1947 年 8 月 30 日，第 4 版。
④ 《天津市财政局房地契》，天津市档案馆，档案号：J56～36～64520。
⑤ 《张恩寿律师之经验谈》，《大公报》（天津版）1931 年 2 月 20 日，第 8 版。

态势，但在具体数据上各区另有不同。其中，英租界事务所数量上升较快，成为天津市律师事务所分布最多的一个地区；而原来数量一直居首位的河北新区则比 1932 年下降四成左右；老城区虽然在数量上没有明显的变化，但其所占比例从 10% 上升到 18%；需要指出的是日租界事务所数量的变化，从 1940 年的 11 家增加至 1944 年的 50 家。

从地理位置上看，在中国政府管辖区域，天津律师在选择事务所地址时主要集中在河北新区、老城区，而其他地区诸如河东以及郊区几乎没有事务所分布，另外从事务所数量上，河北新区远远超过了其他地区，这也与其曾是天津政治中心有关。在租界区，律师事务所在英法日意四国租界的分布占到了整个租界区的 90% 以上，其中又以英、法租界的事务所最多。1932～1944 年天津律师事务所地址登记表详见表 4。

表 4　1932～1944 年天津律师事务所地址登记

单位：个

区域		1932 年	1936 年	1940 年	1944 年	总和
老城区		31	38	36	41	146
河北新区		178	110	42	47	377
郊区		1	3	0	0	4
河东		1	4	4	6	15
租界区	英租界（第六区）	40	74	55	91	260
	法租界	31	55	26	3	115
	日租界（第一区）	20	16	11	50	97
	意租界（第二区）	13	15	19	10	57
	特一区（原德租界）	2	2	4	1	9
	特二区（原奥租界）	6	9	7	2	24
	特三区（原俄租界）	1	2	1	0	4
总和		324	328	205	251	1108

注：该数据包含每个时期事务所的具体地址，对于在不同时期仍营业的事务所进行了重复统计。这样更能说明某一区域事务所的分布情况。

资料来源：《天津市各机关汇集全录》，天津市档案馆，档案号：J250 – 1 – 1 – 1 – 142；《天津律师公会会员录》，天津市档案馆，档案号：J227 – 1 – 1 – 673～680。

事务所大小与律师业务有密切关系。一般小的律师事务所只有律师本人，或者是聘请 2~3 人作为助手，而规模较大的事务所多则有十几个书记为其办理缮写、记录、接待等事宜，安装电话，雇用车夫，甚至设立分所。

此外，天津律师公会也有俄籍律师会员。自俄国在津开辟租界后，大批俄国商人涌入天津。1917 年俄国十月革命后，原俄国贵族、官僚、地主以及资本家大量外逃，成为无国籍的"白俄人"。天津因为俄租界的关系也吸引了大量白俄人，据统计到 20 世纪 30 年代，天津的白俄人多达6000 余人。① 俄国律师以代理俄侨诉讼案件为主，其中在津执业律师有沙尔布林、列伯林、斯巴利克等人。

其他国籍的律师虽然没有加入天津律师公会，但自开埠以来也陆续来津执业。据记载，第一位进入天津的洋律师是英国的法学博士甘·堪特。他受聘于英商怡和洋行与太古洋行，业务主要是在洋行里充任法律顾问，处理华洋纠纷。② 之后法国人何思立斯、美国人艾文思、德国人柯士密等也进入天津执业。这些律师主要是受英美企业的委托，办理洋商或华洋诉讼案件。1914 年天津《大公报》曾刊登《达商英法大律师广告》，该律师声称在上海设立法律事务所，专办华洋诉讼八年，尤为熟稔华洋交涉以及代订契约等业务。③ 随着业务的扩展，华洋律师合组事务所的数量也日渐增多。一些具有英美留学背景的法学生，如孙启濂、侯文彪、许日升、王庭兰等人，因熟悉留学国家的法律和语言，也多与洋律师合作办案。

最早在天津执业的日本律师是山田九藏。山田九藏，1896 年出生，1917 年毕业于关西大学法科，后进入大阪朝日新闻社任社会部记者，两年后辞职到外务省情报部，1923 年 3 月通过律师资格考试，进入东京地方裁判所任律师。1924 年来津，主要代办中日民刑商法等一般法律事务。④ 华北事变后，在津日本人逐渐增多。由于承办中日各方律务，业务

---

① 杨大辛：《津门古今杂谭》，天津人民出版社，2015，第 142 页。
② 中国人民政治协商会议天津市委员会文史资料研究委员会编《天津文史资料选辑》第 37 辑，天津人民出版社，1986，第 187 页。
③ 《达商英法大律师广告》，《大公报》（天津版）1914 年 5 月 1 日，第 1 版。
④ 天津兴信所编《京津在留邦人官商录》，天津兴信所，1925，第 238、239 页。

异常忙碌，于是其便与素有"日本通"的戴复合作，在天津日租界常盘街三十五号开设律师事务所。① 栗尾高三、竹内信、石川通也先后以辩护士的身份在津代理事务。其中石川通中文颇佳，所作之诉状雅驯客观，闻名天津律界。还有一些没有取得辩护士资格，但有司法官吏从业经历的日本人，像山田荣治、吉冈仁之助、松永初二、伊藤武一郎等人，他们以司法代办的身份在津执行业务。因为没有辩护士资格，他们不能到审判机关（日本在津设立的审判机关，它是治外法权与领事裁判权的产物，附设在日本领事馆内）充任职务，只能从事产权登记、领取开业执照和商标注册等事务。这些司法代办初期业务不多，七七事变后，由于日商日侨来津者日增，业务日渐繁忙。1941年太平洋战争后，日本的司法代办开始享有与辩护士同样的出庭资格。

如果说近代律师职业的诞生是民国律师共同体构建的逻辑起点的话，那么律师群体的发展则为共同体的形成奠定了基石。民国以降，随着律师制度的不断完善，天津律师从业人数不断增长，单纯从数量上看，似乎天津律师群体发展已颇具规模。然而，数字的增长却掩盖了一个重要的事实，即1930年以前，"在天津地方法院登记执行律师职务者，先后共七百余人，而实际以律师为职业者，则仅一百余人"。② 与此同时，天津律师公会会员身份背景的多样化，像曾任北洋政府司法总长的章士钊、董康、朱琛，曾任外交总长的罗文干，曾任大理院院长的余綮，曾任朝阳大学校长的江庸等名律师都在天津执行过律师职务，③ 以及会员收入的两极化都会导致公会易变为一个松散的职业团体，律师之间也很难达成群体认同。为达"收声气应求之成效"，避免"无规矩准绳之可循"④ 目的，律师公会周旋于政府、社会大众以及律师会员之间，发挥载体职能，开始在调和群体矛盾、维护律师职业伦理、争取职业自治以及群体精神共鸣等方面作用凸显。经由律师公会的努力，其试图为天津律师群体营造一个由知识共

① 《戴复律师与山田律师合作》，《大公报》（天津版）1935年11月20日，第13版。
② 《津市新闻　清查律师公会》，《大公报》（天津版）1931年3月9日，第7版。
③ 天津市地方志编修委员会办公室、天津市司法局编著《天津通志·司法行政志》，天津社会科学院出版社，2008，第173页。
④ 《冀察平津律师及律师公会统计》，《冀察调查统计丛刊》第1卷第6期，1936年，第24~36页。

同体、利益共同体以及信仰共同体共同构建的共同体，并使之成为民国天津律师群体的精神家园。

第二节　民国天津律师职业发展问题与矛盾

天津律师公会是伴随着近代司法改革，以及近代律师职业的出现而成立的职业性社会团体。作为自由职业者的群体组织，天津律师公会自成立伊始，就面临着来自公会内部以及外部的不同声音：职业活动产生的利益纠纷、职业发展中与政府的纠纷以及民族危亡引发的生存危机等。这些问题如影随形地伴随着天津律师群体的发展，如何协调群体内部矛盾以及解决外部危机成为律师公会构建共同体首要解决的问题。

一　从职业竞争到行业污名

律师以"附庸于社会生活之业务"为业，虽缺少经济保障，但依靠个人能力，"收入虽不一定，但是很有发财的机会"。[①] 尤其是在失业恐慌的时期，律师的自由职业身份还可以让仕途落魄之徒，"挂一块律师招牌，不但不怕没饭吃，还可以候机'反攻'"。[②] 情势之下，律师如过江之鲫一般申请加入公会。律师公会虽掌握着一定的资格控制权，但律师资格标准却是相对客观的，即从国家认可的法学院毕业，并获得国家认可的职业资格，便可申请加入公会，成为执业律师，因此当大批准律师申请加入公会时，公会很少会拒绝申请。顺势之下律师人数逐年增加，1924 年天津律师人数只有 72 人，[③] 到 1935 年则增加至 814 人。[④] 以致天津《益世报》经常发出"又有大批律师出庭"之感慨！天津律师从业人数的增长，以及律师以辩护为业的职业特征使得律师间竞争在所难免。况且僧多粥少之下，以 1946 年 7 月份为例，天津法院受理民事案件共计 769 件，其中

① 灵芝：《新生周刊》第 1 卷第 26 期，1934 年，第 18～20 页。
② 陈正受：《目前的法律教育》，《大公报》（重庆版）1944 年 5 月 11 日，第 3 版。
③ 《全国律师人数之调查》《大公报》（天津版）1924 年 3 月 5 日，第 6 版。
④ 《全国律师人数》，《中央时事周报》第 4 卷第 39 期，1935 年，第 25 页。

新收案件为 312 件；受理刑事案件 1957 件，新收案件为 721 件。① 而同时期天津律师从业人员则近千人，即使按一人一案计算，刑事案件尚且够分，民事案件却是入不敷出。于是律师界出现了利用各种方式来贬低竞争对手，以期赢得诉讼的污名化现象。

最初这种污名化来自律师同行间的竞争，一种情况是对律师个人名誉的污名，特别是那些业务"相当忙，因此招来同业中有些嫉妒"② 的同行更易招致污名。比如有些律师善于利用同推检人员的私人关系，经由他们的操作，当事人可以获得有利判决，于是这些"有能力"的律师被人们明褒实贬地冠以"法院通"；还有的律师则擅长风月场交际，同行送外号"护花使者"；也有专办离婚或脱离同居关系案子的律师，人送"花律师"；等等。③ 甚至双方律师登报相互攻讦，袁律师声称对方凌律师诈骗债券国币一万元，凌律师则登报反讥袁律师，"以此相诬，真不知人间有羞耻事矣"。④ 一种情况是在法庭上，为赢得胜诉试图污名对方律师业务能力。李景光法庭辩论侮辱对方律师说话为"放屁"，⑤ 还有律师竟然称对方律师，"系雇佣性质，只要给他钱，是无所不为的"，结果对方闻此言，大不满意，并以其出言侮辱全体律师人格，请书记官将所言记录。⑥ 当然还有一些因口无遮拦，声称对方当事人"形同猎狗"，而被对方要求自动停止律师业务三月，以便闭门思过，进修辩论技术。⑦

如果说同行间的污名化是竞争使然，那么将对个人的污名化上升至群体的高度，就已不再是律师个人之间的竞争，"事于会员本身事小，而于同业全体关系甚大"。⑧ 如此互相诋毁，甚至会"动摇社会对律师信仰"，⑨

---

① 《天津地方法院受理民刑案件》，《天津市政统计月报》第 1 卷第 2 期，1946 年，第 136 页。

② 方娟：《女律师生活：和施庆珍女律师谈起》，《女声（上海 1942）》第 3 卷第 4 期，1944 年，第 8～9 页。

③ 姚士馨：《解放前天津律师业概述》，中国人民政治协商会议天津市委员会文史资料研究委员会编《天津文史资料选辑》第 37 辑，天津人民出版社，1986，第 183～185 页。

④ 《凌启鸿律师驳斥李华亭声明》，《大公报》（天津版）1932 年 5 月 7 日，第 7 版。

⑤ 《放屁官司》，《益世报》1947 年 10 月 5 日，第 4 版。

⑥ 《六旬老妇泪交流亲生儿子不认娘》，《时报》1933 年 4 月 15 日，第 3 版。

⑦ 《请律师闭门思过》，《大公晚报》1947 年 4 月 19 日，第 2 版。

⑧ 《致董俞会员函》，《上海律师公会报告书》，上海律师公会，1928，第 107 页。

⑨ 《致叶荪康会员函》，《上海律师公会报告书》，上海律师公会，1930，第 61～62 页。

这是一种基于社会大众对律师群体的结构性矛盾使然。刘文明律师在县府代理案件，认为县府称之声明为"措辞荒谬"之语，实属公然污蔑，是行政侵越司法，并请律师公会予以抗议。① 律师周玉城请求假扣押债务人魏某田财案中，推事叶某竟当庭斥责律师状内一片鬼话，纯属捣乱等污蔑之语。② 县府对律师的这一污名印象，大概源自"律师开业太易，品流太滥"③ 的刻板印象。"本部覆验合格者已达九百二十二员之多，其间品行端正名实相符者，固居多数，而曲庇枉法妄行揽越者，亦在所难免"，④ "亦有学问荒疏操行不检，甚或只顾自身利益，以致行动逾越规范者"，⑤ 因此当 1930 年社会各界讨论国民大会代表资格时，官方对律师是否能够"丢掉本身立场去为大众谋幸福"⑥ 表示了相当的怀疑。况且律师本身也因公费和职业道德等问题招致了社会大众的污名，以公费为例，老百姓要打官司，"谈话费每小时二万元，出庭费每次十二万元，这还不说，民事案件第一二审需一百五十万元，刑事每审则要一百万元，口袋里没钱的人，受了欺负也只好忍气吞声了"。⑦ 可是一旦出现了公费优裕的案件，律师们就蜂拥而上，就像"树上开花"的案子够律师几年的生活开销。如果"那件案子上没有多大的利益可图，就断然拒绝，'去找别个律师吧'！"⑧ "马荣认子"案中，天津律师居然无一人愿意出庭辩护，除了政治原因外，恐怕也与公费有关，"今日之律师大都寄生于都市上面，有许多交际费及浩大的开支负担，故对公费一层已提高到水准以上，远非中下阶级民所能负担，已远去了保障人权的原来律师真面目"。⑨ "敲竹杠""拆大烂污"的讼棍形象可谓是"深入人心"。至于一般不肖律师百计播弄，乡愚无知被害的案例，比如某律师诱骗培贞女校学生合伙谋骗敦庆隆

---

① 《津县长刘桐山被控》，《益世报》（天津版）1947 年 4 月 17 日，第 4 版。
② 《天津律师公会控告法官渎职》，《大公报》（天津版）1936 年 11 月 28 日，第 6 版。
③ 《覃振氏改革司法意见》，《大公报》（天津版）1934 年 11 月 24 日，第 2 版。
④ 《慎防不称职之律师》，《大公报》（天津版）1915 年 4 月 25 日，第 6 版。
⑤ 《律师违背职务撰状法理未通应移付惩戒》，《河北省高等法院天津分院及检察处》，天津市档案馆，档案号：J43 ~ 行政 ~123 ~210。
⑥ 巫苏人：《国民会议的两个问题》，《大公报》（天津版）1930 年 8 月 13 日，第 4 版。
⑦ 《官司打不起了》，《益世报》（天津版）1946 年 9 月 9 日，第 5 版。
⑧ 徐转蓬：《端木律师》，《大公报》（天津版）1936 年 6 月 19 日，第 12 版。
⑨ 象恭：《律师的道德》，《人言周刊》第 1 卷第 23 期，1934 年，第 454 页。

之案，某律师故意拖延上诉而诈骗当事人钱财后被判刑①等，更是加深了社会大众对律师污名化程度，他们"忘却了对于社会应有的服务性，故在现有酬报之外，还用了种种方法攫取诉讼当事人的非法金钱，这与以前的恶讼是辉映的"。②

社会大众对律师的污名化经由报纸等媒体的传播，进一步加深了对律师污名化的程度。赵姓律师在看守所接见当事人之时，因在女看守所墙角小解，法警以其行为近轻佻，有伤体面为由，向前拦阻，③ 结果该律师不服指挥，将巡警揪住暴打，后被警官看见，将该律师收押。④《益世报》更是在该报《语林栏目》抨击律师，认为"现在有一种人亦无罪就该杀者律师也"，并在文中详细地论说了"律师所操之职业，只管取钱，不管你聘他来处理任何案件。明明你犯的是奸盗邪淫之案子，他都有法给你辩护，如你偷了别人的东西，他上堂去三言五语，说你因一时急需，实在无法，暂时借用，以后仍拟归还。你犯的淫案，他为你辩护道，圣人有云，食色性也，凡人当然不免在对方诱惑之下，他自然知道予之不取必有天灾，于是刑事可以变为民事，民事一变可罚几个钱而已，对方明明无罪，他可以说得天花乱坠，将他徒刑三年"。总之，"律师实逢人之恶又长人之恶者也……越是阔的律师越该杀"。⑤ 文章一出，即使天津律师公会以"诋毁同业无以复加，名誉有关，难安缄默"为由，联合上海律师公会以及本地律师予以抵制，但当人们看到如此报道，心中难免由此推彼，认为"在野法曹""高尚职业"不过了了罢了，律师只不过是"资产阶级的寄生虫，在社会制度没有改革以前，就谈不到律师本身的道德问题"。⑥

最初律师的污名化，目的在于同行为限制竞争对手，增加自己赢得诉讼胜利的机会。从此意义上讲，来自同行竞争而产生的污名化行为会因律师个人利益的不同而有所不同，但不管其污名的程度如何，它仅是反映了同行的一种竞争心理。然而，受传统讼师文化思想的影响，以及

---

① 《惩罚李律师诈财》，《大公报》（天津版）1921 年 8 月 6 日，第 7 版。
② 象恭：《律师的道德》，《人言周刊》第 1 卷第 23 期，1934 年，第 454 页。
③ 《律师被拘详志》，《大公报》（天津版）1919 年 2 月 21 日，第 7 版。
④ 《律师殴打巡警》，《益世报》（天津版）1919 年 2 月 19 日，第 7 版。
⑤ 《致天津律师公会函》，《上海律师公会报告书》第 32 期，1934 年，第 135～136 页。
⑥ 象恭：《律师的道德》，《人言周刊》第 1 卷第 23 期，1934 年，第 454 页。

部分律师"唯当事人利益为先"的职业认知偏差，社会大众对律师的污名化日渐加深，经由媒体的放大，同行间的污名化转化为社会对律师群体的污名化，在大众眼里，律师不过是道德品质低劣的讼棍。所以社会大众以及对律师的污名化，与其说是一种对律师群体的污名化，不如说是社会大众对律师天然对抗心理的一种反映，他们认为"诉讼代理人和辩护人不可信赖、甚至不诚实"，① 如果不能消除这种污名化，作为自由职业的律师始终无法真正实现职业上的自由和自治，也无法形成有内聚力的共同体。

二 来自"黑律师"的非正当性竞争

自律师制度确立以来，"黑律师"便是困扰民国律师业的一个难题。20 世纪 30 年代，据天津律师公会调查，当时频繁出现在天津各法院的"黑律师"多达 300 余人，② 相当于同时期登录在册律师人数的一半。"黑律师"的存在，可以说严重影响了天津律师业的正常发展。民国时期，天津"黑律师"，按照身份来源可分为不具备合法身份的"黑律师"和具备合法身份的"黑律师"两种。就前者而言，身份大半为代书及讼棍，"因各县旧有代书及讼棍，勒索陋习太深，俗称黑律师"。③ 这类"黑律师"以"包揽词讼欺骗乡愚"为目的，缮写书状漏洞百出，且散居各处，④ 混迹于法官律师之间，"与司法警、承发吏、庭丁多曾相识，领首曲腰，以为有莫大交情者，扬言能与厅内官员说话运动，其实乃系讼棍（俗称黑律师），乡愚多为所骗"。⑤ 后者通常有官方授予的律师资格且在律师公会报告注册，之所以称其为"黑律师"，是因为他们多为不遵守公会会则的不良分子，"本事务所之外，更设分事务所或接洽处、出张所等

① 王健：《庞德与中国近代的法律改革》，张生主编《中国法律近代化论集》，中国政法大学出版社，2002，第 210 页。

② 朱道孔：《解放前黑律师的形形色色》，《天津文史资料选辑》第 37 辑，天津人民出版社，1986，第 10 页。

③ 《鲁韩主席仅取缔黑律师》，《法律评论》（北平）第 11 卷第 529、530 期合刊，1933 年，第 25～26 页。

④ 《河北天津地方法院布告》，《大公报》（天津版）1937 年 1 月 7 日，第 7 版。

⑤ 《雷厅长取缔黑律师》，《大公报》（天津版）1925 年 3 月 26 日，第 6 版。

名称；更有设律师事务所并不向公会报告，本人亦不在所服务等情事；事务所聘用人员，也未在公会报告注册。此外，还聘有律师接洽员和交际员，翻新立异，均不合律师公会会则之规定"。① 总之，不论哪种身份来源，"黑律师"因"用种种卑污之法妨害同人营业，损坏同人名誉，凡同业者莫不切齿"。② 由于"黑律师""为讼师变形，贪利忘耻"，③ 且"社会一般心理多于旧习，重人情，合恶势力，又兼执法的培养不够，故对法律见解难免错误，执法往往受人情势力威胁处置，影响持平，一般多认为不正确引起不信任心理或有假借欺诈行受贿情事"。④ 可见，民国司法制度的不健全以及民众的不信任，无疑成为滋生"黑律师"的漏洞所在。

首先，诉讼代理人制度为"黑律师"提供了合法代理通道。自临时政府起，非律师诉讼代理人制度便确立了合法地位。比如 1910 年《地方自治章程》第六十四条规定，律师在法庭代理诉讼或辩护案件，其言语举动如有不当，审判长可以禁止其代理辩护，非律师而为诉讼代理人或辩护人者亦同。⑤ 1922 年，按照司法部训令，对于非登录律师而为诉讼代理人者，直隶高等审检厅要求各审判衙门务须审查。⑥ 1930 年《民事诉讼法》第五百三十七条，亦规定了监护人可以作为代理人或辩护人进行诉讼代理。⑦ 因此，虽然"民事诉讼原则上均得委任律师为诉讼代理人"，⑧ 但实际上非律师诉讼代理人出庭现象比比皆是。允许当事人自选代理人代为诉讼，固然可以为当事人减轻经济负担，但也易滋生弊病。最大的漏洞即，一些"黑律师"可以合法地"公然为诉讼代理人并能有特别委任

---

① 《有伤律师风纪　大批律师交付惩戒》，《大公报》（天津版）1934 年 10 月 24 日，第 6 版。
② 《北京律师公会评议员游桂馨在 1926 年 4 月 8 日常任评议员会上的发言》，《北平地方法院检察处》，北京市档案馆，档案号：J174－1－268。
③ 可生：《律师与讼师　道德与法律》，《大同周报》第 2 期，1913 年，第 2 页。
④ 《律师公会春秋两季之会员大会》，《天津地方法院》，天津市档案馆，档案号：J43～2～10～4659。
⑤ 《要件　府厅州县地方自治章程》，《大公报》（天津版）1910 年 3 月 1 日，第 6 版。
⑥ 《严防讼棍代理诉讼》，《大公报》（天津版）1922 年 9 月 4 日，第 10 版。
⑦ 《民事诉讼法第四章　人事诉讼程序》，《大公报》（天津版）1931 年 2 月 4 日，第 5 版。
⑧ 《法律服务》，《大公报》（上海版）1947 年 5 月 9 日，第 8 版。

之权"。天津律师公会会员李崇芬曾就"高院地院以及调解处，多有黑律师以普通代理人名义代理当事人出庭"之事实向河北天津地方法院进行申诉，① 认为以普通代理人为诉讼代理人，一则"不顾呈状之真相，徒以贪图薄酬，不惜饰词声听，常致因伊等所撰之状词，而使案件节外生枝，转昧事实真相"。② 二则"除与民事诉讼法第六十八条之规定显有未合外，更与法院秩序律师业务以及当事人权利均有妨碍"，③"长此以往，不特当事人受伊蒙混，即于审判进行，大有窒碍"。④ 希望"各级法院查核，严加禁止，严厉惩戒以彰法纪"。⑤ 不过针对非律师诉讼代理人一事，天津地方法院认为应分情况加以甄别，如果是当事人自己担当诉讼代理人，或者让同族、亲友担当代理民事诉讼的"非律师"人员，那么这是合法的；如果"系以代理他人之诉讼为业，流弊殊多"，则要求"各推事审理案件，务须就此注意"。⑥ 虽然天津地方法院初衷良善，但却忽视了一个重要的前提，就是将判断"非律师"人员是否以代理他人诉讼为业的责任，依赖于推事的责任心以及当事人的守法意识。事实上，国民政府后期法院经费的不足，以及国内形势的日趋紧张导致法院"因陋就简，措置欠妥之处时有所闻"，⑦ 将司法公正寄希望于"壁上观"的法院几乎是无法实现的事情，而这种情况又因为"黑白律师"的沆瀣一气变得更为糟糕。

其次，黑律师的产生是"黑白律师"各取所需下的"合作"。张务滋曾谈及民国天津律师的收入情况，"事务之繁简，视人而异，要在个人社

---

① 《律师违背职务撰状法理未通应移付惩戒》，《河北省高等法院天津分院及检察处》，天津市档案馆，档案号：J43～行政－123－210。

② 《律师公会呈请布告对于非律师撰状人应令其署名签押以便稽查》，《北平地方法院检察处》，北京市档案馆，档案号：J174－1－269。

③ 《律师违背职务撰状法理未通应移付惩戒》，《河北省高等法院天津分院及检察处》，天津市档案馆，档案号：J43～行政－123－210。

④ 《律师公会呈请布告对于非律师撰状人应令其署名签押以便稽查》，《北平地方法院检察处》，天津市档案馆，档案号：J174－1－269。

⑤ 《律师违背职务撰状法理未通应移付惩戒》，《河北省高等法院天津分院及检察处》，天津市档案馆，档案号：J43～行政－123－210。

⑥ 《律师违背职务撰状法理未通应移付惩戒》，《河北省高等法院天津分院及检察处》，天津市档案馆，档案号：J43～行政－123－210。

⑦ 《照抄天津律师公会建议改良司法事务原呈并本院签注意见清单》，《河北高等法院》，河北省档案馆，档案号：634～75～70。

交之优劣、信用名誉之强弱为转移耳"。① 社交广泛且社会声望很高的名律师自然不愁业务多寡，然而大多数人是集律师、书记员、杂役于一身，虽整日忙碌，"穿着唯一的一身西装招摇过市，口里还常含着一根牙签，装成酒足饭饱的模样。偶与人谈案，则欲推还就，一面称自己如何忙得不可开交，一面露出一副猴急相"。② 这些律师的经济情况"好的少而平平的多，他们办案收入的钱，大部分可以说东手拿来，西手拿去，勃入勃出，视为常事。能节俭而有相当急需的，实不多见"。③ 于是迫于生计，默认了"黑律师"的存在，并与之"合作"。"黑白律师"合作的方式主要有以下几种。一种是律师隐匿姓名组织律师事务所。经律师公会调查，一些律师门首小牌仅书律师姓氏而无名字，尤其是在天津南北法庭周围，分布着诸如律师张寓、某姓律师事务所或者某姓律师寓等事务所。这些不标明律师名字的事务所负责人，通常自称是律师书记。④ 其实这些"交际员、通信员和书记大半是惹弄是非，挑拨诉讼的有力者，他们只知道金钱，怎能够讲究人格？"⑤ 一种是"黑律师"靠挂律师招牌暗度陈仓。孙学谦北辰饭店律师事务所，其实是黑律师温瑞的公事房；赵德成律师事务所，其实是李宝意在主持事务。对正牌律师而言，把招牌挂在黑律师名下既省下了房租，律师刘光第就与黑律师马某合伙，由刘光第出面挂牌设一新事务所，每月租金 5 元大洋则由马某一人承担；又可以获得分成，公费 100 元大洋的出庭案件，黑律师通常会提成 15～20元。况且替黑律师所撰书状盖用自己律师名戳，也是一笔收入。最初署名盖章每件为 2 元大洋，后来越来越多的律师参与进来形成恶性竞争。即便是这样，律师李锡桐一个月仅盖章就可获利 40 元大洋。⑥ 还有一种

① 张务滋：《中国四十年来律师之业务》，《北洋理工季刊》第 4 卷第 2 期，1936 年，第 53页。
② 张庆军、孟国祥：《民国时期的律师》，《民国春秋》1997 年第 2 期，第 42 页。
③ 浮云：《旧上海律师界概况》，上海市政协文史资料委员会编《上海文史资料存稿汇编》，上海古籍出版社，2001，第 63 页。
④ 《本会奉令呈报讼棍文稿》，《河北天津地方法院检察处指令》，河北省档案馆，档案号：634～74～160。
⑤ 灵芝：《新生周刊》第 1 卷第 26 期，1934 年，第 18～20 页。
⑥ 《天津律师公会》，《河北省高等法院天津分院及检查处》，天津市档案馆，档案号：J44～行政～247～40～2。

"黑律师"则是具有黑道性质的青帮律师。据朱道孔回忆，当时天津有"四大侠"：高新，家住法院之南，自名为"南侠"；王一臣，家住法院之北，自称为"北侠"；王隐、刘润波两人之家，均在法院之西，王自称"西侠"，刘自称"西大侠"。这些律师自恃青帮身份，代理案件有拉来的，也有制造出来的，通常是先诉讼，如果不行就诉诸武力。薛万选律师代理李某与河北大街华通号郭某纠纷案，郭某是"西侠"王隐、"西大侠"刘润波的当事人。结果没有几天李某就被打成重伤，此事在天津引起了不小的轰动。后来天津律师公会几次行文法院，请求严追，但也不了了之。①

民国时期，天津"黑律师"作为司法制度的顽疾始终未能清除。由讼棍、律师"牵牛人"以及"不良分子"组成的天津"黑律师"终日盘桓于法院四周，招揽讼案，诈财案此起彼伏。"非但有伤律师名誉，且与法庭威信有碍"，天津地方法院、检察处多次出动警员予以封查，实施逮捕，"结果大批黑律师就逮，由地方法院刑庭判处徒刑"。② 尽管地方法院分别对"黑律师"判处了三四年不等徒刑且罚金三五百元大洋不等，而且河北高等法院做出维持原判之决定，但最高法院依然以诈财罪要件不清为由，撤销了被告罪刑部分。因为最高法院认为，这些"黑律师"并未欺罔他人骗取财物，对方既未误信其律师身份，也未实施其他诈术诱骗他人或帮助他人举讼，只是通过缮写撰状获得相当酬资。③ 最高法院对"黑律师"的最后裁定取决于黑律师的行为是否构成挑唆成讼或欺瞒诈财，这一行为认证的关键在于当事人，而非律师公会和律师。天津律师不得不面对"黑律师"的非正当性竞争——他们不受公会惩戒约束，亦不受法律制约。因此，作为天津律师群体组织，律师公会如果不能有效应对来自"黑律师"的恶性竞争，不仅难以推动天津律师职业的发展，而且也丧失了对会员的公信力和凝聚力。

---

① 朱道孔：《形形色色的律师：鼓簧弄舌作帮凶》，俞小敏编《民国官场厚黑学》，团结出版社，1995，第77页。
② 《有伤律师风纪　大批律师交付惩戒》，《大公报》（天津版）1934年10月24日，第6版。
③ 《最高法院　发回更审　原判均撤销》，《大公报》（天津版）1935年11月5日，第6版。

三　民族危亡下的生存危机

因个人能力导致业务不振，尚有可弥补之处，因行业恶性竞争影响群体发展，也有补救之法，但如果是丧失了国家主权，且生命无法保障的情况出现，律师所面对的就不单纯是竞争危机了。卢沟桥事变后，平津地区人心惶惶，律师们或辗转至后方参加抗日活动，或转移到他处另谋出路，还有一部分则留在沦陷区。选择留在沦陷区的律师，特别是普通律师面临着生存与道德的压力。

首先，表现为律师业务广告途径的"沦陷"。20 世纪初期，报纸是城市重要的信息传播媒介。抗战前天津报纸业盛极一时，不仅报馆林立，共有大小报馆 50 余家，画报及周报 8 家，通讯社 20 余家；[①] 且内容丰富，涉及新闻、介绍新知、评议时政、发布商业信息以及为中外商家出售商品服务等板块，同时各大报社还依靠派报社，规模较大的华昌派报社，最多的时候雇用 50 余报贩行走街头贩卖报纸。报纸以其丰富的信息量、可读性以及广泛的读者群吸引了众多客户投放广告，其中也包括律师。仅 1937 年 5 月，就有 29 名律师先后在《大公报》登载了 80 余条业务广告，报纸为律师提升知名度达到了广而告之的效果。广播电台也是律师扩大影响力的主要途径之一，仁昌电台除了播放曲艺和广告，还定期播讲法学知识，曾先后邀请张承惠等律师讲授继承法和婚姻法。[②] 当时收音机在津城尚属奢侈品，均为进口洋货，一台少则几十块大洋，多则上千块大洋，[③]非中上等家庭不可拥有，所以利用广播可以为律师争取更多公费优裕的案件。天津沦陷后，律师依靠报纸和广播进行业务宣传的渠道逐渐变窄。在伪"天津新闻管理所"的审查下，报纸数量急遽减少，到 1938 年初，除《庸报》外，仅《东亚晨报》《天声报》《天风报》《大北报》等十几种报纸，到 1943 年秋，就只剩下《庸报》《新天津画报》《天津妇女》3 种报

---

① 俞志厚：《一九二七年至抗战前天津新闻界概况》，中国人民政治协商会议天津市文史资料委员会编《天津文史资料选辑》第 18 辑，天津人民出版社，1982。

② 姚士馨：《解放前天津律师业概述》，中国人民政治协商会议天津市委员会文史资料研究委员会编《天津文史资料选辑》第 37 辑，1986。

③ 张利民等：《近代环渤海地区经济与社会研究》，天津社会科学院出版社，2003，第 524 页。

纸。① 同时日军部也关停了大部分民营电台，取消短波广播设备，登记收音机用户。全市电台仅剩伪天津广播电台一家，且广播内容以宣传日军战绩、日伪政策，奴化人民，推销日货为主。②

其次，表现为律师公众舆论引导权的"沦陷"。报纸不但是律师业务推广的主要途径，也是律师影响公众的重要渠道。通过报纸，律师可以法律咨询、法律解答的方式与公众沟通，树立律师专业形象。比如《大公报》工作人员战前邀请律师开辟《法律解答》栏目，向社会大众提供法律咨询。该栏目自 1936 年 1 月开办，每周二、周四或周六不定期在副刊家庭版刊出二到三期答复读者来信，内容涉及婚姻与家庭、离婚、债务合同纠纷、房屋土地所有权纠纷、公共事务以及刑事、民事等法律条款解释等方面。该栏目前后共推出 129 期，解答读者来信 425 封，深受读者喜爱。借助报纸，律师也可利用公众舆论影响案情发展。1935 年"施剑翘刺杀孙传芳"一案中，辩护律师根据"父受诛，子可复仇"之古训，为其辩护。而检方则以法治无情相诘难，指斥被告以数千年之旧伦理，文饰其罪。双方相持不下，引发公众热议。其间《大公报》《益世报》紧密跟踪且进行了长篇累牍报道，最后法庭不得不考虑公众舆情的力量，而免于施剑翘死罪。沦陷后，报纸不再是律师发动舆论的主战场，而简化为单纯的业务广告工具，如"朱道孔受任靳少卿法律顾问通告""律师杨冠生受任天津市绸布面纱呢绒业同业公会为常务律师特此通告""律师王履占代同义隆货栈副经理刘厚斋、刘兆丰对律师孙仲阳代表仁厚堂等十家之声明""律师周乾济代麟丰堂声明置产"等。

再次，日籍律师的增加导致律师业务的"沦陷"。1942 年 11 月，日籍辩护士大干木一在《庸报》上连续刊登启事，声称有人冒充该事务所翻译进行诈骗。这则启事虽聊聊数句，但却透露出沦陷后律师执业活动的两个特点：律师执业需要专业的日语翻译；日籍律师或者说与日籍律师有关系的中国律师业务颇为兴盛。究其原因，一是日伪政府之需要。抗战期间，日伪政府提出"华北之建设，须以中日提携、共存共荣为中心理念，

---

① 罗澍伟：《近代天津城市史》，中国社会科学出版社，1993，第 705 页。
② 苏士梅：《中国近现代商业广告史》，河南大学出版社，2006，第 74 页。

是以对于日语普及运动，以及中、日文化之沟通，亦应加以策划"，并要求各机关以身作则。① 按此要求，伪华北政务委员会法部专门设立日语翻译室，以满足日伪政府需要。二是出于战时保护。当事人每年付若干代办费买一张日人签名的法律顾问证，或者是聘请日本辩护士、司法代办为常年法律顾问可以一定程度上免受日军迫害。货栈业是天津重要的商业之一，太平洋战争爆发后，日军为解决物资匮乏，以抓捕"经济犯"为由，对天津货栈业进行勒索。为防勒索，天津一些货栈商，像志成货栈聘请国际法律事务局的竹内信为常年法律顾问，以应对日军勒索。即使是律师公会，也需要通过竹内信与日伪天津高院和宪兵队进行沟通，处理会务以及解救被捕律师。于是，能够与日军部以及日领事馆搭上关系也成了某些律师招揽业务的筹码。邓锦道办案不问曲直，靠着日本宪兵队翻译金命熙的关系，每年使不少涉嫌毒赌娼在押人犯脱罪释放。② 总之，面对日伪政权的白色恐怖以及其对进步力量实施的高压政策，大部分律师执业活动举步维艰。正如《明灯》杂志所言，"国家不保，则法律无所寄托，国家有损，人权亦何从保障"。

最后，沦陷区律师还面对着道德质疑的舆论压力。罗斯考拉曾认为，"规范化的社会制度已预设了道德准则，并且详尽地规定了此准则指导下的正确行为"。③ 在抗日民族战争中，没有比保护国家和民族利益更高的道德准则了，在此道德准则下，除了甘心附逆于日伪政府的通敌者，大部分与日伪政府消极合作且没有彻底投敌的普通律师们也饱受后方道德质疑，"（对沦陷区人心）如是非黑白，一视同仁，则不仅对忠贞善良之同胞，为一种奇酷的虐待，抑且无异阻人从善，奖人为恶，自堕道德法纪之纲"。④

在道德和生存的夹缝下，一些律师之所以选择留在沦陷区，其中原因有三。

---

① 中国人民解放军历史资料丛书编审委员会编《八路军·参考资料 2》，解放军出版社，1992，第 502 页。
② 朱道孔：《解放前黑律师劣迹种种》，中国人民政治协商会议天津市委员会文史资料研究委员会编《天津文史资料选辑》第 37 辑，天津人民出版社，1986，第 199 页。
③ Teemu Ruskola, "Legal Orientalism," *Michigan Law Review*, 2002, p. 225.
④ 《社论：论收复民心》，《民国日报》1945 年 11 月 26 日，第 2 版。

第一，国民政府无力保护民众撤离到大后方。1913 年 3 月，天津律师公会在河北黄纬路咸安里 27 号成立。经过 20 余年发展，到全面抗战前，天津律师人数从最初的 3 人发展到 1936 年的 609 人，甚至在 1933 年会员人数高达 860 人，人数一度居华北律师公会之首。① 卢沟桥事变后，日军长驱直入，天津即将沦陷。逢此骤变局势，国民政府在 "事前并无撤退良方" 的情况下仓促做出平津两地撤退之决定。摆在天津律师面前有三条道路选择：一是撤退到大后方；二是留在沦陷区避入租界；三是离开天津自求出路。当时受限于政府资金的短缺，根据国民政府《撤退纲要草案》，除了一些重要机构，比如南开大学被政府予以保护撤退外，其他政府机关人员、工商界人士只能自寻出路撤离，② 一时间 "武官无力守土，文官无力保民，弃职逃走"。③ 甚至有的地方 "公务员的欠薪都被扣下来，更谈不到遣散费，教育局又把全城教师储蓄会的款子一齐带跑了"。④ 在此情形之下，天津 "数百相识之同业（律师）被中央遗弃"⑤，随政府撤退到大后方已然是不可能之事实，大多数律师要么选择离开天津自谋出路，要么只能留在天津过着居无定所的生活。⑥

第二，后方缺乏容纳沦陷区民众生存所需的空间和资源。抗战爆发后，沦陷区的民众无论是 "冒死而从事地下工作者"，还是消极躲避战乱，湘桂川滇陕大后方等省仍然是民众心向往之地。但事实上，大后方根本无法容纳更多的沦陷区民众。就工商业而言，抗战初期在国民政府的扶持下，沿海大批工厂内迁，大后方工商业一度呈现繁荣景象。但由于大后方各省工业基础薄弱，原料不足以供应现代工业所需，加上交通阻塞、产

---

① 《天津律师公会会员录》，《天津市各机关汇集全录》，天津市档案馆，档案号：J250～1～1～142、J227～1～1～678。

② 岳南：《李庄往事：抗战时期中国文化中心纪实》，浙江人民出版社，2005，第 13 页。

③ 《申请复职》，《河北省高等法院天津分院及检查处》，天津市档案馆，档案号：J44～3～288～833。

④ 黄旅：《从沦陷到光复祖国给人民的是什么》，《大公报》（上海版）1946 年 12 月 30 日，第 10 版。

⑤ 《申请复职》，《河北省高等法院天津分院及检查处》，天津市档案馆，档案号：J44～3～288～833。

⑥ 《申请复职》，《河北省高等法院天津分院及检查处》，天津市档案馆，档案号：J44～3～288～833。

品滞销，工厂资金周转不畅，导致大量工人失业。① 同时商业投机猖獗，物价不断上涨，资金和货物集中在少数人手中，大众无以谋生，"大多数民众衣食不足，面黄肌瘦，尤其许多无家可归的难民、灾童感到生活压迫，难以为计"。②

第三，租界的相对安全成为律师躲避战乱的避风港。沦陷前，将近40%的天津律师活动范围主要集中在河北大经路市府中心地带。沦陷初期，天津租界因地位特殊且代表着英法等国的利益，而且当时英法两国在外交上尚未与日本公开对抗，同时日方也需要英法在军用物资运输上给予协助，因此相较于华界警察局动辄"出动警察五千余人，保甲人员三万五千余人，在各主要道路交口值勤警备"，对可疑者"随时可以检查盘问以至搜查住宅"③ 的状况，英法等租界相对安宁。大部分律师避入租界以求生存，到1941年，在英租界设立事务所的律师达到了55人，法租界也有31人。

综上，一方面国民政府事前（天津沦陷前）无撤退良方，事后无救济良策。另一方面大后方资源的匮乏使得一些律师"逃入后方而受饥寒之苦者有之，遣子弟入后方至今尚在后方乞食无法归来者有之"。④ 加上租界的安全，大部分律师选择留在了天津。

选择留在沦陷区的律师，他们面对的直接问题是，如何在沦陷区日伪政府下求生存。有的是"以律师得业掩护地下工作，虽名为律师暗便为地下工作"⑤ 的积极抗战者，像胡毓枫律师经常与法商学院校进步青年秘密接触，参加中共地下党组织的各种活动，而且以律师身份打掩护，到津

---

① 李炳焕：《八年来大后方之工商业》，《银行周报》第30卷第1~2期，1946年，第9~11页。
② 梁尚勤：《大后方经济建设印象纪要》，《合作前锋》第1卷第20、21、22期，1939年，第98~99页。
③ 黄秀丹、张晓维：《天津五次"治安强化运动"》，《天津文史丛刊》第6期，天津市文史研究馆，1982，第153页。
④ 《申请复职》，《河北省高等法院天津分院及检查处》，天津市档案馆，档案号：J44~3~288~833。
⑤ 《关于律师登录事项》，《河北省高等法院天津分院及检查处》，天津市档案馆，档案号：J45~1~1~1076。

北王庄、双口、渔坝口等地宣传抗日救亡。① 有的"自堕其人格,看了人家的'眼前富贵'就生羡慕之心,半途失节";还有一些游走于社会边缘的"黑律师",利用律师身份"拉案子不问事件大小,给钱就干,办起事来不问青红皂白,有缝就钻,通过'巧立名目、制造假证、串通威胁'等手段榨取委托人钱财"。② 也有的律师投靠日伪政府,加入日军部赞助的"救济华北经济委员会"。③ 甚至有的律师干脆放弃执业,"以家传丹青从事绘画,兼以文具纸张笔墨颜料贸易,以维持生活"。④ 与上述态度不同,更多的律师还是选择了法国历史学家霍夫曼称为日常妥协合作的方式,⑤ 也就是大多数身处沦陷区的普通民众在日常生活中,通过建构一套自己的行为准则,用以平衡道德与政治上的两难,以获得生存的一种策略。

作为行业组织,律师公会在弥合律师矛盾以及律师与官方、社会之间矛盾等方面作用日渐凸显。民国以来,天津律师群体规模日渐扩大,职业矛盾、社会矛盾以及民族矛盾也渐次呈现,继而影响到了行业的发展。20世纪20年代以后,律师公会对外广泛参与官方政治议题和职业议题,试图为律师职业发展营造良好的外部环境。律师公会已经意识到并主动为律师争取权益,树立律师良好形象,不过如果律师公会不能在协调诸多矛盾冲突的过程中构建自己的共同体,为会员建造精神家园的话,律师公会终将无法在更广泛的社会事务中发挥重要作用,更勿论天津律师作为群体崛起的可能性。

---

① 中国人民政治协商会议天津市北辰区委员会文史资料研究委员会编《北辰文史资料》第11辑《北辰人物》,北辰区政协文史委,2006,第101页。

② 朱道孔:《解放前黑律师劣迹种种》,中国人民政治协商会议天津市委员会文史资料研究委员会编《天津文史资料选辑》第37辑,天津人民出版社,1986,第199页。

③ 《天津东业经济协会》,《申报》1935年10月6日,第10版。

④ 《法院律师登录事项》,《天津市地方法院及检察处》,天津市档案馆,档案号:J44~3~288~832。

⑤ 关于沦陷区民众与占领军的合作关系,法国历史学家霍夫曼将之细分为三种关系,分别涉及普通民众的日常妥协合作、投敌者的合作主义以及国家合作。详见高宣扬主编《欧洲评论》第1辑,同济大学出版社,2010,第398页。

第三节　律师共同体的初成

传统社会中，省籍、血缘和乡土是维系社会群体认同的重要途径。随着近代社会变迁带来的社会关系的强烈变化，尤其是具有现代特征新兴职业的出现，不同省籍的律师们在执业过程中逐渐形成了新的共同利益，从而逐渐突破了传统省籍、血缘和乡土的界限，实现了以基于职业认同为表征的共同体。在社会生产生活方式的变迁中，由职业形成的纽带作用更易吸引相似的人群聚集到同一空间内，继而形成对该空间的认同。因此，律师共同体的形成涉及两个层面的认同。首先是职业认同，是律师基于相似职业、职业知识结构以及一定的组织规范与生活方式而形成的认同。而后是"空间"认同，该空间不仅是律师公会处理会务的"物理空间"，也是律师公会为律师营造具有心理联结和想象性质的"社会空间"。因此，律师公会塑造"空间认同"的过程，也就是律师共同体形成发展的过程。

一　律师公会与律师职业认同

由政府主导推动成立的天津律师公会，是基于相似的职业认知、职业知识结构构建的一个社会团体。该团体在初建期，由于会员彼此之间缺乏认同感，以及会员对职业伦理要求的差异化导致公会组织存在一定的离散状态。按照涂尔干的说法，这种群体只是一种基于相似性的机械团结，而非一个具有社会整合功能的职业共同体。会员对公会所表现出的离散状态，首先是因为公会会员的专业知识背景差异。律师共同体的成员在从事律师职业之前，应接受专业的法学知识教育，以及具备充足的专业知识，同时还应具备在执业过程中熟练运用法律知识的能力，比如"辩论事项之顺序勿拘泥于理论"[①] 等，相同的知识背景易于律师之间形成天然亲和力，也易于共同体的形成。事实上终其民国结束，律师资格的获取都存在获取太滥的现象。"一些硕博士因为花过大价钱才换得来，一出校门，就

---

① 《青年律师十二则》，《顺天时报》1921 年 1 月 1 日，第 15 版。

挂起大律师招牌，甚至有的在专修科学了一年也可以向司法部领取律师执照。"① 甚至出现了为逃避政府的律师资格考试，而提早毕业的现象。② 这些律师充斥于律界，自然不利于共同体的形成。其次，律师职业道德水平的差异也影响了律师职业认同的形成。公平与正义是律师从事职业活动的价值追求，但违反职务精神或影响律师名誉的行为却时有发生，"陈君因律师破产而身亡，令人哀痛而某律师者竟安享数百金，不顾而去"。③ 法治兴而法律职业兴，尤其是对于附着于百业基础之上的律师，如果在社会大众心目中形成了"初视法律为具文，继以法律为玩物"④ 的刻板印象，势必直接影响到律师的共同经济利益，构建律师共同体也就无从谈起。

因此构建律师共同体，前提是推动律师职业认同的形成。天津律师公会成立伊始，就着手调查在津执行职务的会员人数，以为将来调查品行经验标准。之后为了加强律师风纪管理，律师公会制定会则限定律师行为边界，使社会大众以及同行对律师行为有了可预测性，有助于缓解当事人、律师之间的关系，弘扬律师职业道德伦理。当天津律师遭受黑律师的非正当性竞争，以及由此引发日益严重的律师污名化时，律师公会亲自调查津市黑律师，并与天津法院组成临时调查组查禁黑律师，规定自天纬路以南至三马路南口，自三马路以西至安徽会馆与李公祠地段以内，律师事务所及挂牌代缮文件者，一律迁徙，以免奸人匿迹，鱼龙混杂，损坏法院威信及个人名誉。同时特别强调接到该通知后十日内所有附近事务所及挂牌代缮文件者必须搬离。⑤

风纪管理有助于平衡律师职业伦理的差异化，维系共同体成员的社会地位及声誉，但推动律师职业认同发展的还有两个关键性因素：律师共同体意识的培养以及对律师职业发展的制度支持和保障。

职业共同意识的培养始于律师的职业化培养。法学院为律师的培养奠定

① 白木：《司法部实行节育限制新律师》，《社会日报》1932 年 7 月 16 日，第 1 版。
② 晨鸣：《法学生之律师热》，《福尔摩斯》1931 年 5 月 5 日，第 2 版。
③ 《律师毒净言》，《余兴》第 10 期，1915 年，第 83～85 页。
④ 《论中国青年学习法律者之宜减少》，《大公报》（天津版）1914 年 1 月 10 日，第 2 版。
⑤ 《河北高等法院天津地方法院》，河北省档案馆，档案号：634～30～929。

了知识和理论基础，以及一定的职业伦理观。加入律师公会后，为了提高律师实务能力，增进学识，预防律师品流太滥，公会通常会推荐会员参加国际律师协会，以及国内各种律师大会，同时也推荐新入职的律师会员到法庭进行实务实习。通常一年的实习期，青年律师不但可以了解天津地方法院各个股室的详细情况，而且也会接触到各种类型案件审理。刘怀亮第一个月先后在民庭甲、乙、丙、戊、己等股实习，参与判决案件 23 件，裁定案件 3 件。实习完毕后，庭长给予的考语是：工作努力，日渐进步。第 2 个月则负责拟定判决书和裁定书，共计 26 件。庭长考语为：适用法律见解允当。① 青年律师在处理实务的过程中，与其他法律职业者的沟通交流，会对律师的价值观、司法观以及职业观产生积极作用，从而提升青年律师的职业认同感。

律师公会对青年律师的实务训练，固然与国民政府要求律师增强实务经验有关，但客观上也为天津律师界培养了一批律师后备人才。不仅如此，律师公会曾创刊《天津律师公会旬刊》，以"便利会员研究参考，灌输平民法律常识，以及促进司法前途之改善"。② 其实民国法学期刊种类繁多，先后涉及警察（公安）期刊 160 余种，法学理论杂志也逾百种，譬如闻名全国的《法政丛报》（1915 年，成都）、《法政学报》（1918 年，北京）、《法学季刊》（1922 年，苏州）、《法律评论》（1923 年，北京）以及《法政季刊》（1930 年，上海）等。③ 相较之下，创刊于 1933 年的《天津律师公会旬刊》要晚于其他各地，但该刊物的创办却对天津律师群体有两个重要意义：一是该刊物是天津第一本关于法之专刊，《天津律师公会旬刊》的创刊改变了以往"凡有法界事项，仅能散见于各种报章之中，以故东鳞西爪，断简残篇，极不便于收拾检查"④ 的现象；二是该刊物作为天津律界对外宣传以及研究成果的载体，旬刊编辑皆出自同业硕望，内容涉及法令各项章则、判例、解释例、法院及各官署批示布告、评论、质疑、讨论、著作、译述、专载、其他杂项等 11 项，该旬刊不以赢

① 《刘怀亮一年学习日记》，《朱道孔法律事务所》，天津市档案馆，档案号：J45 ~ 1 ~ 1 ~ 1075。

② 《天津律师公会旬刊出版启事》，《益世报》（天津版）1933 年 2 月 17 日，第 3 章。

③ 薛伟宏、杨迎泽主编《中国检察文献研究》，中国检察出版社，2014，第 182 页。

④ 《天津律师公会旬刊出版启事》，《益世报》（天津版）1933 年 2 月 17 日，第 3 章。

利为目的，而以解决民众法律问题为己任，以达法化之途。同时刊物所载文章亦从多角度探究了法律实践和理论问题，为社会大众和律界共同体提供了养料。一年之后，《天津律师公会旬刊》改版为《法令旬刊》，内容扩展为论评、质疑、法规、判例、解释例、民法浅解、刑法浅解、民诉浅解、刑诉浅解、法律常识、法的消息以及要案等。① 扩版后的《法令旬刊》更加注重对法学理论的探索，一定程度上提升了天津律师界以及法律界律师职业素养和业务能力，"当兹民族自信力衰落之时，这种宣扬固有法律文化运动，更有深刻意义"。② 同时针对社会大众的法律普及工作，既为社会大众了解律师业提供了窗口，也体现了律师公会所倡导的价值观，即"一般诉讼人不明法律问题或者有时对法院不满意，我们同仁应对当事人切实解释法官执法，真正保护民权，使一般人达到守法印象"。③ 律师共同体意识的发展赖于会员对共同体价值观的认同，《法令旬刊》的创办与发行一方面吸引了律界同人的关注，成为其精神家园；另一方面公会也借此使会员受到潜移默化之影响，有助于培养律师共同的人生观、世界观、价值观、司法观和职业观，增强律师相互之间的认同感。

实务训练以及思想交流推动了律师共同体意识的增强，但如果律师公会处于一种离散的状态之下，也不可能存在律师共同体的聚合。因此具有指引和约束等规范功能的制度建设，对于律师共同体的生成至关重要。天津律师公会成立初期，因《律师暂行章程》并未明确会员入会与登录的前后顺序，所以各地公会准则不一，天津律师公会采取的是先入会后登录的会员入会程序。1937 年后"为预防不合格者强迫入会，穷于应付起见"，④ 律师公会修改了入会程序，即修改为先登录后入会，从而比较有效地防止律师滥竽充数，利于公会内部职业认同的形成。律师们曾调侃自由的律师职业，说"国民政府把这行叫做自由职业，真正奇妙，原来有

① 《天津律师公会主编法令旬刊》，《大公报》（天津版）1934 年 7 月 29 日，第 7 版。
② 《牟常委绍周在天津律师公会欢迎会演词》，《法学丛刊》第 2 卷第 7~8 期，1934 年，第 22~25 页。
③ 《法院关于呈报律师调查表及律师公会各事项》，《天津市地方法院及检察处》，天津市档案馆，档案号：J44~3~288~1130。
④ 《律师公会往来函件》，《河北高等法院天津分院及检察处》，天津市档案馆，档案号：J43~行政~123~545。

自由时，便无职业，有职业时，不得自由"。① 其实言外之意是对自由职业未来的担忧。诚然一些律师，像何运衡、康宗信等人在撤销律师职务后能够进入政府部门，何运衡任天津分院检察处首席检察官，康宗信则转往河北省盐务机关任职。而那些"苦无政治门径"却又"生意萧条并生活亦无法维持"② 的律师，天津律师公会对此也进行了规划和一些制度设计上的安排，通过召开全体会议，以讨论律师充当县司法公署审判员是否应有免考之资格，③ 并尝试与政府沟通协调解决问题。

二　从职业认同到群体认同

天津律师群体作为一个具有相似职业特性以及价值观的职业群体，最初在官方的指令下成立律师公会。随着律师公会职能的日渐完善，律师公会无论是对公会会员职业的伦理道德建设，还是对推动会员共同体意识的增强，都逐渐呈现出一种独立、自治的管理倾向，律师公会开始成为会员心理联结和想象的"社会空间"。在这个空间内，律师公会会员因他人或其他群体在思维意识、行为方式、外观特征等方面与自己有共同、共通之处而产生亲近和认可之感，这种认同反过来又成为律师公会聚合律师共同体的重要途径。

首先，律师公会为会员营造了相互认同的情感"社会空间"。毋庸置疑，共同体成员只要具有共属一个共同体的强烈认同，就能保证这个共同体的良性健康发展。为建造会员的精神家园，律师公会"内部工作极为紧张，每星期日召开评议会一次，正副会长亦均到会处理公务"，④ 并交由常务理事会讨论处理，以示郑重。

律师公会处理会务不分大小，事无巨细。小到协助会员补办证件、添雇法院律师休息室茶役、编印会员录以及催缴会费等会务办理。比如，会员韩绍琦证书遗失后，公会派常务理事专程至法院据情交涉；添雇茶役

---

① 伊谁:《律师职业甘苦谈》,《晶报》1933 年 7 月 3 日,第 2 版。
② 《律师充斥》,《大公报》(天津版) 1933 年 2 月 27 日,第 6 版。
③ 《律师公会之会议》,《大公报》(天津版) 1917 年 5 月 31 日,第 7 版。
④ 《律师公会全体律师请求法院改善十事》,《大公报》(天津版) 1936 年 10 月 20 日,第 6 版。

后，甚至如何分配自行车都会从会员角度去考虑。大到与法院、市政外事局等官方机构交涉，以维会员权益。会员苏右铭被电车轧伤身死，公会迭经开会商议，要求电车公司从优抚恤，并以保全中国人民生命起见，恳请直隶省议会关注津市交通。① 美兵淹毙女乞丐胡小妹一案，公会本着主持公道、保障民命的宗旨，与市政府外事局进行严正交涉。会员王振华律师在北平被美军汽车撞毙后，公会电请北平辖第十一战区司令长官部，特派常务理事刘蓬瀛、李宜琛代表与北平市政府对本案严正交涉，惩办凶手，赔偿损失等。②

律师公会以"谋律师执行职务及当事人之便利"为己任，从大多数律师利益出发，对内与法院交涉，提出了"实行口头起诉、声请调解、准时开庭、律师参与调查、迅速办理假扣押、民刑各案宣判公开、实行问事规则、假执行案件不得拖延、向辩护人送达判决书以及简易案件以职权送执行处"③ 等十项司法改良措施；对外禁止外国律师出庭，当中国开始逐步收回外国租界以及废除领事裁判权时，天津律师公会就外国律师是否出庭一事，致电各省督军、省长、省议会、商会以及教育会等，称外国律师出庭"实启外国人民参与中国司法之乱源，而陷国家于无自主独立法权之地位"。④ 为保人民公权而重法律，应禁止外国律师出庭。⑤ 对享有治外法权国的律师，如在中国法庭出庭代理案件，必须在中国司法官厅注册，经核准之后始可执行职务。⑥

公会也会注重会员的情感所需。王振华去世后，天津律师公会与北平律师公会共同为王振华开追悼会，以示隆重。天津光复后，受物价上涨，生活日高的影响，会内员工薪俸以及会员公费收入无法应付日常所需，在公会的协调下，社会局按月配给公会红牌次粉三十袋，开滦煤末五吨。⑦

---

① 《电车轧死苏右铭之交涉》，《大公报》（天津版）1925 年 5 月 6 日，第 6 版。
② 《朱道孔法律事务所》，天津市档案馆，档案号：J45～1～1～1047。
③ 《律师公会全体律师请求法院改善十事》，《大公报》（天津版）1936 年 10 月 20 日，第 6 版。
④ 《反对外国律师出庭文电》，《大公报》（天津版）1921 年 1 月 30 日，第 7 版。
⑤ 顾润卿：《在华外国律师地位之规定》，《英文杂志》第 8 卷第 5 期，1922 年，第391 页。
⑥ 《外国律师出庭之手续》，《大公报》（天津版）1923 年 6 月 20 日，第 6 版。
⑦ 《法院关于呈报律师调查表及律师公会各事项》，《天津市地方法院及检察处》，天津市档案馆，档案号：J44～3～288～1130。

除此之外，公会借助义演的形式，邀请赵律师夫人与京剧名票同台出演义务剧，①甚至大部分律师会员和家属女眷也会"牺牲色相，粉墨登场"，②像津市知名律师周泽、耿运枢、邢忠烈、张士骏、张慰祖、王庭兰以及白銮等人挑大梁出演，其他律师则串演口技、吹箫以及拉洋片等节目，既筹办了赈济善款，救济灾民，又增进了律界同人的感情收获了情谊，一举两得。

其次，在会员的认知里，律师公会也逐渐成为会员寻求保护、慰藉以及赢得社会尊重的精神家园。律师以保障人权和维护法律为职责，但律师自由职业的特性决定了律师从事神圣职业的同时，需要不断地去解决与当事人、法院以及对方当事人之间的问题与冲突，可以说律师于夹缝中生存。民国时期，天津律师被对方诉讼当事人施加暴行的消息常见于报端，甚至在法院附近，像商秀琼律师就遭到对方当事人殴打，影响十分恶劣。天津律师公会为维护会员人身安全，特邀请新闻界记者向社会大众公开事实，吁请地方法院对行凶人从重惩办，对于玩忽职守的法院门岗法警与东辕门值岗警察予以撤职示惩，禁止闲杂人等往来于法院附近。③除了遭到对方当事人的人身报复，律师还不得不面对对方当事人的司法诉讼，代理白俄人沙陀也夫遗产案的赵泉律师，因被对方控告行贿而被天津地方法院调查，后因证据不足而免于起诉。半年以后，对方当事人借北京司法部之力量推翻已确定之案，对赵泉重新立案调查。万般无奈之下，赵泉律师向律师公会求助，请求救济办法。律师公会经过调查后，认为既无新事实，又无新证据，纯系旧事重提，法院不可随意推翻已确定案件，而且此风一开，"案件事小，关系法律问题及社会安宁事大"，因此应速予终结免之讼累。④

律师公会利用公会与政府、媒体的关系维护会员权益，以及解决司法

---

① 耳：《律师公会：将举办冬赈义剧，老名票热心参加》，《新天津画报》第 12 卷第 10 期，1940 年，第 2 页。

② 《律师粉墨登场 本市律师公会议决演戏赈灾》，《大公报》（天津版）1935 年 9 月 28 日，第 13 版。

③ 《律师公会招待记者维护律师安全希望主持公道》，《大公报》（天津版）1934 年 12 月 27 日，第 6 版。

④ 《西米诺夫诉赵泉等行贿案》，《河北省高等法院天津分院及检察处》，天津市档案馆，档案号：J44～2～7～5245。

纠纷，逐渐成为会员值得信赖的组织。日伪时期，公会对会员的保护则进一步奠定了律师公会精神家园的地位。"因津市五方杂处，人情诡谲，一般地痞流氓对于素有嫌怨及被敲诈不遂者，每向官厅投递匿名函件，捏词陷害，征诸往事，数见不鲜，事变之后，煅炼罪名向日本军事机关投函诬陷者尤伙人人谈虎色变，咸具戒心，此风不戒，社会治安大受影响"，①1938 年 2 月 18 日，天津律师公会鉴于告密之风盛行，以"此风不戒，社会治安大受影响"为由，为"除暴安良，维持法律效力起见"，从法律的角度拟定三项办法，集体向天津地方法院请愿。其中包括：匿名告发函件概置之不理；具名告发者先传讯告发人，倘无其人即以匿名信视之，若有其人，令其具结负诬告责任，再传集原被双方，于短期间内送交法院，依法核办；如告发现行犯，扭送宪兵或特务机关者，即将原被双方暂行扣留，于短期内送交法院核办，为使"宵小知所敛迹，诬告之风可息，善良民众受惠多矣"。② 经过律师公会多方奔走，最终该提议得到了地方法院和日军部的批准。

除了以法律维护民众生命安全外，天津律师公会也利用其社会影响力营救被捕会员。早在 1931 年天津事变后，天津律师公会会址就被日赤柴部队所属之津田少尉队兵 80 余人占用，并以武力胁迫众会员和职员离开公会。其间日军以"本会后院小屋内发现发霉且锈迹斑斑不堪使用之刺刀一把"为借口，诬蔑公会"藏匿二十九军之罪名"，并捆绑拘押雇员夫役若干人。在会长李洪岳和公会多方运作下，并向日军部解释，"会所地址原为前直隶省长兼二十三师师长王成斌之公馆，在他居住之前也屡有驻兵，该刺刀应系该时遗物"。被押雇员才得以最终释放。③

当天津沦陷后，身处沦陷区的天津律师以各种方式投入抗日斗争中。对他们而言，"欲保护国权，已被中央南去之官员带走；欲保国土，及国

---

① 《呈防止诬告办法请核转日本特务机关查照施行以保良善》，《河北省高等法院天津分院及检察处》，天津市档案馆，档案号：J43～行政～123～149。
② 《呈防止诬告办法请核转日本特务机关查照施行以保良善》，《河北省高等法院天津分院及检察处》，天津市档案馆，档案号：J43～行政～123～149。
③ 《呈为会所驻兵遗失器物》，《河北省高等法院天津分院及检察处》，天津市档案馆，档案号：J44～行政～247～40～1。

土上所有物已被日寇侵占"。① 在此形势下，律师公会以及执业律师坚守
"既为天津一分子，即有天津一分责"② 的民族气节，坚守民族底线。张
务滋成立燕达中学，帮助不愿任职敌伪学校的教师解决工作，向学生介绍
有关抗日书籍，抵制奴化教育，帮助青年学生联系后方升学。③ 张务滋的
爱国行为引起了驻津日军的怀疑，日军文教部甚至将张务滋批捕传讯，拷
问该校经费来源及教员名单。④ 李洪岳及其妻女 "因反日工作泄露机密，
被敌清水部队逮捕。队长清水、队副黑泽、通译江村屡屡施以棍打、绳
绑、水灌、火烧种种非刑"。⑤ 天津律师虽然 "忍辱出庭，以图苟延而待
中央营救"，⑥ 但却在执业实践中 "凭借中央遗留之中国法律，保障并非
自己沦陷之中国民权，以为明日之抗战"。⑦ 即使面临着 "一经出头代理
得胜，则代理律师或被殴打，或被敌宪兵逮捕，或被残杀" 的生命威胁，
但仍怀着 "如无冒险之律师出庭保障民权，一任敌家之残害，津门百余
万民众无噍类矣"⑧ 的理想信念，勉强挣扎以尽匹夫之责。

抗战结束后，在战后 "伸张国法，维护民族气节" 社会心态下，政
府对收复区的民众是否 "悉属忠贞不贰，白璧无瑕，绝无丧心变志之
人"，持有 "任何人亦不敢相信" 之态度。⑨ 甚至为树权威，国民政府出
台 "惩治汉奸办法"，对收复区敌伪各级学校和机关进行甄别审核，其中也

---

① 《申请复职》，《河北省高等法院天津分院及检查处》，天津市档案馆，档案号：J44~3~288~833。
② 《绅商李星北等为成立维持国权国土会致天津商务总会函》，天津市档案馆南开大学分校档案系编《天津租界档案选编》，天津人民出版社，1992，第109页。
③ 叶成林：《抗日战争时期沦陷区人民的斗争》，步平、沈强、邵铭煌（台湾）总主编，团结出版社，2015，第155页。
④ 天津市地方志编修委员会编著《天津通志·审判志》，天津社会科学院出版社，1999，第135页。
⑤ 王勇则：《碧血英魂 天津市忠烈祠抗日烈士研究》（上），天津古籍出版社，2016，第464页。
⑥ 《绅商李星北等为成立维持国权国土会致天津商务总会函》，天津市档案馆南开大学分校档案系编《天津租界档案选编》，天津人民出版社，1992，第109页。
⑦ 《申请复职》，《河北省高等法院天津分院及检查处》，天津市档案馆，档案号：J44~3~288~833。
⑧ 《申请复职》，《河北省高等法院天津分院及检查处》，天津市档案馆，档案号：J44~3~288~833。
⑨ 《论收复民心》，《民国日报社论》1945年11月26日，第1版。

包括对律师的甄别，并规定"曾出席伪法院审判之律师，亦勒令停业二年"。① 此令一出，天津律师界哗然一片，"眼见饱受八年惨劫之余，又继续遭停职处分"。② 在申请复职期间，天津律师公会以"忍辱负重、保障民权、消极抵抗"等话语向政府表明：身处沦陷区的律师，有"以法律以为明日之抗战"的善斗姿态，以及"我们（收复区人民）需要的是抚慰，是鼓励，是督促，是指导，而不是惩罚，不是歧视，不是摈弃!"③的立场态度。同时，积极支持会员资格的申请与证明工作，情愿负法律责任来为会员出具身份证明和资格证明，先后共有近百名律师，以"执行职务时恪遵律师法令，笃守律师道德，操行甚为优良"④的证明而重新获得了执业资格。

自律师制度建立以来，律师始终摆脱不了社会舆论的污名，而律师公会在引导会员开展公益法律服务方面的努力则有助于改善这一状况。"为灌输平民法律常识起见"，天津律师公会组织会员每逢星期六、星期日下午7时到9时假公会之地举行法令演讲，"无论男女均可随便入听，一律欢迎。一般民众于作业之余，无偿领略法律常识"。⑤ 考虑到贫苦民众无力涉讼，律师公会附设贫民法律扶助会，制定细则并委派律师专为贫民义务申雪。此举一经公布，立即接到请求扶助案件数起，律师公会随即委派孙启年、谢茂成两位律师义务撰状，代理出庭。律师公会还成立冤狱赔偿委员会，以援助冤抑犯人为宗旨。为向公众阐明该会宗旨，律师公会特委派津城名律师白鋆于青年会电台广播宣传，"以期阐明旨趣、藉博同情"。⑥ 律师公会维护人权的义务法律扶助行为，不仅得到了普通会员的

---

① 黄旅：《由沦陷到光复　祖国给人民的是什么》，《上海大公报》1946年12月30日，第10版。

② 《申请复职　法院律师登录事项卷》，《天津市地方法院及检察处》，天津市档案馆，档案号：J44~3~288~833。

③ 《我们的呼声》，《华北日报》1945年11月6~11日，中共北京市委党史研究室编《解放战争时期第二条战线·学生运动卷（上）》，中共党史出版社，1997，第174页。

④ 《法院关于呈报律师调查表及律师公会各事项》，《天津市地方法院及检察处》，天津市档案馆，档案号：J44~3~288~1130。

⑤ 《律师公会举行法令讲演灌输法律常识》，《大公报》（天津版）1934年1月5日，第10版。

⑥ 《李洪岳谈冤狱赔偿运动》，《大公报》（天津版）1935年10月8日，第4版。

大力支持，贫民法律扶助会成立大会，百余名律师济济一堂，以为公共事业贡献绵力；① 而且如王庭兰、薛万选等名律师也积极入会，分担会务工作。经由报纸等媒介的宣传，律师社会影响力无形中得到了提升，"以此深得法院之赞许，社会之奖誉"。②

与单纯从职业角度论述共同体认同不同，民国时期天津律师共同体首先是基于相似职业、共享的价值而形成的，不过天津律师共同体的认同不同于其他形式的认同，而是天津律师将专业知识、职业道德、职业能力作为发展共同体意识的前提，以及律师人身安全的寄托。从这个意义上，律师的职业认同以及由此形成的共同体意识，经由律师公会的活动，延伸至对律师公会的认同。20 年代以后，天津律师群体面临着来自内部与外部诸多的执业问题与矛盾，为解决繁杂的社会事务，律师公会发挥载体的社会整合和凝聚功能，通过构建律师知识共同体、监督同业职业风纪以及维护会员利益等，逐渐在律师群体整合、律师发展以及律师职业道德建设等方面产生了切实的影响，律师公会逐渐成为律师会员心理联结和想象的"社会空间"。律师公会作为天津律师的群体组织，致力于会员权益的维护，致力于组织发展的不断完善，致力于社会责任的贡献。可以说，律师公会对推动律师共同体在构建社会认同和共识方面发挥了积极作用，也推动了天津律师作为群体的崛起。

民国时期的天津律师形成了自我职业认同，并以律师公会为纽带构建了天津律师共同体。在天津律师业发展的同时，天津律师作为群体也日益在社会事务中发挥了愈来愈重要的作用。天津律师群体的发展，不仅仅表现为处理个人案件的能力，以及群体凝聚力的提升，而且他们具备了参与公共事务的能力，在参与立法与促进法律进步、影响政策制定与实施、充当政府与社会大众之间的桥梁以及解决争端，回应不同利益主体要求等方面都已超越了个人的角色，他们已然初步具备了发挥阶层作用的能力。

---

① 《贫民法律扶助会》，《大公报》（天津版）1935 年 4 月 1 日，第 6 版。
② 《律师公会昨结束会议》，《大公报》（天津版）1936 年 9 月 21 日，第 6 版。

第五章　国家与社会之间的
近代天津律师阶层

　　律师是近代城市社会发展的结果，是伴随着传统社会结构的瓦解和新社会结构的出现而逐渐形成的一种新兴职业。近代天津律师自出现伊始，随着近代法律教育和律师制度的日渐完善，以及职业律师自我认同、职业认同与群体认同的逐步形成，天津律师群体不断发展壮大，进而产生了一个新的社会阶层，即律师阶层。可以说，近代天津律师阶层是在真实动员起来的社会群体①的基础上，兴起与发展的一个新社会阶层。该阶层在由小到大、从弱变强的发展过程中，势必会对近代天津社会结构和社会秩序产生影响，尤其在不同的社会历史条件下，他们会彰显出不同的政治文化等功能以争取和保护群体权益，进而实现阶层的整合。因此，本章主要从律师职能的角度，通过分析律师政治参与、法律扶助以及法律咨询等活动以探究律师阶层是如何在国家社会框架下实现阶层整合的，并发挥中间阶层作为社会"缓冲剂"和"稳定器"的作用，甚至作为社会变革的潜在社会力量。

第一节　近代天津律师的政治参与

　　近代意义上的律师制度，是晚清新政变法以及清末民初修律运动开展

---

　　① 〔美〕戴维·斯沃茨：《文化与权力：布尔迪厄的社会学》，陶东风，上海译文出版社，2006，第168~170页。

的结果。从推动中国法制化、民主政治的意义上说，这一制度的产生本身就具有浓厚的政治意义，是政治制度的一部分。辛亥革命后，伴随着由封建专制向民主共和制度的体制变革，顺势之下法律的制定与实施也开始逐步探索适合自身发展的模式。在此过程中，律师因具有特殊的法律专长以及由此形成的社会分层地位，属于最接近政治权力中枢的职业群体，因此对民国时期民主法治建设与发展具有重要意义。但同时律师群体又是一个流动性大、利益诉求多元且具较强异质性的社会职业团体，所以无论是民国北洋政府，还是南京国民政府都不可能忽视这样一个职业群体，他们"在社会上确是站在很有势力的地位，他们大都是很有学问的人，他们所见到的往往很远很大，他们所关心也往往是着重于公共福利。他们虽也有其经济的背影，但他们往往能够丢掉本身的立场去为大众谋幸福，他们是具有立法知识的人，他们在社会上有其特殊的贡献，他们本身也有共同的利害，共同的要求"。[①] 由于律师群体本身具备超出其他社会群体的社会资源以及专业法律知识，因此在近代民族救亡图存的时代背景下，在社会力量的合力之下，他们又可能扮演"助推"角色，成为一支潜在的社会变革力量。所以本节要解决的核心问题，即天津律师群体是如何在不同社会历史条件下，通过政治参与彰显群体的社会政治功能的。

一　北洋政府时期律师政治参与的主动性

群体利益诉求的表达渠道和政治参与空间，取决于该阶层的经济资本、政治属性和身份定位等因素，而这直接决定了该阶层政治功能发挥的程度范围。作为自由职业，天津律师在谋求行业自治的过程中，努力彰显自己的专业水平以及服务国家与大众的职业素养，兰兴周、钱俊等人为被捕进步学生辩护，陈宝生侠义代理广仁堂诉讼案，王振烈向国际律师协会提议案，天津律师公会制定会则以规范律师品行以及争取国民大会代表资格……他们通过对自由、专业以及独立特征的诠释，表现出了对律师作为自由职业的向往与追求。

---

① 巫苏人：《国民会议的两个问题（续）》，《大公报》（天津版）1930 年 8 月 13 日，第 4 版。

北洋政府时期，天津律师群体总体"在社会上都居于中人以上的地位，其受国家和社会之待遇，总比较一般民众为优厚"。① 他们的经济收入优渥，当"天津高地四厅法官薪俸现在只发半数，近因直钞跌价合六折零，月俸百元者实际上只能得现洋三十余元，其苦况殆难言喻，而在该处业律师者则高车驷马，日逍遥于津沽十里洋场中度其享乐生活。彼此相形，倍觉司法官之不可为。天津地厅庭长陈士杰已因此辞职，拟在津充任律师，前地审长刘大魁亦为津门寓公，闻将同操律师业务"。② 他们的社会地位也颇高，常常担任政府、公司以及名人的法律顾问，也兼职大学教授和议员等。而且律师制度确立后，律师被赋权"为司法上三大职务之一，所以任当事人之辩护，防司法官之擅专，关系至为重要。顾行之于设备完全法庭始能收互相为用之功，而无偏重不全之弊"。③ 可见，政府承认律师在司法改革、保障人民权利以及防止法官滥权方面的地位和价值。所以作为一个整体，天津律师群体的专业知识、丰富的社会经济资本以及身份定位构成了他们政治参与的主要权能，并成为他们发挥政治功能的推动因素。

《律师暂行章程》允许律师兼任国会或地方议会议员，这为北洋政府时期律师参与地方政府事务提供了渠道。虽然这个职位是业余的，"省议会议员有兼律师者，有兼教员者，有经营他业者"，④ 但因"天津县议事会待议之案甚多"，⑤ 且受"人民起来负行宪责任，我们特别期望律师界当仁不让"⑥ 舆论的助推，也要求兼任议员者具有相关法律专业知识。天津律师公会会长兰兴周，因"对于法律极为擅长，故一面充当律师，一面充任私立法政学校之教授，且又被选为（顺直省议会第九区）省议员"。⑦ 律师以议员身份主动参政议政，从改革司法弊端，加强司法监督与公正，到督促成立县司法公署，加快司法独立再到健全审判公开和旁

---

① 艾生：《关于沈钧儒等案》，《思想月刊》第 4 期，1937 年，第 4～5 页。

② 佚名：《津埠法官相率改业律师》，《法律评论》第 21 期，1927 年，第 15 页。

③ 《司法部训令第四十一号》，《政府公报》第 280 期，1913 年，第 11 页。

④ 《本省新闻 省议员四出谋差》，《大公报》（天津版）1925 年 2 月 7 日，第 6 版。

⑤ 《拟开临时会》，《大公报》（天津版）1913 年 2 月 12 日，第 3 版。

⑥ 《行宪要由下而上》，《大公报》（上海版）1947 年 1 月 13 日，第 1 版。

⑦ 《省会第九区议员出缺》，《大公报》（天津版）1924 年 2 月 25 日，第 6 版。

听等司法制度,① 律师议员充分发挥参政议政职能,且这些职能随着直隶宪政改革的深入有所加强。

他们希望加强司法监督,比如黎炳文律师针对各县司法重要案件,"毫无监督之法"提出"由高等审检两厅,选熟悉司法人员,并呈请行政长官加委亲赴",强调选用熟悉司法人员进行监督。同时黎炳文建议将司法监督权延伸至上诉人,各县受理案件后,必须确切通知上诉人开审时间,并由上诉人"收到手印"后方为审判结束。② 相较于黎炳文关于各县司法监督的建议,兰兴周律师则直指司法不独立之弊端根源于各县知事兼任司法事务,一方面充任各县知事"无专门法律学识者实居多数",另一方面县知事"重在行政,无暇悉心研究裁判之事",更为甚者,县知事"不能不与地方之绅士接洽,则情贿苞苴,易于贪进"。因此,"若不急谋筹设",司法独立则"将永无实行之一日"。考虑到司法行政尚未分途,"收回领事裁判权之外交关系,外人之有所借口",③ 因此兰兴周建议"留用解部之司法收入充县司法公署经费",以设地方法院而收司法改良之效。此外,律师们也建议于各县设立律师写状处,以杜"旧日代书办理此辈知识浅薄,未能通达民隐"之弊端。④

针对民初司法弊端,天津律师提出了大量建议与议案以利地方司法改革。1920 年 5 月 8 日省议会处理的十三项议案中,律师所提议案涉及选举权、检察院干预司法行政、整顿县治以及整顿县司法等四项提案。⑤ 可以说,律师充满热情地投入地方司法建设中。然而,他们参政议政作用的发挥,始终受限于政治权力中枢对律师的"工具性"态度,段祺瑞因报纸对政府多有指责而欲派律师加以起诉,⑥ 这显然混淆了律师与公诉人的职能。律师无法实现政治与法律的互通,也就无法对地方司法改革发挥实

---

① 赵艳玲:《顺直省议会与北洋政府时期直隶的司法改革》,《河北经贸大学学报》(综合版) 2010 年第 10 卷第 2 期。

② 赵艳玲:《顺直省议会与北洋政府时期直隶的司法改革》,《河北经贸大学学报》2010 年第 10 卷第 2 期。

③ 《省议员提议筹设县司法公署》,《大公报》(天津版) 1922 年 12 月 28~29 日,第 10 版。

④ 《请设律师写状处》,《大公报》(天津版) 1919 年 5 月 13 日,第 6 版。

⑤ 《省会开会旁听记》,《大公报》(天津版) 1920 年 5 月 8 日,第 10 版。

⑥ 《北京大总统垫发路务经费》,《大公报》(天津版) 1912 年 9 月 25 日,第 5 版。

质上的效能。况且自 1923 年天津县议会成立以来，兼职议员们"对于任期问题尚不甚注意，惟无兼任者多运动县知事，或其他官吏。现在津省议员为数无几，想再开会时恐不足法定人数"。① 之后"因战事不息、财政异常困难"，② 省议会竟长达一年未开会。个中原因导致省议会的改革建议只是停留在纸面上，议员所提议案真正落实的很少。以致参政院要求各法团选举一名参政时，天津律师公会以会长返里多日，久未来津为由，对"选举一事不甚注意"。③

质言之，天津律师主要还是通过法定职业团体的身份成为民初社会秩序重建，以及政权制衡的压力团体。他们质疑省议会选举非法，认为"事实俱在，证据确凿，毫无辩护之余地"。"议员纯系某当局所钦定，种种违法尽人皆知。"支持顺直议员"呈请省长解存各该区选举票纸，及关于此次选举之一切公文书"，同时票传"各选举监督各知事暨各非法议员，一并到案，严加审讯认真办理"。④ 他们希望省议会按照法团种类平均分配省议会代表总额，以符国宪精神，而免遗弃一部分民意，"省宪为全省民意之结晶，亦即全省民意之表现。倘使遗弃一部分民意，匪特与省宪本质不合，抑且与国宪精神忤背"。⑤ 他们甚至致电各省督军、省长以及省议会，反对政府允许外国律师出庭，称此举"实启外国人民参与中国司法之乱源，而陷国家于无自主独立法权之地位，欲再求整顿，觉为难，故恳请一致力争，以保人民公权而重法律"。⑥ 他们致力于完善司法制度和程序，以去除司法弊端。天津律师公会建议高等检察厅"收受诉状及一切对象掣给收据以昭慎重"，并"印成收据存根联单发交收状处"。此建议经高检厅实行后颇感便利，下令"天津地方检察厅遵照实行，并转行律师公会知照"。⑦

不过作为公共性职业，北洋政府时期的天津律师，在积极争取更多司

---

① 《省议员四处谋差》，《大公报》（天津版）1925 年 2 月 7 日，第 6 版。
② 《省议会现状　尚无开会希望》，《大公报》（天津版）1927 年 7 月 22 日，第 7 版。
③ 《各法团选举参政难》，《大公报》（天津版）1925 年 5 月 26 日，第 6 版。
④ 《省议会将局部改选说》，《大公报》（天津版）1922 年 9 月 19 日，第 10 版。
⑤ 《省宪法团代表额数问题》，《大公报》（天津版）1924 年 1 月 5 日，第 6 版。
⑥ 《反对外国律师出庭文电》，《大公报》（天津版）1921 年 1 月 30 日，第 7 版。
⑦ 《会议调查选举》，《大公报》（天津版）1920 年 12 月 13 日，第 9 版。

法改革话语权的同时，他们也积极争取更多公共事务方面的话语权，甚至更富有进取心，并希望在国家地方政治活动中扮演重要角色。参与国际律师协会时，王振烈律师指出当前世界乃"贫富不均强弱不平之世界，处此世界仍以狭义之法治主义为唯一治平之具"。因此提议"法制欲为改良进步之企图，必自集世界同人之群策群力，共同研究始，而共同研究之方法必自组织交换智识机关开始"。进而鼓励同人"阐挥国粹，灌溉全球，以广太平之略"，如此"则全球人类幸甚，各国司法前途幸甚，是又非我国一国之光荣也"。[1] 当1924年国际律师协会再次召开时，天津律师公会马上复函表示，一俟该会确定日期，即召集会议，推代表赴会并讨论应提之议案。[2] 天津律师们还竭力救济海外灾民，"日本猝遭地震风火水灾，我侨商学子同罹浩劫，我律师同仁对于善邻之义举亦不应后人，俟集有成数即送交日本领事署，转汇灾区以便赈助";[3] 倾力支持爱国运动，利用律师身份不遗余力保全学生。在民族主义运动高潮中，他们通过参与和支持爱国运动积极表达自身的民族诉求。刘崇佑为马骏等人辩护时，就指出学生抵制日货，"因力争外交而起，此种行为实出于民族自卫"，而非检察官认为是"国内战争之结果，引起外交问题"。刘崇佑直指警厅弹压为"官吏以意气之争，大有杀尽学生方能罢手之势，欲加之罪，何患无辞"。[4] 在因声讨"福州惨案"而包围直隶省公署的天津学联运动中，周恩来、郭隆真等4名学生代表被捕后，刘崇佑再次挺身辩护，使周恩来等人得以释放。[5] 郑毓秀还在天津与友人合办《女子国学报》，以为女权张目。[6]

民国之后，虽然"各省地方县令均改为民政长或县知事"，但其身份"半系旧日官僚，半系当地士绅，种种怪象层出不穷，较诸昔日官衙实有过之而无不及"。民国初年政界一时间"恶雾障天，群邪竞起，民国运

---

[1]　《律师公会提议案》，《大公报》（天津版）1921年10月18日，第7版。

[2]　《国际律师协会在华开会》，《大公报》（天津版）1924年2月26日，第6版。

[3]　《天津律师公会救济日灾募捐启》，《大公报》（天津版）1923年9月21日，第7版。

[4]　《地审庭公开第三日旁听记》，《大公报》（天津版）1920年7月9～10日，第10版。

[5]　李卫南：《曾是道义肩担人：记爱国民主人士刘崇佑律师二三事》，《福建统一战线》2000年第5期。

[6]　张玉光：《民国女杰——郑毓秀》，《文史月刊》2006年第4期。

命，危若朝露"。① 与此同时，随着律师合法身份的确立以及律师参政议
政的深入，天津律师阶层希望获得更大的政治话语权，以维护自身职业发
展。受此诉求的影响，他们越过了《律师暂行章程》中律师不能从事与
法律无关活动的界限，即律师只能就"法律命令及律师公会会则所规定
之事项；司法部部长或法院所咨询之事项；关于法律修改或司法事务或律
师共同之利害关系建议于司法部部长之事项"进行提议的规定，充分利
用自身优势，积极参与司法改良，扩展与外界联系，投身爱国运动并在其
中发挥了重要作用。不可忽视的是，虽然天津律师自身有着较强的政治参
与主动性，但表达和参与制度化的渠道仍显狭窄，未能充分发挥议员参政
议政作用。而且在有限的政治空间里，也只有群体中的精英分子能够享受
这些资源与平台，大部分普通会员仍然被排斥于权力结构之外，这也限制
了大多数律师的参政热情。

二 国民政府初期律师政治参与的依附性

1927 年 4 月 18 日，南京国民政府的建立标志着律师所依赖的合法政
权发生了更替；1927 年 7 月 23 日，国民政府司法部颁布《律师章程》及
《律师登录章程》，宣布取消北京司法部颁发律师执照，改由南京政府重
新颁发律师执照，并要求各地律师递交资格证书，经司法部复验合格后申
请新执照。由于彼时天津尚处于北洋政府控制之下，因此直到 1928 年 6
月国民革命军攻克平、津后，天津律师公会才正式组建"清查天津律师
公会会员委员会"，启动会员清查工作。但随后爆发的中原大战让天津律
师公会的清查工作一再耽搁，并拖延至 1931 年 10 月 5 日律师公会改选之
日。与上海律师公会改组风波②不同，天津律师公会的改选完全遵照国民
政府的相关法规，并在地检处和市党部的领导下完成了公会改组工作。

改组后的天津律师政治身份属于自由职业团体，隶属天津高级党部领

---

① 选：《革心说》，《大公报》（天津版）1912 年 10 月 19 日，第 1 版。
② 1927 年北伐军控制上海后，上海律师公会应按照国民党的要求进行改组，并由国民党上
海市党部派员参加改组会议。结果此要求遭到会长张一鹏的抵制，并以国民政府尚未出
台新的律师法为由拒绝参加改组会议。然而，其他会员反对张的主张，继续在市党部代
表的领导下进行改组。后经双方反复博弈之后，最终张一鹏等人服从市党部和政治分会
的指令，移交公会业务，国民政府也顺势完成了对上海律师公会的控制。

导下的"人民团体之一"①。与北洋政府不同，国民政府重视对社会团体的管理控制，颁布《民众训练计划大纲》，推行严密的管理体系，在"纵的系统，是立体的系统，是民众按职业或地域组织团体……横的系统，是平面的系统，是民众团体单独的存在，在组织上彼此不相联属"。② 因此除了商会和海员工会，律师团体等其他民众组织是不允许成立全国性组织的。为加强对社团的管理控制，自训政开始，国民政府要求"人民在法律范围内，有组织团体之自由，但必须受党部之指导与政府之监督"。③按此规定，党部对社会团体享有政治指导权，"各人民团体对于各该地高级党部及主管部会行文用呈"；④ 党部掌握对人民团体组织的许可权，社会团体经其颁发许可证后方可组织；党部重视在人民团体中发展党员，"党团负责人及党员应经常提拔扶助非党优秀分子，并吸收其入党，以巩固党的领导权"，⑤ 党员需介入团体日常活动，"本党同志参加特种社团活动办法，其要义系站在本党立场，考察各该社团之性质，及重要负责人之行动。还特别规定，此项办法，属秘密性，不得向党外公开"。⑥ 基于党部对社会团体的控制管理，国民政府视律师不能担任公职之法令于不顾，允许那些担任国民党内职务并领取生活津贴的党员充任律师，⑦ 以达贯彻"任何事业中坚持国民党党义"⑧ 的要求。

国民政府的直接吸纳无疑对律师，特别是对律界精英们充满了诱惑力。毕业于北洋大学的徐谟，留学美国华盛顿大学，后加入天津律师公

---

① 《津市新闻　国民会议市选举事务所》，《大公报》（天津版）1931年3月25日，第7版。
② 潘公展编著《抗战建国纲领研究——民众运动篇》，独立出版社，1938，第18～19页。
③ 中国第二历史档案馆编《中华民国史资料汇编》第5辑第1编《政治（二）》，江苏古籍出版社，1991，第55页。
④ 《人民团体与党部往来公文程式》（1930年2月），湖南省民政厅编印《现行行政法规汇编》，1936，第123页。
⑤ 《加强人民团体内党的组织及活动案》，荣孟源主编《中国国民党历次代表大会及中央全会资料》（下册），光明日报出版社，1985，第692～693页。
⑥ 《参加各种特种社团活动人员工作纲要（密件）》（1936年3月28日），中国国民党中央执行委员会社会部编印《特种社团法规方案》，1940，第155页。
⑦ 《上海律师公会报告书》第30期，1932年，第146页。
⑧ 徐小群：《民国时期的国家与社会：自由职业团体在上海的兴起，1912—1937》，新星出版社，2007，第127页。

会，在津执行律师业务，1928 年升任上海临时法院推事，以及外交部欧美司长。① 徐同鄴律师因学识优长、经验丰富且侠义诚信驰誉华北，历任行政司法各界要职。② 北洋政府时期下野的罗文干在京津以律师为业，后以法学专家的身份加入国民政府约法起草委员会，1932 年升任司法行政部部长。至此，国民政府实现了对社会团体的双重管理，即党部对社团的指导和领导，以及政府对社团的管理与监督。国民政府对社团组织的政治建构，意味着包括自由职业团体在内的一切社会团体在政治参与上更加依附于国民政府。

不过国民政府为彰显"青天白日旗帜下之人民，皆得受法律保障"③的民主，制定了包罗万象的实体法和细密的程序法。这些法律条文，尤其是许多重要法律的制定"偏于理论，陈义甚高"，④ 只有专业人员方能通晓。民众为求民事诉讼之胜诉往往需要聘请律师代理，律师在民事诉讼中的辩护地位以及在对民众法律知识的宣传中，作用自然亦日渐凸显。鉴于律师群体的发展以及职业团体的社会功能，国民政府意识到他们在"经济、文化、宗教、社会及一切公益活动，直接或间接辅助政府推行政令，促进人类生活向上"，而且政府"借团体的组织，也便于管制，容易动员，并且可随时授以各种智慧，培养如何行使民权"。⑤ 基于以上原因，国民政府也有限度地为律师等自由职业团体提供了政治资源。

在国家社会团体的法律规制以及国民政府的威权统治下，天津律师以配角身份接受国民政府的政策引导和管理。首先，律师参与政治的渠道狭窄，政治力量薄弱。在国民政府的政治建构下，天津律师可以通过三种渠道来参与政治：一种是依照《律师章程》规定，以国会地方议会议员资格参政议政；一种是通过国民会议代表形式参与国家事务；一种则以团体组织的形式向地方政府建言献策。不过事实上，律师虽然享有议员资格，但根据现有的文献资料以及 1945 年天津律师公会会员履历登记表，除了

① 《徐谟继任沪交涉员》，《申报》1929 年 5 月 7 日，第 13 版。
② 《徐同鄴来沪执行律务》，《申报》1933 年 8 月 29 日，第 14 版。
③ 王罗杰：《国府治下之司法》，《大公报》（天津版）1928 年 10 月 15 日，第 9 版。
④ 陈之迈：《中国政府》，上海人民出版社，2012，第 251 页。
⑤ 李森堡：《同业公会研究》，青年书店，1947，第 11 页。

会长李洪岳曾作为地方派担任天津临时参议会议员外，[①] 其他会员并未有议员经历。因此从律师充任议员人数的比例，就可看出律师以议员身份参政发声的机会是微乎其微的。以国民会议代表参与国家政务也是困难重重，最突出的问题是名额少，因为律师是与"新闻记者、医师、工程师、会计师所组织之职业团体混合选举"，共同争取天津市三个名额。[②] 况且国民会议代表经天津市选后，尚需河北省选，中间又常常因为对国议代表选举法有疑义，选举事务所人员缺席以及党部颁发代表许可证阻滞等导致会务拖沓，[③] 影响了律师的参政热情。总之，律师代表只不过是国民会议的陪衬，是国民政府标榜民主的点缀。既然律师代表的发言权不受重视，他们也就不可能为宪政运动的实施发挥任何作用。所以，通过律师公会进行政治参与仍然是大多数律师的首选渠道。

其次，由废约运动凝聚而成的民族向心力也是律师甘于配角地位的重要原因。20 年代被人们寄予厚望的废约运动，尽管司法界和外交界费尽心机，但结果却是"至今二十余年，尚且达不到收回的目的，若再加上政治改良种种条件，我们中国恐怕从此没有收回法权的日期了！"[④] 失望感和民族主义情绪合力作用下，北洋政府司法界信任危机雪上加霜。因此当广东国民政府提出唯有司法党化方能贯彻革命精神，方能革除司法者狭隘思想的司法改良主张时，国民是很容易接受这种民族主义情绪的。1929 年春，上海律师吴迈就曾向全国律师协会提议，要求律师研究国民党党义，并投身国民革命，号召律师界中的优秀分子入党。[⑤] 像荆可恒律师在津执业四五年便加入了国民党。当律师高善谦向市党部提议"当商违抗法令重利盘剥，严加取缔，以重功令"时，为推动法令实施，也频频借用革命化话语，"今幸我国民革命军克复全国，处青天白日旗下，值此训政时期，凡我受压迫民众之痛苦，极应尽量解除"。"此事本系中国人与中国人之事，与领事裁判权毫无关系。""此议如果实行，则民众即可直

---

①　《法院律师登录事项卷》，《天津市地方法院及检察处》，天津市档案馆，档案号：J44 ~ 3 ~ 288 ~ 817。

②　《国民会议代表数额表》，《大公报》（天津版）1931 年 1 月 24 日，第 4 版。

③　《津市新闻　省选能否如期办竣尚难预料》，《大公报》（天津版）1931 年 3 月 19 日，第 7 版。

④　燕树棠：《法权会议的结果》，《公道、自由与法》，清华大学出版社，2006，第 417 页。

⑤　《律师党员对党应负的责任》，《中山周报》第 51 期，1935 年，第 17 页。

接得到革命之实惠，民为邦本，本固邦宁，于党国前途实有莫大之关系。"① 在高律师的提案中，他将法令的实施与否与国民革命和废约运动相联系，并从党国命运前途的高度，希望党部对违抗法令之当商严加取缔。

最后，天津律师群体与地方有密切的关系，了解地方司法存在的缺陷与疏漏，也熟知执法中的问题与情况，以及两者衔接中出现的相关问题。因此，他们试图通过律师公会寻找机会不断发声，希望国民政府能够重视他们作为地方司法改革主体的角色，"在会议里互相了解其各自本身之迫切要求，因而发生共同之迫切要求，于以增进其通力合作之诚，同时使地方事业得到长足之进步，地方自治之筹备，自然能活泼进行"。② 他们因"天津芦纲四纲总忽而奉令逮捕，迄今不知罪名"，呼吁当局"为法律顾全威信，勿动以非常手段对国民身体财产随意处分，此乃民治国家最小限度之人权条件"。③ 他们以"国民政府本以天下为公、施化自无歧异"④为由，向政府主席、陆海空军总司令、法院院长呼吁为一般犯人争取基本权益，希望当局能够颁发赦令，以收拾人心。他们也因"近来各法院对于律师待遇尊敬者，固属恒有，而视为赘疣者，遇事故意为难，亦复不少，似有侵害司法三权之精神"，呼吁地方法院能够赋予律师"地位人格理合尊重待遇，以维法律上赋予保障人权之地位"。⑤ 当中央特派视察司法专员朱献文来津视察司法情形时，"关系将来本省司法之改进甚大"，天津律师公会在朱氏未行前集合会员整理九条司法改革意见，"意见书长数千言，其中对于高地两法院之建议及指摘颇详"，⑥ 由会长李洪岳等呈递，请求转部采纳施行。鉴于各地"虽名称司法独立，但各县司法多附庸于县府"，⑦ 天津律师公会认为"司法机关最关重要，直接关系人民生

---

① 《高律师请禁当商以重盘剥》，《大公报》（天津版）1929 年 4 月 12 日，第 11 版。

② 汪精卫：《欲行地方自治须自组织民众始》，《大公报》（天津版）1930 年 4 月 4 日，第 4 版。

③ 《司法改良与陪审制度》，《大公报》（天津版）1928 年 10 月 25 日，第 1 版。

④ 《大赦津律师公会电京为一般囚犯请命》，《大公报》（天津版）1930 年 12 月 25 日，第 7 版。

⑤ 《中华民国律师协会第七届代表大会各公会提案原文汇录（四）关于律师本身提议案〈提议法院应尊崇律师人格及待遇案〉》，《法学丛刊》第 4 卷第 23 期，1936 年，第 130~131 页。

⑥ 《朱献文昨晚离津 律师公会呈递意见书 请照会租界直接送案》，《大公报》（天津版）1933 年 1 月 6 日，第 7 版。

⑦ 《朱献文明日开始视察，司法界连日设宴欢迎》，《大公报》（天津版）1932 年 12 月 25 日，第 7 版。

命财产，间接影响社会安全，而人民受害最深受创最巨者"，① 建议省政府设立各县法院并添设地方法院，并允许律师可以在其中执业。虽然最后国民政府允许律师在县司法处执业，但出于对律师的防范，规定当县长不以检察官身份出庭时，律师不得出庭。显然国民政府如同北洋政府一般，他们都不希望律师在没有同等对手的情况下舞文弄墨。事实上，县长懒政也造成了律师很少有出庭的机会。为保持司法尊严与律师荣誉，天津律师公会屡屡向河北省高等法院提出改革措施，呼吁法院整顿律师风纪、取缔讼棍、革除警吏需索恶习等。

在司法党化和国民政府的威权统治背景下，天津律师采取各种方式进行政治自我保护，大多数情况以配角和辅助的身份出现在各种参政活动中。但他们仍利用各种机会积极发声，以表达律师利益诉求和司法改革的愿望。不过天津律师并不满意这种依附性的政治色彩，他们的政治参与热情促使其更希望有积极的作为，使之能够成为城市社会的中坚力量。

三　民国中晚期天津律师群体政治参与的积极性

20 年代末 30 年代初，司法党化和革命化因其强硬的立场与意识形态获得了国民的认可，但 30 年代以后，随着党治弊端的日益暴露，国民政权不断受到来自共产党和其政权内部反对派的有力挑战。1931 年 11 月，中国共产党建立了与南京国民政府对抗的中华苏维埃政权；1930 年 5 月，爆发了更大规模的军阀混战——中原大战；国民政府内部出现了邓演达创建的第三党以及以汪精卫、陈公博为首的改组派。与此同时，日本侵华战争逐渐深入，从 1931 年的"九一八"事变到 1932 年"一·二八"事变；从 1935 年的华北事变到 1937 年的七七事变，"华北局势险象环生"。国民政府"对外无确切之经纶，对内乏有效之改革，国民失望理所宜然"，② 全国各阶层、各政党强烈要求扩大民主、开放政治。其中，天津律师群体在秉承职业精神的同时，也试图通过政治参与重新界定它与国民政府的关联与边界。

他们开始突破法定社会团体政治义务限制，以联合形式进行政治抗争

---

① 《律师公会建议改良司法设立各县法院添设地方法院》，《大公报》（天津版）1928 年 8 月 14 日，第 7 版。

② 《中国政治之前途》，《大公报》（天津版）1932 年 4 月 24 日，第 2 版。

活动。国民政府规定社会团体主体在履行政治义务时，要求其"不得有违反三民主义之言论及行为，接受中国国民党之指挥，遵守国家法律服从政府命令"① 等。然而，由于国内外政治危机的日益严重，国民政府其实无法真正实现对社会团体的掌控。"九一八"事变后，因政府不能彻底抗日，全国律师协会呈南京政府速定"整个抗日计划，对运用人力、物力、金融、财政、产业、交通等国民种种动员准备，政府应有成算，不得以幸存心理应非常事"。② 之后律师濮舜卿等人，"鉴于前线战事紧急，津市治安堪虞"，③ 联合天津各界 200 余人组织天津市民自救会，督促国民政府抗日，唤起全市民众支持抗日，援助前线战士。"一二·九"学生运动后，社会各界为抗议国民政府的不抵抗政策成立各种"救国会"，要求国民政府停止内战，释放政治犯，建立统一抗日政权。其中沈钧儒等七人成立的"全国各界救国联合会"，因公开支持中国共产党"建立抗日民族统一战线"的主张，而被上海市国民政府非法秘密逮捕。沈钧儒等"七君子案"发生后，天津律师公会与上海各大律师共同起草"洋洋数万言辩诉状"，④ 对国民政府欲以"危害民国紧急治罪法"为由提起公诉进行了答辩，辩诉状从法理到情理，认为将沈钧儒等人"爱国之行为而诬为害国，以救亡之呼吁而指为宣传违反三民主义之主义，实属颠倒是非，混淆黑白，摧残法律之尊严，妄断历史之功罪"。⑤

他们对政治前途充满信心。抗战结束后，社会大众普遍希望结束国民党一党专政，实行宪政保障人民权利，"现在留下的只有一条可走的路，让中间派来领导革命，实行新政。中间派是什么？它就是智识阶级和自由主义的温和分子……只需三十年时间，必能安定中国，完成革命的最后一步！"⑥ "我们特别期望律师界当仁不让，司法绝对独立。"⑦ 在此社会舆论氛围中，天津律师界开始显现作为社会中坚力量的作用，"以自由职业

---

① 《人民团体组织方案南京中常会最近修正》，《大公报》（天津版）1930 年 7 月 23 日，第 4 版。
② 《速定抗日计划　全国律师协会呈蒋宋》，《大公报》（天津版）1933 年 1 月 16 日，第 4 版。
③ 《市民自救会昨开成立大会》，《大公报》（天津版）1933 年 4 月 5 日，第 9 版。
④ 《沈钧儒等案江苏高院今日续审》，《申报》1937 年 6 月 25 日，第 10 版。
⑤ 《沈钧儒等答辩状》，《大公报》（天津版）1937 年 6 月 9 日，第 4 版。
⑥ 周钟歧：《论革命》，《现实文摘》第 1 卷第 4 期，1947 年，第 104 ~ 106 页。
⑦ 《行宪要由下而上》，《大公报》（上海版）1947 年 1 月 13 日，第 1 版。

之身，尽辅翼政刑保障民权之责，在现代社会生活及政治生活中，占有相当重要之地位"。①

第一，以"国土光复建设日新，凡属公民当思报国"②之决心协助国民政府进行收复工作。协调后方归来律师与光复区复职律师关系，推动律师公会及律师工作顺利开展。抗战结束后，天津律师会员"因就公职，或因经营其他职业离津他往者，为数不少"，③无法及时到津，虽"成立迄今已将一年，以往因人数较少，故对外颇少交际"。④后随着律师相继复业，天津律师公会组织日渐扩大。为"收步调协和之效"，公会接纳后方返津律师，其中包括在津执行职务者三十九人，在北平执行职务者三十九人，平津兼行职务者十六人，石家庄执行职务者一人。而且后方归来律师与复职者感情极为融洽，避免了北平律师公会留守律师与后方归来律师斗争情况的发生。为政府提供法律意见，协助政府恢复收复区社会秩序。"天津过去地政，既无法令根据，并乏整理计划"，加上租界地权的复杂性，导致市民土地经界不明，权利不清，纠纷事件此起彼伏，地政局为此"罗致专门人才擘画进行"，⑤对旧英法日意四租界估定地价，并办理所有权登记，同时对房地价设定标准，律师公会也提出了相应的建议。⑥其他如对收复区的工厂、矿场以及各种公司如何确认原有产权，如何制定相关法规尽快开工并使失业人员恢复工作，以及对敌产、逆产如何进行债务清查，合理处置等问题，律师公会受天津市社会局委托承办了诸如土地登记手续代办、股本伪币原额改值、公司登记处理等事务。

第二，扩大公会影响力，参与司法改良。公会先后与《民国日报》

① 《全国律师联会成立》，《大公报》（天津版）1948 年 9 月 10 日，第 3 版。
② 《关于律师登录事项》，《朱道孔法律事务所》，天津市档案馆，档案号：J45 ~ 1 ~ 1 ~ 1076。
③ 《律师公会往来函件》，《河北高等法院天津分院及检察处》，天津市档案馆，档案号：J43 ~ 行政 ~ 123 ~ 545。
④ 《本市律师一团和气》，《大公报》（天津版）1946 年 9 月 6 日，第 5 版。
⑤ 《津市地政各种测量分别进行并即进行估价登记》，《大公报》（天津版）1946 年 4 月 20 日，第 3 版。
⑥ 《为标准房地价一律增加四倍事致律师公会的笺函》，《天津市地政局》，天津市档案馆，档案号：J101 ~ 1 ~ 838 ~ 32。

《大公报》以及《益世报》建立联系，开辟专栏，"允许可发表律师言论"；① 招待天津市新闻记者，扩大交际；"与电台交涉规定时间，由本会派会员讲解法令"；② 等等。当然成立后的天津律师公会的政治参与主要还是集中于司法程序、司法监督以及司法公正等司法改良方面。他们不断呈文国民政府要求普设法院，声称"自鼎革以还，依理言之，司政分立，早应名实相符，而返顾事实竟大谬不然"。③ 而今实施宪政，"为健全司法，俾畸性组织一举廓清，全国人民受同等之司法保障"，④ 改县司法处为法院刻不容缓。国民政府承诺三年内完成县司法机构改革，然而随着国共内战的深入，这一承诺也就不了了之了。他们质疑天津市参议员选举违法，认为选举人名册系书记任意填写，未经合法程序办理选举人登记；投票所不公开，各投票所沆瀣一气，上下其手；代书人代书不合法，旁无监视之人，任其舞弊，要求确认市参议员选举无效。⑤ 他们向河北天津地方法院呈文，"高院地院以及调解处多有黑律师以普通代理人名义代理当事人出庭，公然为诉讼代理人"。此举"除与民事诉讼法第六十八条之规定显有未合外，更与法院秩序、律师业务以及当事人权利均有妨碍，应请各级法院查核，以普通代理人为诉讼代理人者亟应严加禁止，严厉惩戒以彰法纪"。⑥ 希望"司法长官恪尽职守，中央司法因事择人，定能尽美尽善法制精神"。⑦ 后天津地方法院采纳律师公会的提案，声明"嗣后各推事审理案件，务须就此注意，对于代理人之有上开情形者，宜尽量禁止，以维法纪"。⑧

---

① 《第八次理监事联席大会》，《天津市地方法院及检察处》，天津市档案馆，档案号：J44～3～288～159。
② 《天津律师公会会议记录》，《朱道孔法律事务所》，天津市档案馆，档案号：J45～1～1～1047。
③ 《普设法院》，《法轨》第2期，1934年，第1页。
④ 《司法行政会闭幕》，《大公报》（天津版）1947年11月12日，第3版。
⑤ 《为选举违法事件提起选举诉讼事》，《天津市地方法院及检察处》，天津市档案馆，档案号：J44～2～111～86299。
⑥ 《会员李崇芬函称》，《天津市地方法院及检察处》，天津市档案馆，档案号：J44～3～288～1130。
⑦ 《春秋两季会员大会》，《天津市地方法院及检察处》，天津市档案馆，档案号：J44～3～288～1130。
⑧ 《会员李崇芬函称》，《天津市地方法院及检察处》，天津市档案馆，档案号：J44～3～288～1130。

第三，加强与各地律师公会合作，以"与政府相携并进，蔚为社会之强大安定力"。① 天津律师界"以维护国家法律，保障人民权利及促进彼此间之感情相勉"，② 发起组织全国律师公会，并获得长春、沈阳等17地律师公会的支持和响应。③ 他们与北平律师公会联合，为会员王振华意外被美军撞毙，由各理事联名函北平行辕长官司令部与北平市政府，务以人道为重，向美军交涉惩凶道歉，赔偿王氏家族损失，并在以后的日子里保障市民安全。倘不达目的，决不休止。④ 国共内战开始后，丁作韶律师以天津参议会代表身份参加华北七省市议长会议，呼吁和平停止内战。之后丁作韶等四人亲自辗转至津南某村与共方商谈，返津后即向各界公布，共方出于人民、国家利益表现出愿意商谈和平的态度。⑤

民国以降，作为新的社会阶层，律师阶层所处的社会位置和制度环境本身就蕴含着多种社会政治功能，其政治功能并非稳定不变，而是随着社会变迁呈现时代特征。其中阶层的政治效能、群体政治身份属性以及政权性质等主客观条件构成了律师阶层政治功能的基本维度，受以上主客观条件的影响，律师阶层的政治功能也呈现阶段性特征：从民国北洋政府到国民政府早期，天津律师阶层表现出主动性向依附性政治角色的过渡，到国民政府中晚期，由于抗日战争以及国民政府宪政的开展，天津律师群体重新展开积极性利益表达和政治参与热情，日渐成为稳定的社会力量。不过整体而言，天津律师的政治人角色仍然处于萌芽状态。无论是民国北洋政府还是南京国民政府，他们更倾向于律师专业知识能力的发挥，重视形式意义上律师的政治参与，而轻视律师对政治结构的建构能力，轻视赋予律师实质意义上的政治权利。然而，律师属于权利意识较早觉醒的群体之一，表现在社会维度上，即通过参与社会公益实践等方式以争取社会民众的支持，从而为参与政治生活凝聚更加广泛稳固的支持力。

---

① 《全国律师联会成立》，《大公报》（天津版）1948 年 9 月 10 日，第 3 版。
② 《律师联欢昨日举行茶话会》，《大公报》（天津版）1946 年 9 月 16 日，第 5 版。
③ 《津律师公会发起组织全国律师公会》，《大公报》（天津版）1947 年 9 月 15 日，第 5 版。
④ 《平美军车撞毙律师案》，《大公报》（天津版）1946 年 10 月 14 日，第 5 版。
⑤ 《津参会四代表再度赴共区》，《申报》1949 年 1 月 12 日，第 1 版。

第二节 平民法律扶助与国民政府时期的
社会治理运行机制

　　清末民国时期，在外来因素以及国内民主革命浪潮的推动下，各阶层力量尝试着救亡图存的各种实践，试图寻找一条西方治国模式的本土化道路，以构建一套完整的国家治理模式。1927 年国民政府成立后，强调党治权威的同时，并未完全舍弃自"民国成立，以法治国"① 的治国模式，继续肯定了"法律的作用，在于置社会国家于有秩序有组织的轨道上面，其由有秩序有组织而发生的整个社会与整个国家力量，实较任何聪明才智超越群伦的个人，所能施展的力量更为雄厚而伟大"，② 继而逐步建立了从中央到地方的司法体系。在地方，因"一般民众教育幼稚，知识低下，生计窘迫，作奸犯科之事，挺而走险之举，动辄触犯国法"，③ 所以基层司法建设往往又与基层社会治理紧密联系在一起。

　　关于国民政府时期的基层司法建设与社会治理的关系，目前学界颇有建树，或侧重于司法制度与社会治理的关系，认为基层司法公正是关系政府社会控制能力、公众对国家权力认同程度的重要因素，④ 以及在"现代化法治国家"的建设过程中，国民政府既表现出对地方秩序的规范意识，又表现出控制力度的松弛；⑤ 或侧重于从司法机关运作机制的角度，分析国民政府时期审判机制、监督机制以及解纷机制与社会治理的关系，⑥ 认为以法治为核心的"行政现代化精神"的缺失是地方治理异化的重要原因，⑦ 不过乡镇调解制度的实行，则在一定程度上促进了基层社会稳定，

---

① 孟华秩：《论知法与守法》，《大公报》（天津版）1931 年 2 月 7 日，第 11 版。
② 刘芦隐：《今后国民革命进展的路线》，《大公报》（天津版）1931 年 1 月 1 日，第 3 版。
③ 孟华秩：《论知法与守法》，《大公报》（天津版）1931 年 2 月 7 日，第 11 版。
④ 张仁善：《司法腐败与社会失控（1928～1949）》，社会科学文献出版社，2005。
⑤ 吴燕：《南京国民政府初期的基层司法实践问题——对四川南充地区诉讼案例的分析》，《近代史研究》2006 年第 3 期。
⑥ 谢冬慧：《纠纷解决与机制选择：民国时期民事纠纷解决机制研究》，法律出版社，2013。
⑦ 黄雪垠：《政府史视野下南京国民政府地方治理的异化与原因》，《福建论坛》（人文社会科学版）2017 年第 12 期。

缓解了基层司法资源短缺压力。① 综合而看，学界主要还是从官方构建的司法体系角度，去分析司法制度改革和司法机构运行机制与社会治理的关系，但对民间社团，尤其对律师组织，即律师公会关注不够，因此也未能揭示作为基层司法建设的主体力量之一——律师公会在社会治理中的运行机制。

国民政府建立后，官方开始意识到对基层"无资力"平民的法律扶助是"解决社会问题的一重要方策"②，律师因"最与民众接近，所以对于推行法治，所负的责任也就最为重大"，③ 自然成为地方司法建设的主体力量之一。在统一的国家法律体系运行机制下，以律师公会为主体的平民法律扶助，与高等以下各级法院民刑诉讼程序询问处（简称"询问处"）、公设辩护制共同构成了互为补充的法律扶助体系。其中，地方司法部门依靠律师公会将法治规则与理念延伸至基层社会，律师公会则借助官方力量构建了第三方法律扶助机制，助推了地方法治的发展。从这一方面讲，梳理国民政府时期天津律师公会法律扶助的相关问题，可在当前"依法治国"、推进社会治理法治化的问题导向下，洞察国民政府"以法治国"的意义与不足，于今而言具有一定的借鉴意义。

一　"半正式治理"体系中的法律扶助制度

准确认识基层政权性质和社会治理的逻辑是理解基层治理的关键。国民政府秉承孙中山建国大纲，以县为自治单位，作为实施宪政之基础。所以，地方社会治理遵循的逻辑是提高县政效能，"使才智聪明之士，皆能深入民间，为政府发扬德意"。④ 体现在司法治理上，即强调对基层社会的法律解释与执行。⑤ 鉴于"今日一般（人民）普遍轻视法治的现象"，⑥ 在近代追求社会治理现代性的时代诉求影响下，考虑到中央权力对地方渗

---

① 毕连芳：《南京国民政府时期乡镇调解制度初探》，《江西社会科学》2019 年第 7 期。
② 余知止：《善哉贫民法律扶助会之组织》，《法治周报》第 2 卷第 8 期，1934 年，第 1～4 页。
③ 《律师的使命》，《法律知识》第 1 卷第 4 期，1947 年，第 1 页。
④ 《社评：行政改革与县政实验》，《大公报》（天津版）1933 年 9 月 4 日，第 2 版。
⑤ 《庞德谈我司法》，《大公报》（天津版）1946 年 11 月 15 日，第 2 版。
⑥ 章泽渊：《星期论文　为法治请命》，《大公报》（天津版）1947 年 11 月 16 日，第 2 版。

透的差异性，国民政府希望在国家正式机构治理之外，赋予民间社会组织准官方身份，利用其官方与民间的双重身份，实现一种国家与社会协调合作、良好互动的治理机制。于政府而言，节制官僚体系和节约社会治理成本的同时，亦可通过"合作型"合法途径掌控基层社会。这一治理机制与黄宗智提出的"半正式行政"治理方法颇为类似：由政府发起，赋予参与社会治理的民间社团身份为准官员，但属于无给职，即任职不带薪酬，而政府机构仅在纠纷发生时介入。① 因此，国民政府以律师公会为主体推行平民法律扶助，并将其纳入国家统一法律体系之下，是旨在借助律师公会的链条作用，形成连接正式诉讼体系与非正式民间调解的秩序衔接机制，达到"低投入、低负担且高效率"的社会治理绩效。

首先，作为一种司法救助制度，推行平民法律扶助契合国民政府标榜的"尊司法，轻讼累，以重人民生命财产之权"② 的司法精神。

法律扶助作为一种社会慈善行为最初起源于英国，1495 年英王亨利七世规定"根据正义原则任命的律师同样地为贫苦人服务"，③ 承认穷人享有免付诉讼费的权利，期望律师以无偿的方式服务贫民。20 世纪 20 年代以后，"无论资本主义国家、社会主义国家，莫不有贫民法律扶助制度"。④ 二战后，资本主义国家逐渐把法律扶助纳入国家福利制度，由国家统一实施。受西方司法制度影响，清末法制改革曾试图将法律扶助思想引入司法改革，"若遇重大案件，则由国家拨予律师，贫民或由救助会派律师代伸权利，不取报酬，补助于公私之交，实非浅鲜"。⑤ 但是这种由国家指定律师辩护和律师免费服务的扶助思想，并未得到垂暮清廷的认可。

民国建立后，北洋政府承袭了清末指定辩护的思想，针对不懂法律，又无资力聘请律师辩护的刑事被告，规定"律师无正当理由不得辞法院

---

① 黄宗智：《集权的简约治理——中国以准官员和纠纷解决为主的半正式基层行政》，《开放时代》2008 年第 2 期。
② 荣孟源：《中国国民党历次代表大会及中央全会资料》（下），光明日报出版社，1985，第 297 页。
③ 杨正万：《刑事被害人问题研究——从诉讼角度的观察》，中国人民公安大学出版社，2002，第 375 页。
④ 刘端：《贫民法律扶助制度》，《广播周报》第 29 期，1935 年，第 28～29 页。
⑤ 《修订法律大臣沈家本等奏进呈诉讼法拟请先行试办折》，西南政法学院法制史教研室编《中国法制史参考资料汇编》第 2 辑，西南政法学院法制史教研室，1982，第 65 页。

所命之职务"，并以制定《核准指定辩护人办法令》的形式将指定辩护设为制度，由律师公会选派会员以贯之。律师公会为公平起见，由会员轮流充任指定辩护律师。因该法令不具有强制力，所以经常会出现律师"往往拒不收受，甚至一案指定四五律师之多，辗转送达终无收受者。虽其中不无正当理由之可言，然究嫌烦琐。托故推诿者，在所不免"① 的现象。随着"刑举指定辩护事件日渐增多"，② 律师公会以"轮流指定义务反不平均"为由，拟选聘专职律师以应政府指定之需，不过最终还需以会员自愿为原则。就目前资料所看，北洋政府的指定辩护制度并未得到律师的积极响应，而且终其统治结束，北洋政府也未出台有关律师法律扶助的法令。所以北洋时期的法律扶助只能是律师个人慈善行为，因此也不可能广泛开展。

在实际操作中，制度的设计是否落在实处还要靠人来执行。但就求助与应助关系的双方来讲，其与制度设计者的初衷尚有不小差距。一方面贫民对律师缺乏信任感。法律扶助的对象是既无法律知识，又无经济能力聘请律师的贫民。对于贫民而言，是有没有律师可求助的问题，"中央司法人员逃走四方，法院停顿，律师职务自然亦陷于不能执行之困境"。③ 另一方面则缺乏可信赖的律师去求助，这种情况一直延续到了国民政府后期。比如一些律师对求助贫民抱有偏见，"若与中下等人见面，第一句应说什么话，我还不知道"。④ 而"穷人似乎被认为天生的犯罪者"⑤ 的观念也似乎根深蒂固，"做律师要与中下级人们来往，他们可以为你介绍讼案"，⑥ 甚至律师间相互勾结损害当事人利益的也有之，"商等自诉律师，因律师均念同业不肯受委任，且杨律师手眼通天，商等请示因另案所委任律师亦多不敢指示法条"。⑦

---

① 《指定律师不得拒绝》，《大公报》（天津版）1922 年 8 月 19 日，第 10 版。
② 《律师公会消息二则》，《大公报》（天津版）1924 年 4 月 20 日，第 6 版。
③ 《关于律师登录事项》，《朱道孔法律事务所》，天津市档案馆，档案号：J45～1～1～1076。
④ 赵凤喈：《忏悔录之三昆明律师实》（二），《周论》第 1 卷第 23 期，1948 年，第 8～9 页。
⑤ 项心水：《一个律师的自述》，《两仪》第 3 卷第 1 期，1943 年，第 63～64 页。
⑥ 赵凤喈：《忏悔录之三昆明律师实》（二），《周论》第 1 卷第 23 期，1948 年，第 8～9 页。
⑦ 《杨寿怡、周泽渎职罪案》，《天津市地方法院及检察处》，天津市档案馆，档案号：J44～2～11～8061。

鉴于以上原因，本着简化程序及时解决民刑纠纷的司法原则，国民政府逐渐将律师个人慈善行为制度化，并以平民法律扶助的形式与官方公设辩护制、询问处相互补充，既可解决"无资力负担律师酬金"①平民的诉讼请求，又在为人民谋求诉讼救济并解答法律疑问的同时，"促进了司法效率，增加了司法威信"。②

其次，以律师公会为主体推行法律扶助是国民政府实施基层社会治理的重要内容。三四十年代，国民政府试图通过对基层社会的改造与重构，构建管理型社会治理模式，③并重塑统治权威。一如梁漱溟所强调的，这个"权威不是实力，而是指某一社会中人群所同意信守的生活方式和原则"。④虽然现实始终存在"大多数律师都给金钱迷惑了，贫苦的人痛苦日益加深，连气也喘不过来，闹得乌烟瘴气，国家祸乱也与日俱深，稍有头脑的人莫不痛恨与不平"⑤的现象，不过就当时的主张来看，已有了争取权利与法治的呼声。表现在管理型行政中，民众所应信奉的生活方式和原则就是法治，也是"宪法赋予的民权"，⑥即保障人民生命、财产及一切合法权利是宪政实施的根本，是人民的权利。而律师制度本为保护人权所设，"律师界素有维护人权服务社会之精神，自然不能因为贫富阶级之不同，就有所歧视"，⑦况且此前在1934年，全国律师组织——中华民国律师协会就以协会名义号召各地律师公会组织"贫民法律扶助会"，希望"各律师公会征求各该公会同情于本会宗旨之律师"，⑧鼓励他们免费为贫民提供解释法律疑问、证明法律关系以及办理正当之诉讼事务等服务。

---

① 《律师公会平民法律扶助实施办法大纲（三十年九月十二日公布）》，《司法公报》第484~489号，1941年，第7页。
② 《处理民刑事件之督导》（十一），司法行政部编印《战时司法纪要》，1948，第11页。
③ 黄雪垠：《政府史视野下南京国民政府地方治理的异化与原因》，《福建论坛》（人文社会科学版）2017年第12期。
④ 梁漱溟：《树立信用力求合作》，《大公报》（重庆版）1947年3月2日，第2版。
⑤ 路健：《假如我是律师》，《开明少年》第41期，1948年，第35~36页。
⑥ 李朋：《为人民权利自由而呼吁》，《大公报》（上海版）1947年2月9日，第2版。
⑦ 《青岛市贫民法律扶助会成立会主席牟绍周演词》，《法学丛刊》第3卷第1期，1935年，第3~7页。
⑧ 陈霆锐、沈钧儒、王维桢：《律师公会附设贫民法律扶助会暂行规则》，《上海律师公会报告书》第33期，1935年，第78页。

"基于良心上之驱策"，① 部分律师已经以个人名义加入 "贫民法律扶助会"，对贫苦民众无偿予以法律扶助。顺势之下，建立以律师为主体的法律扶助组织，既有前期组织和人员上的基础，一定程度上缓解了法院 "经费均感不敷，而事务增繁，员额复感不足"② 的困境，又可借助律师专业知识防范并化解社会矛盾。

1941 年 9 月，司法行政部公布《律师公会平民法律扶助实施办法大纲》，正式从制度上将律师个人扶助行为确定为法定义务。如此一来，一方面，通过律师的扶助行为，可以将社会矛盾的解决导入法律途径，恢复民众对司法的信任，另一方面，"不日即开始的义务救助事业"③ 也让民众获得了真正的实惠。为保证该制度落到实处，杜绝某些律师出现推脱延误现象，《律师公会平民法律扶助实施办法大纲》要求律师公会应 "规定每日办公时间，由理事轮流值日处理各项事务"，规定 "监事会应每月对理事会报告书审核列表，呈报地方法院首席检察官转呈司法行政部"，同时对 "承办平民扶助事项优异者，由司法行政部给予奖状；其不力者，由地方法院首席检察官送请惩戒"。④ 之后司法行政部四次发布训令，颁行细则样本，督促各地律师公会尽快制定实施细则。1942～1947 年湖南、江西、天津等 15 个省市 81 个律师公会制定了《平民法律扶助实施细则》，平民法律扶助在全国逐步展开。

最后，平民法律扶助制有助于弥补政府公共法律扶助司法体系的不足。相对于公设辩护制和询问处等国家法律扶助机关，平民法律扶助制有以下特点。第一，平民法律扶助的对象涉及民刑诉讼案及非讼事件，其还承担法律解答义务，⑤ 这与单纯以扶助无资力刑事被告的公设辩护制，以及解答诉讼程序的询问处是不同的。第二，平民法律扶助受理案件 "简单迅速"。⑥

---

① 刘陆民：《律师职务之社会化与世界法律扶助制度》，《法学丛刊》第 2 卷第 5 期，1934 年，第 25～40 页。
② 曾代伟：《抗战大后方司法改革与实践研究：以战时首都重庆为中心的考察》，重庆出版社，2015，第 145 页。
③ 《桂林律师公会》，《大公报》（桂林版）1944 年 1 月 8 日，第 3 版。
④ 《律师公会平民法律扶助实施办法大纲（三十年九月十二日公布）》，《司法公报》第 484～489 号，1941 年，第 7 页。
⑤ 《无钱打官司律师尽义务律师公会商定办法中》，《大公报》（上海版）1947 年 1 月 16 日，第 4 版。
⑥ 《司法行政新猷》，《大公报》（重庆版）1943 年 2 月 23 日，第 2 版。

律师公会自接到扶助请求，即进入扶助程序，且公会成员天然是扶助会员，较强的业务水平既能够准确解决询问者的问题，又缩短了请求人等待的时间。相反询问处按照程序，询问人应将询问事项简明填写，并依格式将姓名等项逐一列明，或者由询问处办事员代写，捺指印确认。负责人接收询问单后，应立即查明案件系属及询问事项性质，分别送承办推事、庭长或公设辩护人批答，之后负责案件相关人即速批答，但批答语句应简明并注意不发生歧义。最后由院长核阅，再行发给询问人，询问程序烦琐冗长。第三，由律师公会组织律师会员承担部分刑事辩护和解释义务，可在一定程度上缓解因公设机关不足造成的案件积压，像广西、福建、贵州、云南、北京以及上海等十多省市仅设一处公设辩护人机关，甚至如浙江省一处未设。① 在减轻公设辩护人工作量的同时，"三十有五年，综计本会会员担任指定辩护案件 1200 起"，也可避免出现辩护人"公然在神圣之法庭上而为'本辩护人无意见'之（消极）陈述"。②

基层社会是国家治理的基础，"凡是国家或社会，要使其有秩序有进步，须有一定规则，以范围地方"，而参与其中的法律主体应"对于法律要有精确的研究，明了国家社会的状况，始可使社会秩序相安无事"。③ 律师因熟稔当地民情与法律，因此以律师公会为主体，组织律师会员推行平民法律扶助可谓政府顺势而为。不过在实际操作中，民众对法律扶助的质疑声音也始终没有停止过。担心律师"如平日受法庭选任辩护时之敷衍塞责"，④ 民众利益无法保障。比如，"平民法律扶助之必要费用由律师公会负担之"。律师行业本身是自由职业，主要依靠律师个人公费维持生活。如果国民政府只强调形式奖励而忽视必要的实际投入，当律师公会出现"经费开销因受近来物价高涨影响，入不敷出"情况时，公会为维持"公务活跃"就必须增加会员入会费和经常费，无形中削弱了律师投入法律扶助的时间和精力，⑤ "人人都能够保其人权"自然也就成为空话，而

---

① 周正云：《论民国时期的法律援助制度》，《湖南省政法管理干部学院学报》2002 年第 5 期。
② 夏勤：《论公设辩护人制度》，《中华法学杂志》第 1 期，1936 年，第 55～58 页。
③ 《王宠惠就职记》，《大公报》（天津版）1927 年 7 月 24 日，第 6 版。
④ 《律师界的两种运动》，《大公报》（天津版）1935 年 4 月 2 日，第 2 版。
⑤ 《法院关于呈报律师调查表及律师公会各事项》，《天津市地方法院及检察处》，天津市档案馆，档案号：J44～3～288～1130。

且政策制定上也存在一定漏洞。平民法律扶助是"以贫无资力之诉讼案件为限",事实上,当一些无经济来源的家庭主妇请求扶助时,律师公会通常会以夫家有一定的经济实力为由表示爱莫能助。①

就国民政府依托于平民法律援助的社会治理而言,其设计初衷是好的,但无论就宏观还是微观而言,制度都是由人来执行的。平民法律扶助是如何落实到基层的,基层之人又是如何理解并执行这一制度的,对此就需要借助微观视角来观察。下文将借助天津律师公会分析,在"半正式治理"模式下,律师公会是如何组织会员开展平民法律扶助活动,并参与到基层社会治理的运行机制中,在地方司法建设中发挥作用的。

二　天津律师公会的第三方法律扶助实践

20 世纪 30 年代是社会改良思想纷呈的时代,也是各种社会力量发展的时代。律师等自由职业团体的日渐成熟,使他们在坚持职业精神的同时开始目光向下,从社会大众的角度去思考司法改良与基层社会治理的关系。因此早在 30 年代,天津律师公会就响应全国律师协会创办了贫民法律扶助会。该会创办之初,天津律师公会发现司法不公正是导致司法改良"绩效不彰"的关键因素,而司法不公正既有大众对法律的无知,"人民缺少道德观念,智识浅薄,无社会公共思想,致法律与人情各不相谋,成为畸形状态";也有资产者对法律的漠视,"大多数律师都给金钱迷惑了,给势力赫倒了。他们反而给有钱有势的人加了一层保障"。② 因此与"一般资产阶级对于本身权利之维护,自然周密,即或偶遇侵害,亦不难依法排除"相比,大多数"贫苦无力者应享之权利,每因苦于经济,不能运用法律之故,遇诉讼事件往往被人玩弄,冤莫由伸,甚或连带更受意外之牺牲"。社会秩序的维持赖于"社会人类必须同享其(国家法律)保障",如果基层民众被丢弃在法律保障之外,那么"社会组织之良善,人群利益之增进"也就无从谈起,"当前政治经济危机日甚一日,人民生活困苦

---

① 《天津律师公会章程记录》,《朱道孔法律事务所》,天津市档案馆,档案号:J45～1～1～1047。

② 路健:《假如我是律师》,《开明少年》第 41 期,1948 年,第 35～36 页。

不断加深，如何去解救危机，收拾民心，更非切实地从下层做起不可"。①
因此到 1946 年，天津律师公会遵照国民政府《律师公会平民法律扶助实施
办法大纲》（1941 年）制定了《天津律师公会平民法律扶助实施办法细则》
十四条，以及《修正天津律师公会平民法律扶助细则》二十五条。②

　　平民法律扶助是政府他赋律师公会的法定义务。依《天津律师公会
平民法律扶助实施办法细则》，天津律师公会的平民法律扶助组织，下设
部长一人、副部长二人，公会会员皆为部员，由部长与副部长会同各部员
履行扶助义务，具体开展各扶助活动。部员承办扶助事项期间，应受律师
公会理事会监督并遵守律师法和公会会则。理事会每月需将报告书送交监
事会审核，监事会则每月将报告书之要点送交地方法院首席检察官，由其
转呈司法行政部，司法行政部根据成绩进行奖励或惩戒。

　　根据公会制定的细则，每日轮值的公会理事（除星期例假外，每日
下午三时至五时为办公时间。理事如遇有事故，应转托其他理事代为轮
值）接到平民法律扶助请求后，就意味着公会启动了扶助的流程。如果
请求事务为平民口头提出的法律疑问，或者是时间性较强的请求，轮值理
事可自行处理，随时承办，但必须在三日内将所办情形报告理事会备查，
审核后交还请求人；如果平民请求扶助的民刑诉讼案件或非讼事件显无理
由，值日理事可拒绝承办；如果遇到案情严重的请求，轮值理事集中送交
理事会集体讨论后，理事会根据受理案件性质分配给各会员处理。尤其当
遇到案情复杂且涉及各方利益纠葛的扶助请求时，需要律师公会在与国家
司法机关、社会组织的互动中预防和化解社会矛盾。

　　如何确实发挥法律扶助的作用，除了克服政局与战争的影响外，天津
律师公会作为连接政府与民众的纽带，以第三方法律扶助的身份嵌入基层
社会解纷机制中。所谓第三方法律扶助模式，是律师公会在国民政府的管
理下，通过政府赋权以第三方的身份帮助、促成纠纷双方当事人进行和
解，消除争议。

　　经由律师参与的调解，律师可以第三方法律扶助身份与法院调解、民

---

① 《如何革新基层政治》，《大公报》（香港版）1948 年 7 月 15 日，第 2 版。
② 《天津律师公会章程记录》，《朱道孔法律事务所》，天津市档案馆，档案号：J45～1～1～
　 1085。

间调解产生联系，发挥司法对社会关系的协调功能。虽然平民法律扶助的范围包括代理民刑诉讼，但事实上经由律师公会扶助的案件，尤其是民事案件很少以诉讼解决，主要是由"承办该案之会员试行调解"。① 律师主要通过两种方式予以调解。其一，借助中间人力量，以提供法律分析以及解决方案等形式协助中人调解纠纷。如 1947 年家住河东的张王氏因不堪夫家虐待痛打，欲起诉离婚。在妇协苦痛委员的建议下，张王氏向律师公会提出法律扶助请求。律师公会推荐荆律师会同妇协商议，提出两个解决办法，以便妇协顺利解决纠纷，最后双方签字和平了结。还有王王氏被夫弃置店内，导致生活无着。为解决王王氏的经济问题，谷满律师通过夫妻双方的亲属予以调解，最终以夫方支付一定赡养费完结。在这两起纠纷中，律师、当事人以及"妇协""亲属"等中人构成了纠纷调解网络，如此一来，律师的法律扶助也就在自行处理与民间调解间有了实际的存在意义。

其二，律师亦可以中立客观的身份主导纠纷调解，而非仅局限于协助调解的地位。天津光复后房产纠纷日渐增多，求助案件占总案件的比率达到了 55%。1947 年，因增租问题房客李某与房东张某发生纠纷，房东要求李某即日腾房。李某因无处安身且不认同法院处理意见，于是求助律师公会。接到扶助请求后，律师公会以直接调解员的身份，派律师代表从中主持或主导调解。律师针对李某与房东租金支付的问题，提出以黄金官价与黑市的折中为标准，通过法币支付的解决方法。考虑到房东因收入问题与强纳房捐的社会局之间的纠纷，律师虽为李某代理人，但却是客观地分析房东、李某与社会局三方利益，从而提出合理解决方案：按照衣食物价指数规定合理租金，解决房东与房客纠纷；李某租房问题解决后，房东可按房捐新法缴纳，避免因社会局强迫担负房捐而造成社会事件；同时为体恤生活困苦之多数租户，律师与社会局沟通并建议，应依照现时生活水平限定租金伸缩范围，后该条例得以通过施行。从中也可看出，律师的专业性是为国家机关所认可的，律师以主导

---

① 《平民法律扶助》，《朱道孔法律事务所》，天津市档案馆，档案号：J45～1～1～1085。此部分凡涉及公会扶助案件，如未特殊注明，皆为此出处。

的身份介入纠纷调解也是为官方所认可的。因此，律师作为连接官方与地方的链条得以形成。

律师也不只是充当事后救火员的角色，他们通过解答法律疑问以避免形成诉讼。据天津律师公会平民法律扶助工作统计，抗战后平民多有财产继承、婚姻关系解除、房屋买卖以及赡养等问题。例如，1948 年某女士重病欲将其婚前财产留给子女，律师认为，因相关民法规定，妻之原有财产以及所生孳息的财产所有权属于其夫。该财产由于已混入大家庭所用，故无法由子女继承。不过律师建议，法律规定配偶有互相继承之权，所以子女可以通过继承其父财产而保护自己的利益。① 可以说，南京国民政府时期，律师的第三方调解在地方司法建设、基层社会治理体制中扮演着重要的角色。

为推进纠纷解决，律师公会也会借助政府力量进行干预。在前例李某与房东的纠纷中，双方经律师调解订立新约，为避免一方故意拖延，律师借助警察局和社会局的强制力判决与执行，告诫双方遵守约定。再比如李于氏之夫因犯侵占罪经法院提起公诉，后经调查冤情得以昭雪。然而适逢国家大赦在即，所有案件一律停止审理，李某因无法保释而被羁押日久。李于氏转而请求律师公会，希望公会能够向法院请求准予保释，以维贫民之安度而资骨肉团聚。为解决李某一案，承办律师向法院提出阅卷申请，同时与公设辩护人沟通案情，之后向法院提出保释申请，其间双方往来函件多达十余件，最后法院承诺"中央正式命令及详细办法尚未到津，但为免使按大赦令规定应予赦免各犯多受羁押之苦起见，高地两院即开始办理使彼等先行取保开释手续"。②

值得注意的是，律师公会参与法律扶助并非被动等待请求发生，而是主动参与到扶助活动中。律师公会以义务法律扶助为原则，引导当事人直接申请律师扶助，"倘有被告人全家被害无人代为请求，会员有知其事者可自动扶助"，③ 从而发挥律师在多元解纷机制中的特殊作用。比如，法

---

① 《法律解答》，《大公报》（天津版）1932 年 9 月 27 日，第 11 版。
② 《关于大赦问题》，《大公报》（天津版）1947 年 1 月 10 日，第 5 版。
③ 《天津律师公会章程记录》，《朱道孔法律事务所》，天津市档案馆，档案号：J45 ~ 1 ~ 1 ~ 1047。

律扶助部的律师会员经常担任商会、行业公会以及同乡会等社会组织的法律顾问，所以一旦出现法律纠纷，律师通常会主动出面承担法律扶助义务。1945 年，山东同乡会里有一日照同乡，在码头充当苦力时不幸被张某汽车压断腿骨。商翔九律师听闻后，以同乡身份义务代理，向法院起诉赔偿。后经法院判决，张某赔偿受伤同乡大洋五百元。还有一会员以饲养鱼鹰为生，但被人抢夺生活无着，后也是在商翔九律师的帮助下，得到了应有的赔偿。这种示范效应是不言而喻的，据山东同乡会会议记录，诸如车夫、小贩、客居津城无力返乡的贫民以及失孤老人和被遗弃的妇女都依靠律师的帮助，解决了问题。

在天津律师公会看来，以平民代替贫民，表面为一字之差，实质上是国民政府推行传统保甲制（"平民提出法律扶助应有保甲长之证明书"①）和现代地方自治与民权诉求结合的产物。虽然此举凸显了政府对现代政治的追求，但却忽视了诸如乞丐以及那些因故无法获得邻居或保甲长证明书的群体。基于此，除了正常的平民请求外，律师公会也会承办乞丐、游民等特殊群体的案件，即使当局以其"有碍观瞻，又有害秩序"②为由加以取缔时，当律师公会接到美兵淹毙女乞丐胡小妹的请求后，也并未因其没有证明书而放弃扶助，反而通过市政府外事局与美方进行严重交涉，以保障民命。诸如对乞丐、游民的扶助案件，一般公会月平均受理四件。同样当会员提出，倘有被告人全家被害无人代为请求，会员有知其事者自动扶助时，律师公会同样给予支持，允许会员开展扶助工作。可以说，天津律师公会的自我赋能客观上延伸了国家对地方的法治建设，有助于提升民众对司法的信心。

20 世纪 30 年代，天津贫民法律扶助会成立伊始，律师公会就接到请求扶助案件 2000 余起，③ 40 年代的平民法律扶助组织，则在居中调解、法律解释、法规制定以及参与执行等方面与政府、民间的互动，广为外界所关注。可以说，无论是官方与地方，还是国家与社会，天津律师公会的

---

① 《律师公会平民法律扶助实施办法大纲（三十年九月十二日公布）》，《司法公报》第 484～489 号，1941 年，第 7 页。
② 《取缔乞丐》，《大公报》（天津版）1948 年 3 月 31 日，第 5 版。
③ 《贫民法律扶助会昨日开会》，《益世报》1936 年 5 月 11 日，第 5 版。

第三方解纷机制对于解决地方矛盾纠纷，推动国民政府时期地方社会治理法治化的发展具有重要意义。需要提及的是，在社会各界的积极推动下，经由政府行政主导的轨辙路线，法律扶助制度本应惠及民众却屡遭人们质疑，"上层颁下法令多如牛毛，下层仍是弄得一团糟"。① 即使是由天津律师公会推动的法律扶助，也曾遭到"望诸会员勿尚空谈，实际去作"② 的怀疑。

三 律师公会的第三方扶助机制与社会治理

20 世纪三四十年代针对无资力平民法律扶助制度的兴起，既蕴含着国民政府司法建设的时代诉求，也浸染着律师专业群体目光向下，致力与民众发生联系，弘扬以"倡办公共事业为怀"③ 的职业伦理道德。其中，律师因与"民众接近，所以对于推行法治，其所负的责任也就最为重大"。事实上，律师公会在国民政府时期的法律援助中确实处于举足轻重的地位。然而除却这些具体职能的发展变化，更重要的是在国家"半正式治理"模式下，去思考律师公会的第三方法律扶助在基层社会治理中的运行机制，及其在地方治理中的作用。

国民政府的平民法律扶助政策出台于抗战时期，主要是为了配合司法行政部解决因诉讼拖延和案件积压造成的舆论压力。抗战胜利后，基于"全国政治、经济、教育、社会各方面一切的措施与戡乱军事相配合"④ 的政策，国民政府的社会建设几乎都是围绕着控制基层社会而展开的，平民法律扶助自然也是以此为中心展开工作的，并构成了地方司法制度的重要内容。

其一，平民法律扶助是国民政府宪政建设的内容之一。抗战结束后，以三民主义立国的南京国民政府，"最高之理想，即为情理法之调和，乃能造成美满理想之社会"。⑤ 一般情况下，司法权力机关对于诉讼事件的

---

① 《如何革新基层政治》，《大公报》（香港版）1948 年 7 月 15 日，第 2 版。
② 《贫民法律扶助会》，《大公报》（天津版）1935 年 4 月 1 日，第 6 版。
③ 《贫民法律扶助会》，《大公报》（天津版）1935 年 4 月 1 日，第 6 版。
④ 《蒋总统演词全文》，《大公报》（天津版）1948 年 5 月 21 日，第 2 版。
⑤ 《实施宪政建设法治国家：全国司法行政检讨会议主席训词》，《北平行辕公报》第 1 卷第 8 期，1947 年，第 7 页。

审判，或者对非诉事件的处理基于不告不理的原则。所以法院行使司法权，只能被动执行法律。律师公会则不同，首先履行扶助义务的律师非国家任命之官吏，属于主动自行办理相关调解工作；其次律师处理的虽非国家事务，但仍享有一定的司法权力。再者"法官往往凭其专门知识经验适用法律，认定事实理由，以为裁判基础，俱因他们不能与外界密切来往，对于社会上的世态人情，没有接近了解的机会，他们对于事件的认识，或流于皮相之见，难中肯綮，或抱迂阔的态度委加妨息……专门的司法官依然囿于成文，保持旧态，难免不与动的社会背道而驰，更和民众的正义观念失其协调"。所以与法官相比，律师不仅了解审判程序和适用法律，而且贴近社会，能够"代表时代的道德观念，以救济顽固迷信法律条文者的缺点，使法律不单凭命令的强制性，而能与人们的止义心理相协调"，① 不致使法律威信徒具躯壳。

其二，战后政府基层合法性的丧失导致地方治理内卷化，平民法律扶助可为疏解基层纠纷提供另一条解纷路径。抗战胜利后，天津市政府面对着一个社会秩序混乱，各种矛盾纠纷不断发生的局面。尤其是住房问题，到 1948 年底房荒已成为"无法救济之问题，房东租户纠纷，实为市民生活中之大病"。② 一方面各种纠纷不断，另一方面政府要么迟迟未能推出相关法令，比如《天津市房屋租赁纠纷调处办法》酝酿时间长达两年，要么中央与地方各行其是，法规重叠，在实行上障碍重重。国民政府推行的以法治国，地方上并未真正贯彻其依法治国的意图。传统正式治理规制力量的缺失使得保长、甲长、自治员、义务警察等扮演了民间"调解员"的角色，比如裕德里的住户由保长出面调解，得以续租一年。③ 如此一来，国家利用非正式人员嵌入基层社会治理，实现了对城市社会的"半正式治理"。

律师公会的法律扶助之所以可为平民提供另一条解纷路径，其中原因在于它的组织建制使之能够与政府、民间各机构、组织互动联结，并形成一套风险预防和纠纷解决体系。于政府层面，它与政府设定的公设辩护

---

① 彭年鹤：《地方自治与司法》，《政治前线》第 1 卷第 4~5 期，1946 年，第 27~30 页。
② 《议会第一届第一次大会宣言》，《大公报》（天津版）1948 年 7 月 17 日，第 5 版。
③ 《广告　紧要声明》，《大公报》（天津版）1946 年 11 月 20 日，第 1 版。

制、询问处以及保甲制等机构相对应，律师公会可以较为方便地与其对接，从程序上推动案件解决。李某保释一案，就在于承办律师利用向法院提出阅卷申请的权利，同时与公设辩护人沟通案情，利用国民政府战后大赦的契机而得以解决。同样在解决租房纠纷中，律师公会可以在相关法律未出台的情况下，利用其在法规解释、制定方面的权利向社会局建议，以推动双方矛盾的解决。于地方层面，律师公会可以社会团体的身份与其他社团组织对接，以调解促成和解。在"法律解决等于战争，凡是须先讲情，后讲理，最后才诉之法律"① 的司法背景下，尤其涉及平民日常纠纷案件，纠纷处理的传统因素具有重要影响力。律师公会熟稔地方情况，且与商会、同业公会、工会以及同乡会均有往来。李俊元律师处理山东同乡腾房纠纷一案时，在调解中主动将同乡会会董、邻人、租房中人等不同层面的调解资源融入案件的处理中，既避免了诉讼的形成，又使双方达成和解，化解了矛盾纠纷。

平民法律扶助是国民政府加强地方控制，推行基层司法建设的内容之一。在政府行为和律师公会行为的双重作用下，律师以第三方扶助身份积极化解社会法律纠纷，一定程度上助推了基层社会治理。然而随着政局与战局的影响，无论是国民政府，还是社会大众"对于法治只不过偶而在口头上作为口号喊喊而已，对之实在没有多大的注意力"，② 因此导致平民法律扶助的作用发挥有限，但其在基层社会治理中的运行机制却值得探讨与总结，并以为当今的法律援助铸为鉴借。

第三节　赋权还是去权：近代天津律师的
日常法律咨询

1927 年南京国民政府成立后，为巩固政权和管理民众，国民政府相继颁行若干法律，最终于 1936 年完成《六法全书》，从而在形式上确立了公民的一系列权利与自由。但由于受到政治、文化以及传统、习惯等因

---

① 然：《史良律师怎样处理案子》，《大公报》（天津版）1947 年 2 月 18 日，第 6 版。
② 章泽渊：《星期论文：为法治请命》，《大公报》（天津版）1947 年 11 月 16 日，第 2 版。

素的影响，特别是在国民政府革旧鼎新，各项法律法规日渐完善，新制度
变迁下新的社会矛盾不断产生之际，国民政府所推行的法律存在着诸多漏
洞，从而导致民众被赋权的同时也面临着去权。

赋权（empowerment）一词，最早来源于社区心理学、心理健康与社
会工作等领域，之后广泛地应用于社会群体、妇女问题的研究中。具体而
言，赋权就是一个社会行动过程，通过提升个人、组织以及社区的参与
度，以获得对其生活、社区以及更大社会的控制能力。① 从法律层面上
讲，赋权就是把平等的权利通过法律、制度赋予对象并使之具有维护自身
权利的能力。② 去权（disempowerment）则相对于赋权而言，是指某些群
体受外部因素影响未能保护及运用他们有权享受的社会资源。③

在赋权与去权的过程中，立法者、司法机关以及民众在法律执行中产
生了若干冲突，而这些冲突在《大公报》的《法律解答》栏目中得到了
较为全面的展现。因此，透过该栏目可以发现，立法者、律师以及社会民
众是如何借助报纸这一介质，通过问询和提出法律建议的话语形式来实现
各自利益诉求的。

一　《法律解答》栏目的设立

《法律解答》是《大公报》1932 年设立的一个法律咨询栏目，每周
二、周四或周六不定期解答读者来信，内容涉及婚姻、家庭、财产、债务
合同、房屋土地所有权、公共事务等刑事、民事以及行政等方面的法律问
题。1937 年 7 月因抗战爆发而停办。

《大公报》设立《法律解答》栏目首先迎合了民众的需求。国民政府
时期，天津已成为全国第二大工商业城市和北方经济中心，不同的族群
体、复杂的经济活动以及多样的生活方式交织在一起塑造了城市的异质性
特征。城市的异质性加大了社会成员纠葛发生的可能，特别是有关财产、

---

① 参考 C. H. Gibson，"A Concept Analysis of Empowerment"，*Advanced Nursing* 16（1991）；
N. Wallerstein，"Powerlessness，Empowerment and Health：Implication for Health Promotion
Programs"，*American Journal of Health Promotion* 3（2011）。
② 郑广怀：《伤残农民工：无法被赋权的群体》，《社会学研究》2005 年第 3 期。
③ 〔美〕约翰·弗里德曼：《再思贫困：赋权与公民权》，《国际社会科学杂志》（中文版）
1997 年第 2 期。

家庭等普通民事、刑事纠纷不断增长。据不完全统计，20 年代天津地方法院年收民事案件数量在 2000 件左右，刑事案件从 1926 年的年收 343 件增长到 1929 年的 3749 件（缺当年 12 月份数据）。① 而且，天津地方法院审判厅处理的华洋诉讼，其数量也远超同类通商口岸百倍，乃至千倍。② 与此同时，随着民国以来各项法律的颁布与实施，民众法律意识不断强化，"不似从前的一味保守行为。所以业务愈大，则纠纷愈多，事事牵达到法律问题"。③ 传统的调停方式已难以满足民众需要，运用法律手段来解决纠纷成为当时社会经济发展的必然要求。但是，对于当时大多数的普通民众而言，由于"大多数不懂法律、无钱请律师、法律援助缺乏，又值国内战争时期，很多社会纠纷难以进入法院通过诉讼机制加以解决"。④ 因此，《大公报》的《法律解答》栏目可满足普通大众对法律知识的需求。

其次，《大公报》的办报宗旨保证了《法律解答》栏目的专业性，使之成为民众获取法律知识的重要渠道之一。《大公报》作为华北影响力非凡的一份报纸，不仅读者群数量庞大，鼎盛时期日发行量曾达到四五万份；⑤ 且办报宗旨不只局限于传统的"传道""授业""解惑"等方面，而是"保持文人论政的本来面目"，⑥ 将启迪读者思想、增加民众智识视为己任。因此，该栏目的报聘律师具有较强的专业性。比如该栏目报聘律师之一王福同，1900 年生，毕业于直隶法政专门学校法律科，1927 年加入天津律师公会，先后在法租界大安里和天增里设立律师事务所执业，主要代理各种诉讼、非诉讼案件，并长期担任各界法律顾问，同时也撰写相关的法律书籍，书写民刑讼案诉状。从其履历可以看出，王福同不仅具有良好的法律知识素养，而且也富于实践经验。

最后，《法律解答》栏目也是国民政府宣传"三民主义"法律观的一个窗口。30 年代，国民政府为实现"剿共"和"抗日"目标，迫切需要

---

① 天津市地方志编修委员会编著《天津通志·审判志》，天津社会科学院出版社，1999，第 117 页。

② 法权讨论委员秘书处编纂《考察司法记》，法权讨论委员会事务处，1924，第 574 页。

③ 包天笑：《钏影楼回忆录续编》，香港：大华出版社，1973，第 112 页。

④ 何文燕等：《民事诉讼理念变革与制度创新》，中国法制出版社，2007，第 12 页。

⑤ 李文健：《记忆与想象：近代媒体的都市叙事》，南开大学出版社，2015，第 63 页。

⑥ 张季鸾：《归乡记》，《季鸾文存》第二册附录，大公报出版社，1946，第 8 页。

将国家权力渗透至地方社会，进而动员和控制社会民众，体现在司法理念上就是鼓吹司法党化。国民政府旨在通过司法系统，利用三民主义统一全国思想，增强"国家至上"和"社会至上"意识。① 为此，国民政府1931年6月1日颁布实施《中华民国训政时期约法》，之后在1935年5月5日，又正式公布《中华民国宪法草案》，又称《五五宪法》。律师作为专业的法律人，通过报纸大众媒介对国家颁布实施的法律条款进行解释说明，无疑会加深国民政府三民主义法律观念对民众的影响。

总之，《法律解答》栏目以其公开性、关注民众利益以及报聘律师的专业性成为疏解民众法律纠纷的重要渠道。同时，民众所咨询的内容也反映了在国民政府法律体系下，国家与社会民众的利益诉求。

二　《法律解答》：国民政府法律改革下的民众法律诉求

1930年国民政府民法典颁行，因该法典涉及普通民众的日常生活，因此《法律解答》53%的咨询内容集中在家庭生活方面，其中尤以财产继承与分产、家庭赡养与扶助以及离婚等相关法律问题居多；其次围绕不动产，特别是涉及土地所有权买卖以及公共利益纠纷中政府行为是否合法等也是民众关注的问题。此外，还有一小部分诸如诈骗、盗窃、名誉侵害等刑事、民事犯罪问题。同时也可以发现天津沦陷前，民众更多的是对结婚与离婚的要件问题和财产、土地所有权以及相关邻里纠纷的关注。所以，通过对这些具体案例的分析，可以发现国民政府法律改革与民众权益诉求之间的冲突与协调。

（一）"社会至上"原则下民众利益的诉求

案例一：王淑贤姐妹二人之父母于1935年前后去世，按照当时法律规定，其父母之遗产应由姐妹二人继承，但因家中叔伯干涉，以女子安葬父母于风俗不和而阻扰其继承。律师认为，如果其安葬父母的方式，不是出于不法，且没有违背善良风俗公共秩序的行为，那么可以主张其权利，他人不能干涉。②

---

① 江沛：《南京国民政府意识形态管理剖析》，《民国档案》1993年第3期。
② 《法律解答　答王淑贤女士》，《大公报》（天津版）1937年3月30日，第12版。

案例二：甲兑乙坟旁荒地种稻，而乙之族人以与祖坟有关，加以干涉。律师认为，族人基于风水之说干涉甲开荒自属无据，如基于共有权利关系，则加以研究。①

案例三：甲乙丙三兄弟父母俱在，未分家。甲在外有自己所赚之钱，所置之产。那么在家族财产分配继承时，该咨询人提出了对甲之财产应如何处置的疑问。② 律师给出的意见是，如果没有共有之意思，当属甲所独有，乙丙不得均分。如果甲交钱于其父，而没有声明系托父保管，则款因交付而归父有，用以所置之产，将来属于遗产，应由继承人均分，子女与妻均有权继承。

上述三个案例虽然分别涉及了女性继承权、不动产所有权以及财产所有权等法律问题，但却有一个共同之处，也就是个人权益如何在"社会至上""家族本位"的法律观念下得以维护。

首先，个人权益与社会利益的协调。南京国民政府立法院院长胡汉民在强调"社会至上"私法观时，明确指出个人利益的追求"不应离开社会整体公共利益和目的，不应有任何违反社会的意思和行为"，否则"法就要起而干涉他"。③ 案例一中的王淑贤姐妹按照民法继承法律条文，可以合法继承父母之遗产。但是律师给出的答复是，二人只有在没有违背公共秩序行为前提下才能实现合法继承。同样，案例二中的乙出租自己所有土地合乎法律规定，但同样要考虑到整个家族的利益。结果导致，在国民政府"国计民生之平衡发展"宪法幌子下，个人合法权益被强制剥夺，而这也恰恰是人民对新法的困惑所在。

其次，传统家族法律观对个人权益的漠视。在第三个案例中，按照民法之规定，甲合法劳动所得当属个人所支配，但实际执行中却是南辕北辙。在这个案例中，甲的疑问在于父亲是否有权处置自己的财产。尽管民法典中对家长义务作了明确的规定，比如作为一家之长的父亲有保管甲财产之义务。但同时民法又规定：一家之中必有一主持家务之人，是为家

---

① 《法律解答　答王文田君》，《大公报》（天津版）1937 年 6 月 6 日，第 14 版。
② 《法律解答　答离石质疑子君》，《大公报》（天津版）1937 年 5 月 18 日，第 12 版。
③ 胡汉民：《三民主义的立法精义与立法方针》，王养冲编《革命理论与革命工作》，上海民智书局，1932，第 774 页。

长。同家之人，除家长外，均为家属，而这实质上认可了家长对家务的处置权，维护了封建家长制。因此，按照律师的建议，甲之财产处分归根结底取决于作为家长的父亲。即使是父亲别具毒辣心肠，挥霍了全家财产，作为子女也要按照法律规定遵从家长对子女财产的处置权。[①]

总之，国民政府一方面通过法律赋予人民各项权利，体现民生主义，另一方面却冠于国家、社会、家族的伦理，强制剥夺人民的合法权利。

（二）婚姻的结与离："平等"立法原则下的不平等

在女权运动的推动下，到1927年"男女平等"已为中国主要的政治力量所广泛接受。[②]国民政府成立后，扩大妇女权利也成为其获得国际认可和尊重的一个途径。因此，1930年的《民法·亲属编》确定了一夫一妻制以及结婚、离婚自由的男女平等原则；1931年的《民法·继承编》赋予了女子享有与男子同等的财产继承权。也由此，女性要求离婚、继承的案件不断增多。30年代初，在天津法院办理的离婚案件中，其中85.7%的案件由女性主动提出离婚，[③]尽管法律赋予了男女平等的原则，但从《法律解答》来信中依然可以发现，女性在争取自身权利时仍面临重重阻碍。

一是解除婚姻的要件。其中包括两种情况。其一为包办婚姻的解除。根据民法典规定，婚约应由男女当事人自行订定。但自相矛盾的是，司法院的解释条例同时又规定"男女婚姻，其主婚权在父母，唯须得祖父母之同意"。因此未成年人之婚姻，须由"法定代表人"认可，而"法定代表人"也就是未成年人的父母。立法上冲突直接导致当事人法律义务不一致，而国民政府公然承认封建婚姻制度的合法性无疑是对民众合法利益的侵害。因此当王香君向律师咨询，成年后以父母未得自己同意为由，向法院申请否认之前婚约之效力时，[④]律师的答复是，只能看男方的表示。

其二为单方面解除婚姻的要件。虽然越来越多的女性为摆脱封建家庭

---

① 《法律解答》，《大公报》（天津版）1935年11月19日，第12版。
② 〔澳〕李木兰：《性别、政治与民主：近代中国的妇女参政》，方小平译，江苏人民出版社，2014，第206页。
③ 邵先崇：《近代中国的新式婚丧》，人民文学出版社，2006，第45页。
④ 《法律解答　答王者香君》，《大公报》（天津版）1937年5月18日，第12版。

之束缚而提出离婚，但结果却事与愿违。比如一女子因夫家官气十足，不事生产而穷奢挥霍，且不许该女子充任教师以补家用，因此精神上倍感痛苦而欲离婚。① 但是根据民法之"一方离婚"规定，即一方有过错，另一方才可提出离婚。本案中，律师认为，女方以男方思想陈腐为由不足以提出离婚，因为思想陈腐并非过错。

类似以上这样的例子在当时比比皆是，大多数普通妇女最终在律师的劝说和封建家庭的阻碍下草草了事。由此可见，标榜平等的民法典实际上推行的还是封建家长制婚姻制度。

二是关于重婚的认定。案例中甲与乙结婚数载，后甲与丙通奸，遂将乙母子遗弃。② 那么乙只能以遗弃罪起诉甲，而非重婚罪。究其原因，因为刑法典认定重婚罪的要件是举行相当婚娶礼式，没有正式礼式的纳妾并非婚姻，妻子也不能以此作为离婚的原因。在此案例中，虽然乙可以要求甲承担扶养义务，但是却不能以甲丙同居而起诉甲重婚，只能请求法院判令甲丙不得同居，以维持家庭和平。这样，南京国民政府从法律上又否定了一夫一妻制，因此其所倡导的男女平等更是遑论。

三是在财产继承权方面，妇女权利受到了来自传统更为严重的阻碍。王淑贤姐妹在继承父母遗产中，家族中人以女子安葬父母于风俗不和而阻扰其继承，导致二人多年来始终未能实现财产继承。而且在其姐妹申诉过程中，司法当局以人情为由而枉法裁判。③ 此外，王淑贞在丈夫去世后，虽然法律规定"妻于夫死后，因继承取得之遗产所有权，不再因改嫁而丧失其权利，夫族亦无阻止之权"，但是，王女士改嫁却遭到夫族的阻扰，被强迫只有放弃丧夫之财产继承才能改嫁。④

因此，尽管民法典明确废止了宗祧继承制，也明确肯定了妻的行为能力且能够相互继承配偶遗产的权利，但事实上因囿于法律对传统身份的妥协，尤其是对夫权的妥协（比如《亲属编》规定丈夫对妻子原有财产享有管理权、支配收益权），从而使得妇女在实现继承权上面临重重困难。

---

① 《法律解答》，《大公报》（天津版）1933 年 4 月 8 日，第 13 版。
② 《法律解答 答吴天祥君》，《大公报》（天津版）1937 年 3 月 30 日，第 12 版。
③ 《法律解答 答王淑贤女士》，《大公报》（天津版）1937 年 3 月 30 日，第 12 版。
④ 《法律解答 答王淑贞女士》，《大公报》（天津版）1937 年 4 月 11 日，第 12 版。

综上，虽然国民政府一再标榜民法典的先进性，但该法却忽略了民众的要求，在当时的社会条件下，国民政府试图以理想化的民法典来规范民众行为是极为不现实的。①

三　《法律解答》：律师对民众法律纠纷的解答与规劝

从上文可知，国民政府新法颁布推行过程中，既有新法与惯行、传统的冲突，又有民众急需了解新法的诉求，作为中间媒介，《法律解答》赋予了律师进行知识解答和规劝民众的角色。

（一）对新法规的解释说明

对新法规进行解释说明，不仅是律师做到有法可依进行纠纷解答的前提，而且就法典本身而言，也是非常必需的。以民众关心的民法典为例，该法典是在借鉴大陆法系的基础上制定的，不但内容丰富，其中总则编有7章152条、债编2章604条、物权编10章210条、亲属编7章171条，继承编3章88条；而且条文严谨，特别是不文不白的文体难以为一般民众所理解。所以律师针对每封来信都至少解答一种法律法规，甚至解答二到三条法律法规。

比如对于继承权的问题。一种是女方婚前财产的继承。某女士因重病欲将其婚前财产留给子女，律师认为，因民法典规定，妻之原有财产以及所生孳息的财产所有权属于其夫。因此，该财产由于已混入大家庭所用，故无法由子女继承。但同时，因为法律规定配偶有互相继承之权，所以子女可以继承其父之财产。② 另一种是女子遗产继承权的问题。一位读者在信中提到其父于1916年去世，之后由其母管理家产，后其母因病无法管理家产，其同父异母之兄弟要求分割家产并拒绝她与其母分割财产的要求。③ 按照以往的宗桃继承，女子是没有继承权的。但是在新的民法典颁布后，该读者因此询问女子是否可以平等分割财产。对于该问题，律师首先解释了财产继承是新民法认定的继承方式，也就是父亲生前对他的财产

---

① 易清：《新中国民法法典化历程考论》，知识产权出版社，2010，第42页。
② 《法律解答》，《大公报》（天津版）1932年9月27日，第11版。
③ 《法律解答　答陈立德君》，《大公报》（天津版）1936年3月14日，第12版。

具有排他性的所有权，当他去世时，他的财产转移给他的继承人，所有继承人可以在任何时候要求分割遗产。

关于妾的财产继承权也是民众较为关注的一个问题。虽然民法典的制定者坚持一夫一妻和男女平等的理念，认为"妾之制度亟应废止，虽事实上尚有存在者，而法律上不容承认其存在"。但在司法院的解释条例中却认定重婚罪的要件是以正式婚姻成立为前提，这实际上是肯定了纳妾的合法性。由于法规上的模糊性，王律师在解答来信时采取了一定的回避，"继承人之配偶，不得继承，但有要求给抚养之权。其不同居者，不在此限"。①

除了上述关于财产继承权的咨询外，还涉及大量对与商业相关新法规的咨询，比如妨害工商罪、妨害自由罪、（违反）著作权法等有关公民人身自由、财产权利、经营活动、人格尊严等方面的法律问题。

（二）维护妇女权利

在 425 封来信中约有半数以上的咨询人是妇女，她们中间不仅有"幼年因贫失学，因父母之命嫁于万恶不仁某某为室"的普通妇女；也有因"夫在外国留学归来，复行另娶大学生为妻"而遭遗弃的"不敢名女人"，还有崇尚独立人格，寻求"相当方法表示不承认婚约"的新女性；等等。因此，维护妇女权利也是律师在进行法律解答时的一个主要内容。

维护女性正当合法权利。如果是包办婚姻，律师指出"订婚时父母未得子女同意，其后子女向对方表示解约乃正当权利之行使，不生违约赔偿问题"，并建议该咨询人主张婚约无效。② 还有一男子因女方患有肺结核而欲离婚，律师指出，"既然仍在医治，不得谓为不治之恶疾，不能据此以主张离婚。即使离婚，也须基于道德观念，由夫给予相当财产，作为养病与生活之资"。③

争取女性合法利益。如果是在撤销婚姻、离婚等诉讼中，那么只要符合法律的规定并在能够提供《民事诉讼法》所要求之证据的前提下，律师也会建议咨询人主张应有之权益。比如一男子以"受父母断绝学费威

---

① 《法律解答 答梁延兴君》，《大公报》（天津版）1936 年 3 月 29 日，第 12 版。
② 《法律解答 答林匀君》，《大公报》（天津版）1937 年 4 月 20 日，第 12 版。
③ 《法律解答 答汾阳一心君》，《大公报》（天津版）1937 年 3 月 16 日，第 12 版。

胁，被迫结婚"为由申诉离婚。律师明确答复说："法律所指胁迫，乃系被胁迫者违于无自由意思之场合。该件所述事实，是其本人在以自由意思选择有利环境下从之，因此不得主张因胁迫撤销婚姻。非有合法之条件，不能离婚。所谓三寸小脚，目不识丁等均不得作为离婚之正当理由。"并且还指出，"能否与其妻离婚，不在其家庭是否允许，而在于是否据有合法定之理由，其幸福惟有自己善意创造之"。① 再比如一案例中，因女方河东狮吼而导致男方欲离婚，律师给出的建议是"拨给一部分家财与某君使用受益，委其妻经营养生，脱开家庭，某君予其妻造成离开家的环境，或可促成妻之自省与努力"。②

（三）规劝民众

律师在提出具体法律法规或意见的同时，劝导规训也是其主要侧重点。也就是在说服或建议当事人自行和解或通过民间调解、行政调解的途径去解决的同时，规训当事人以国家为重，以维护国家、社会、家庭之利益为先。

以有奖储蓄为例，一方面，国民政府对之法律禁止，认为"新生活运动之精义，在名礼义廉耻。今有奖储蓄，旨在用巧妙手段，榨取我国民之膏血……储蓄名曰有奖，储户皆有得奖之希望，大有你争我夺势不两立之慨，与赌博无异……明知其为骗术，而号于众曰蓄……皆非新生活运动所能忍也"。③ 另一方面，在取缔诸如万国储蓄会的同时，中央信托局还承袭万国储蓄会的做法，设立中央储蓄会，举办有奖储蓄。对此，读者在来信中认为政府取缔有奖储蓄"处置不公"，希望律师给予解答。律师在回信中答复了两层意思，第一层意思是国民政府开设有奖储蓄是抵制外资，维护国家经济利益，"有奖储蓄为现行法律所取缔，国府因于人民财产为外人吸收把持，乃谋统制，出以法律政令以国救济，其调整之主旨在卫护国家社会立场之利益"；第二层意思是希望国民以国家利益为重，"国家所设之甲储蓄会接受外人之乙会时，其间自有若干手续，在储户应顾念

---

① 《法律解答》，《大公报》（天津版）1936 年 2 月 1 日，第 10 版。
② 《法律解答　答刘志远君》，《大公报》（天津版）1937 年 5 月 13 日，第 12 版。
③ 马寅初：《马寅初全集》第 7 卷，浙江人民出版社，1999，第 145 页。

国家统制国民经济之艰苦，予以资助，即或稍有损失，亦系为公，况系国家权力之发动，人民惟有服从。须知国家兴利除弊，人民究不能不稍有牺牲，以襄助之"。①

除了劝导人们以国家利益为重外，家庭作为新生活运动的主要方面也是律师规训的侧重点。"如果家庭生活都能改善，社会自然能随之革新，民族国家的地位也因而提高。"② 所以当一读者因发现妻子与人通奸而欲同归于尽时，律师在回信中不仅建议其如何去做，"事实上不难设置眼线，盖家人总可代劳亦即不难获得力证，亦可进行协议离婚，在甲惟有抑情感用理智沉着应对环境，而求解决之对策"，而且还劝导其"切勿操之过急，蔑视人生意义，而妄事牺牲，为国为私均应考虑现时，尤其是国难时期青年所负之责任"。③ 针对一些严重违反伦理道德或者违背国家法律法规、利益的行为，如家庭成员恐吓诈财，律师坚决指出，"其弟恐吓诈财，毁损他人财物，构成事实向人诈财，其反社会性，既系强烈，使其接受法律制裁，获得醒悟机会是正为其创造光明与幸福之前途也"。④ 对于因强迫婚姻而寻求帮助的知识女性，律师除了给予法理上的解释外，认为其"来件书法矫健，行列整洁"，并鼓励"既无机会再求深造，在社会上亦可依缮为技能，谋得独立生活之出路，以年富力强之人，应奋然兴起与环境斗争，切勿自杀或遁入空门，以消民族力量"。⑤

南京国民政府时期确立了"六法全书"成文法律体系，进而通过法律和制度赋予了民众一定的平等权利，并在其法律体系下保障了民众权利的申诉，这是对民众的一种赋权行为。同样律师借助《法律解答》，通过与咨询者构建一种"倾听—对话—反思—行动"的赋权和社会参与过程，⑥ "赋予"弱势群体法律权利。虽然民众获得了一定的权利，但在社会转型动荡期间，在实际法律执行过程中，赋权往往与去权交织在一起，律师对《法律解答》的咨询解答恰恰反映了南京国民政府时期民众权利

---

① 《法律解答 答李秀岭君》，《大公报》（天津版）1936 年 11 月 24 日，第 12 版。
② 赵锦华：《怎样推行家庭新生活运动》，《新运导报》第 7 期，1937 年，第 41~44 页。
③ 《法律解答 答衡岳山君》，《大公报》（天津版）1936 年 10 月 10 日，第 12 版。
④ 《法律解答 胞弟恐吓诈财》，《大公报》（天津版）1936 年 1 月 28 日，第 12 版。
⑤ 《法律解答 答丁纯英女士》，《大公报》（天津版）1936 年 11 月 19 日，第 12 版。
⑥ 参考 Freire，P.，*Pedagogy of the Oppressed*，New York：The Seabury Press，1970。

的这种去权。

律师作为法律顾问和执行者，是"站在民众的立场上，专去帮助民众拥护法律，运用法律的"。① 在《法律解答》中，律师一方面宣传法律新知识，指导民众"洗冤录上之记载，多不经之说，不合于现代科学常识。其中不可作为参考资料者，然以之惟一之犯罪论据，则非现代裁判上所许"。② 另一方面，在赋权的实践过程中，我们却观察到，律师在努力地劝说自己的咨询者接受或者妥协于"传统"社会对他们的约束，比如劝导咨询人"既无法律上之离婚理由，又不能协议离婚，惟有自己处现境之道，于此新婚姻制度更新之际，当然有不幸牺牲者"。③ 究其原因，正如律师在咨询中所说："须知国家兴利除弊，人民究不能不稍有牺牲，以襄助之。"④ 这在某种程度上凸显了法律在社会现实面前的软弱。

综上所述，《法律解答》虽然通过法律知识的引介以及律师利用专业知识做出的权威性解答，和"以民族国家利益为重"意识的形塑，将国民政府推行法制改革、普及民众日常法律知识以及政治规训巧妙结合在一起，既在一定程度上化解了民众日常生活中出现的矛盾，同时也避免了因新法推行所带来的社会失范，尤其是惯行与新法的空白地带，为国民政府进行社会治理创造有利条件，但是，《法律解答》所表现出的"去权"使之与国民政府法律改革初衷背道而驰。尽管律师力求塑造基层民众的"国家意识"，但这种塑造是单方向的，姑且不论《法律解答》的读者群是否包括了下层民众，单就其法律中所存在的各种惯行、漏洞，尽管可能披有不同的法律外衣，但并没有从民众的角度进行考虑，加上政治、经济等其他因素，很难真正激发民众对以国民党政府为载体的"国家"的自觉依附感和归属感，以及实现国民政府对基层社会的真正控制。

---

① 罗之翥：《律师在训政时期的使命》，《民国律师文献史料汇编》第 1 册，全国图书馆文献缩微复制中心，2009，第 25～27 页。
② 《法律解答　答衡岳山君》，《大公报》（天津版）1936 年 10 月 10 日，第 12 版。
③ 《法律解答　答衡岳山君》，《大公报》（天津版）1936 年 10 月 10 日，第 12 版。
④ 《法律解答　答李秀岭君》，《大公报》（天津版）1936 年 11 月 24 日，第 12 版。

结语：天津律师群体作为城市
中间阶层的再解读

通过前面章节，笔者从天津律师群体的培养、组织和管理，律师的日常活动实践，社会对律师的评价与律师自身评价的差距，以及天津律师群体如何参与法律的制定、修改，如何参与国家对社会的治理方面分别进行了阐述。以此为基础，天津律师作为一个整体性的"中间阶层"面貌，隐约可以勾勒成形。

一 如何认识天津律师群体的"中间"性：二元对立中的摇摆

在中国从传统社会向现代社会变迁中，借用任何现有的概念来分析历史现象，都需要考虑理论与实际之间是否存在距离。因此需要结合历史的实际，对理论进行反思和批判。从共性的归纳与定义上来说，"中间阶层"的定义，有中西方两种不同的学术思维和方式。

西方认为转型时期的中间阶层具有如下特征。①中间阶层的发展与工商业城市发展密切相关。欧洲中世纪城市很多是以工商业发展而兴的，城市不仅是工商业者的聚集地，也是西方市民社会形成的策源地。②中间阶层作为一个社会群体，具有较稳定的收入、改革创新精神以及能够有力支撑社会的和平与稳定，是"社会发展的锁钥"。[①] ③中间阶层的发展对欧洲国家政府权力形成了一定制约，不仅使现代国家政府从法律上承认了个人财产权，而且能够与精英们形成一定的政治程序

[①] 参考 Dennis L. Gilbert, *American Class Structure in an Age of Growing Inequality*, Belmont Calif: Wadsworth Publishing, 1997。

协商谈判。① ④对社会变迁、对平等的要求具有革命性，对于固化的、不合理的传统社会来说，中间阶层往往是一种变革的社会力量与群体。

若以此作为一个尺度来衡量天津律师阶层的话，则有如下异同。相同之处在于，从天津律师阶层发展来看，律师阶层的兴起与繁荣发展确实与城市工商业的发展有关，"业务愈大，则纠纷愈多，事事牵达到法律问题"。② 天津律师阶层也确实在某种程度上参与了监督与制约现代政府的活动，比如天津律师公会认为"司法机关最关重要，直接关系人民生命财产，间接影响社会安全，人民受害最深，受创最巨者，厥惟县知事兼理司法一事"，因此建议"省政府设立各县法院，及添设地方法院"，并希望"省政府（向中央）提出建议案，或颁布暂行条例，以改进司法"。③

但不同之处亦同样明显。现代法律意识在近代中国仍是一个舶来物，且与深厚的中国传统法律观念之间存在诸多不相容之处，比较典型的就是情理法的冲突，尤其是涉及妇女婚姻、财产继承以及争取自由权益等问题时，"固有的法律条文已不适合现实社会，许多问题人情道理说得通，法律却说不通"；④ 同时天津律师阶层自诞生伊始，就是应政府对外交涉之需要而设立的，可以说天然具有某种对统治阶层的依附性。从法政学校的建立过程，到对律师群体的监管，多是政府发挥着主导作用。虽然天津律师群体体现了某种程度的服务平民，但更大程度上是服务于政府需求。质言之，一方面，天津律师阶层对政府的监督、制约力度，以及对社会活动的领导能力并不那么强；另一方面，天津律师阶层社会功能的发挥，诸如贯彻国民政府社会治理政策方面，更多体现为辅助政府的角色。

因此相对而言，中国学界对于"中间阶层"的看法，似更符合当时天津律师群体的真实属性。一是强调其"社会地位、收入水平和教育层次"位于"社会中间水平"，因而是"社会、文化、经济中间等级的阶层"。该阶层具有一定的经济实力且有挽救国家之社会意识，因此作为

---

① Roy Bin Wong, *China Transformed: Historical Change and the Limits of European Experience*, Ithaca, NY: Cornell University Press, 1997, pp. 84 - 88.

② 包天笑:《钏影楼回忆录续编》，香港：大华出版社，1973，第 112 页。

③ 《律师公会建议改良司法设立各县法院添设地方法院》，《大公报》（天津版）1928 年 8 月 14 日，第 7 版。

④ 然:《史良律师怎样处理案子》，《大公晚报》1946 年 12 月 19 日，第 2 版。

（近代）社会中坚阶层，他们发挥了黏合上层与下层并使社会成为有机体的作用。[①] "此等人，就社会地位而言，上不易高攀政客官僚，下比煤烟熏黑了鼻孔的劳动者则足足有余；就经济的比率而言，上不能和有钱人资本家比，下较乞丐却又足足有余；就文化程度，上不如博士硕士的学问渊博，下比读江湖奇侠传或是看连环图画的朋友却也足足有余，人称小布尔乔亚。"[②]

但国内学界的这种评价，多为静态、宏观观察。对于天津律师群体作为中间阶层的"中间性"（middleness）是如何成长于地方社会的，缺乏深入观察和事实经验的支撑。从本书对天津律师群体的研究来看，其赖以成长的天津地方社会，本身就具有某种特定历史轨迹下形成的不稳定性，以及因此而带来的天津城市的诸多二元对立属性，如租界与老城、殖民地与半殖民地、港口与腹地、传统与现代、妥协与革命等，这是城市近代史中的一个最重要的特征。因此，天津的律师群体作为中间阶层的"中间性"（middleness），需要从这些二元对立中去理解。

从天津律师群体的日常实践来看，他们既在某种由具体地点构成的物理空间中活动，如法政学校、法院、政府机关、报社等，正是这些具体的"地点"提供了律师群体活动的社会场所，并在其中就国家秩序如何确立、如何维护，社会治理如何实现，与平民如何互动等历史现实展开实践活动。更重要的是，就是在这个物理空间中，天津律师深刻理解了自己的社会地位、社会评价与身份认同。同时，也正是通过这种群体的"能动"，部分地展现了从传统到现代社会转型的天津地方社会特征。

在这种物理空间的活动中，我们经常可以看到天津律师群体在面对多种二元对立属性时的挣扎、矛盾与焦虑。从进入法政学堂接受培养时，天津律师群体就面对人治与法治、政治与法律、外教与士绅、忠诚与革命的二元冲突和混合。待到律师执业走向社会，又面临自由职业与党部监管、在野法曹与无良"花花律师"的不同国家与社会约束；抗战时期虽不愿彻底投敌，保留了一定的民族气节，但又有与日伪合作的妥协性；国民政

---

① 崔敬伯：《经济激流中之中间阶层》，《经济评论》第 1 卷第 11 期，1947 年，第 4 ~ 6 页。

② 《专栏：谈言 论长衫同志》，《申报》1933 年 7 月 24 日，第 19 版。

府时期，虽具有初步的政治立场的自主性，却又在国家的召唤和利诱之下，重新回到依附性，这个阶层经常位于国家与社会、社会治理与动员和教育民众、赋权与去权之间的两难状态。

正是基于这种近代天津城市特有的多重二元对立属性，以及在相应的近代天津城市生活的日常实践中，我们观察到了一个天津律师群体不断摇摆于其中的"意义之网"。它是由前述的一系列二元对立属性所形成的。如果将那些二"元"对立的种种，沿"元"与"元"作为坐标轴的端点展开的话，就形成了一个多维的社会关系空间。正是通过它，天津律师群体不断被社会评价，也不断理解着自身所处的社会以及自身的"意义"。

总是处在"动态"中的天津律师群体的"中间阶层"特征，从微观、地方社会的角度，既可以从细节上再一次论证中国近现代史中间阶层并不强大的基本判断；同时，也从地方社会的层面，具体地展现了天津律师群体的日常实践是如何塑造了其自身的阶层属性。正如赫林和阿格瓦拉（Herring and Agarwala）所认为的，"正是在我们所有人都生活的微观层面，各种阶层通过日复一日的日常实践，才定义并复制了他们自己"。① 雪莉·奥特纳（Sherry Ortner）也认为，"我们可能认为阶层是人们拥有或占有的，又可能是人们或自觉意识或被动发现自身所处的某个空间，但我们更应认为它是一个计划，是某种人们一直或创造或保持，或捍卫或害怕，或渴望的东西"。②

但更重要的，是我们可以从以上基于天津地方社会的多重二元属性，以及因此对天津律师群体形成施加的影响，来重新审视和判断天津律师群体的"中间性"。除了继续反映学界已有认识的中间收入、中间教育水平、中间社会地位外，更重要的是通过大量基于事件的经验，表明这个阶层的"中间性"特征。它反映了某种总是介于两种不同政治或社会势力之间的"摇摆性"，随时因社会巨变，而导致自身可能迅速滑落的"不稳定性"，以及每一种社会声望背后，总隐藏着负面评价的"尴尬性"。以

---

① Ronald Herring and Rina Agarwala, "Introduction," *Critical Asian Studies* 38 (2006): 325.

② Sherry Ortner, New Jersey, *Dreaming: Capital, Culture, and the Class of '58*, Durham, North Carolina: Duke University Press Books, 2003, pp. 13 – 14.

上三者汇集起来，就形成了天津地方社会通过律师群体看到的，中间阶层维系社会地位的动态与挣扎。

二　如何认识天津律师群体"阶层"：一致性与多样性

整体上看，天津律师群体是一个具有共同社会活动特征，但又具有内部多样性的阶层。

群体意识的形成是近代天津律师群体区别于其他群体的重要方面。所谓群体，一般而言，指的是两个或两个以上的个体，他们之间产生互动并且互相依赖，共同实现某些特定的目标。群体有正式和非正式之分。[1] 从天津律师群体来看，其在历史缘起、群体行动与价值认同等三个维度上都具有共同性，因而可以视作一个共同体；但在生活经历、收入、法律价值观上也确实存在诸多差异，因而保持了大量的多样性。

从历史渊源上看，天津律师群体的出现，大都处在一个共同的历史局势，即在西方现代法律制度思想与传统中华法系的碰撞中产生的。随着清末改革思潮的不断深入，国人对律师的认知不再局限于挑讼的讼师，而是将其作为伸民气之枢纽，[2] 中外交涉事宜之根柢。[3] 1906 年由沈家本、伍廷芳主持编订的《大清刑事民事诉讼法草案》标志着律师制度的正式确立。因担心律师介入诉讼，会导致"良懦冤抑，强暴纵恣，盗已起而莫惩，案久悬而不结"，[4] 1909 年和 1910 年的《各级审判厅试办章程》和《法院编制法》对从事律师的年限和资历进行了限定。随后，各种法政学堂如雨后春笋建立，像张务滋、吴大业等执业较早的一批天津律师均毕业于天津北洋大学法律系。

天津律师的群体行动主要体现在律师公会的成立与对律师活动的组织与管理上。基于共同的群体利益，在长期的执业活动中，天津律师组

---

[1] 〔美〕斯帝芬·P. 罗宾斯、蒂莫西·A. 贾奇：《组织行为学精要》，郑晓明译，机械工业出版社，2014，第 127 页。

[2] 顾家相：《中国严禁讼师外国重用状师名实异同辨》，《皇朝经世文新编续集》，台北：文海出版社，1972，第 344～345 页。

[3] 崔国因：《出使美日秘国日记》卷 1，刘发清、胡贯中点注，台北：文海出版社，1972。

[4] 《复议新编刑事民事诉讼法折》，光绪三十三年八月（1907 年 9 月），《光绪朝东华录》，中华书局，1958，第 5733 页。

织了律师公会。一方面通过组建律师公会，扩展业务范围，积极参与社
会活动，在天津拥有了一定的社会影响力；另一方面又基于行业利益，
与其他团体共同合作争取自身权益，并在此过程中形成了自我群体
意识。

　　天津律师公会自成立始，就以维护会员利益、上通下达为宗旨，对此
公会均围绕此开展各项活动。国民政府实施宪政阶段，律师公会公推朱德
武、张士俊为主办编纂《白话宪法解释》；组织全体会员研究现行法令是
否违背宪法；派会员讲解法令，并与电台交涉时间；与各报馆交涉开辟专
栏；刊行《律师公会月报》，成立法律研究部等，① 开展多项活动以助推
宪政实施。

　　天津律师公会的成立，凸显了律师群体的自我治理与自我认同。所谓
律师自治，即由优秀执业律师组成的律师协会，对律师进行自我服务、自
我约束。② 显然，业必归会是律师公会实行自治的重要前提，而律师惩戒
制度则是自治实施的保障。律师惩戒制度对维持律师队伍的道德水准和专
业素质起着规范和监督作用，其本质反映的是律师行业自治与国家监督之
间的互动关系。律师公会依法制定公会章程、会则、收费标准以及惩戒制
度；在组织形式上，无论是会长制还是理监事制度，公会领导均由会员大
会选举产生，并定期召开春秋两季会员大会处理会员事务，其中包括维护
会员利益、协调会员与政府之间的关系、惩戒不良会员等重大事务。天津
律师公会为维护全体会员利益而坚决打击黑律师；会员因被日伪政府非法
拘押，公会动用各种关系予以疏通；对于违反律师风纪的会员，公会顶住
高院、地院压力予以退会处理。公会一定程度上的自治，也使得律师群体
逐渐成为民国政治角力中的不可忽视的力量。

　　在自我价值认同方面，律师群体将参与法律改革视为己任，彰显律师
群体正义形象。这不仅是顶层设计的缘故，比如《律师法》规定了"律
师以保障人权、实现社会正义及促进民主法治为使命"，而且律师自身也
认为："律师以在野法曹身分，一方面与在朝法曹即法官、检察官共同合

---

① 《天津律师公会章程记录》，《朱道孔法律事务所》，天津市档案馆，档案号：J45～1～1
　～1047。

② 贺卫方、孔志国：《中国律师的自治之路》，《南风窗》2002 年第 8 期。

作维护正义；另一方面则监督制衡法官、检察官公权力之行使，庶符正当之法律程序，以维护人权及人性尊严。"甚至民间大众以及社会团体也纷纷聘请法律顾问，一旦有冤案待雪，便希望律师能够"领导群众，主持正义"并"彰国家法纪"。这些都显示从国家到社会，从外在期待到自我认同，民国律师肩负着维护法治、正义以及人权的重任。①

但同样需要注意的是，为了避免一提到天津律师群体的"认同"（identity）或"社区"（community），就让人们陷入只注意其阶层一致性，将其视为一个均质化过程的陷阱，该书也对天津律师群体的多样性着墨颇多。

首先，天津律师群体虽然大概属于知识精英阶层，但各自的出身、成长背景和政治主张却有很大不同。出身方面，天津律师中或是具有海外留学背景，或是浸淫于政府司法界多年，或是教授出身，他们的学识和人生阅历足以成为当时的精英。知识背景方面，有直隶法政学校一系、有北洋大学一系，也有国外留学一系，还有一些来自政府司法部门的公职人员等。参与社会活动方面，他们广泛地参与各种社会活动，比如，朱道孔律师是天津《益世报》的副刊撰稿人，张务滋律师则是燕达中学的校长，等等。这些经历都为他们提供了丰富的政治资源以及社会动员的平台和资本。收入水平上的差异更加明显，有公费数以万计的大律师，也有公费数十元的小律师，等等。一些著名的律师因为经济上的富足，其收入水平远比大学教授、政府官员等公务人员丰厚，这也使他们有余力参与公共事务，甚至进行资助活动，像张士俊对中共地下党的支持。

其次，在如何看待法律的作用与态度上，因传统社会向现代社会的转型，出现了传统与现代法律文化交织、近代律师与黑律师并存的局面。近代律师的出现乃至发展，对中国传统法律文化的改变最关键的是，逐渐增强了人们对律师的信任。《律师暂行章程》颁布之前，已经有现代意义上的律师在国内执业，虽然没有合法的地位和身份，这些律师仍以保护人权为口号，借以摆脱讼师的阴影。他们通过报纸、书籍大量宣传律师职业道

---

① 程骞：《民国律师与社会变革》，爱思想，http：//www.aisixiang.com/data/92667.html。

德，"讼师捍法，律师守法。律师彰公道、正是非；讼师背人理，反曲直"。① 虽然如此，他们的存在并没有消灭讼师的活动，反而又滋生了一批黑律师。经过十多年的努力，特别是随着天津工商业水平的提高，中外涉讼案件的不断增多以及民事纠纷的增多，律师在司法和商业上的作用逐渐改变了人们对讼业者的观感，律师社会地位不断提高，业务不断扩大。从《益世报》和《大公报》中亦可看出，天津律师的经营范围不断扩大，从代办民刑诉讼到离婚、遗产、商标注册等，同时个人聘请法律顾问的现象也逐渐增多，这些都说明了律师从业人数的增加以及百姓对律师接受程度的加深，显示了法律文化的重要改变。

那么，到底该如何看待在天津地方史的研究中，天津律师群体作为"中间阶层"兴起的学术意义呢？

一方面，这将有助于我们深入理解"阶层"在学术研究中的意义。在本书中，展示的是天津律师群体作为"中间阶层"的动态形成过程，以及与具有多元二重属性的近代城市空间的关系；同时也从"阶层"这样一个视角出发，去理解同时期天津这座近代城市所发生的诸多活动。近代以来，随着律师行业的不断发展，天津律师群体实力也得以增强，并成为天津新职业群体中举足轻重的群体之一。同时在其发展过程中，天津律师群体与其他群体联合行动构成了新的社会关系，在此过程中，近代天津律师顺应时代潮流，从执业方式、组织方式、社会动员等方面不断完善自身，进而实现了作为一个"中间阶层"的崛起。

在本书中，尽力将"中间阶层"的"中间性"、"一致性"与"多样性"，视作一系列社会活动的结果，而非仅仅为了分析的便利，将"阶层"视作某种可以随意与职业、性别、年龄相结合的社会类别。"阶层分析应该灵活运用：为了有用，它必须能够阐明各种社会现象隐藏的特征；并务必避免将社会现象简单的处理为，是某种预设解释框架的枯燥剧目的再次表演。"②

另一方面，我们也通过对天津律师群体活动所展现的天津地方史的了

---

① 可生：《律师与讼师 道德与法律》，《大同周报》第 2 期，1913 年。
② Murdoch, "Middle-class Territory? Some Remarks on the Use of Class Analysis in Rural Studies", *Environment and Planning* 27 (1995): 1213 – 1230.

解，理解地方与更大范围的宏大历史，特别是与社会特定结构性变迁的关系。天津城市史，固然有其作为"本地"的特征，但其还是整个国家空间或者全球空间内，某种更大范围内的社会巨变、趋势或转型的具体展现。也就是说，天津的地方性变化与某种以中国或者世界为尺度的结构性转变有着密切关联。

从本书研究来看，随着近代中国从传统社会走向近现代社会，随着其被逐步纳入当时西方资本主义的世界体系中，包括法律领域在内的诸多社会变化才开始逐渐涌现，并作为一股包含广阔地理空间的潮流，和一种具有特定甚至独特的地方表现形式的现象，向腹地传播开来。现代国家如何基于法律来展开社会治理，民众如何基于法律实践来获得解放，都逐渐在一些较为现代的沿海区域中，以一些具有地方特征的事件表现出来。诸多的法政学校，作为现代法律的教育机构，逐步扩展其影响。虽然相对于总人口，培养的人数仍然较少，且学校的发展也难说具有连续性，又或者呈现的是断续性基础上的总趋势，但仍旧在北京、天津、河北等地散播。一个多样性且混杂，但具有某种整体性、摇摆性的律师群体开始出现在京津冀各地。

这种地方视角可以反映宏大历史的事实意味着，如果我们不在"微观历史"的泥沼中摸索，就无法尝试解决"宏观历史"问题。

附录一　天津律师公会部分会员登记表

姓名	年龄(岁)	籍贯	住所	学历、履历	事务所地址
于万瑞	45	吉林榆树	北平西直门南小街弓弦胡同甲 13 号	北平私立朝阳学院专门部法律本科毕业 曾任哈尔滨法学院民刑法讲师及县长司法官等职,并在北平及渝执行律师业务	天津市第十区南京道 37 号华洋法律事务所
王书纶	38	天津	旧特一区威尔逊路 33 号	朝阳学院大学部法律系毕业,英国伦敦大学法硕士肄业,英国牛津大学农业经济研究所毕业 前上海沪江大学、大夏大学教授(在伪南京教部津贴于上海各大学前)	第六区威尔逊路 72 号
贾席珍	50	辽宁沈阳	旧英租界 59 号路	北京大学法科法律系毕业 曾充任东北大学教授,中央军需学校法律学教官、军法处处长等职	旧英租界 59 号路
张日清	39	河北武清	东马路二道街 131 号	北平民国学院专门部法律科毕业	东马路二道街 131 号
李之纲	52	山东	第十区昆明路福寿别墅	北京大学毕业,司法讲习所毕业,文官高等考试及格 曾任天津地审厅推事,奉天辽阳地检厅首席检察官,河北清乡局审判官,任县长代理	第十区昆明路福寿别墅

续表

姓名	年龄（岁）	籍贯	住所	学历、履历	事务所地址
左起秀	42	江苏武进	十区常德道	河北省立法商学院专门部政治经济系毕业 甄拔免试合格律师 曾在天津执行律师职务	十区常德道
黄宗法	58	安徽无为	旧英租界41号	美国密西根大学法学士,哥伦比亚大学法学硕士,纽约大学法理学博士 前北京外交部秘书参事,国民政府外交部法律顾问,记名公使全权委员,整理海河委员会秘书长	旧英租界41号
刘德清	41	河北清苑	旧法国菜市南	北平大学法学院法学系毕业 陕西检察官任用 北平郁文大学注册课主任	旧法国菜市南鸿兴号楼上
吴燮昌	39	广东中山	第一区陕西路25号	河北省立法商学院法律系	第一区陕西路25号四平街三十番第四户
谷满	44	河北丰润	一区寿德大楼北裕庆里	北平大学法律本科毕业 曾任法院书记官,丰润县立高级中学教员	一区寿德大楼北裕庆里
张汝嘉	58	江苏武进	河北元纬路元和里	日本法政大学毕业,武昌中华大学毕业 历任地方法院推事,湖北法政专门学校刑法教授	第一区滨江道大明戏院内福厚里
祁登科	45	天津	河东小关董家胡同	河北省立法商学院毕业	河东小关董家胡同
全保瑞	64	天津	十区河北路宁静里,原旧英租界44号	直隶私立法政专门学校毕业 任长芦盐分局局长,安徽烟酒公司分局局长	十区河北路宁静里,原旧英租界44号
葛秀建	54	湖南湘潭	长沙路111号	湖北省立法政专门学校法律课毕业 历任推事以及军法官、财政部处长	罗斯福路息游别馆四号
罗士儒	40	河北武清	河北昆纬路佑安里	河北省立法商学院法律系毕业 曾任中学教员	第一区哈尔滨道221号

续表

姓名	年龄（岁）	籍贯	住所	学历、履历	事务所地址
黄家桢	58	江苏江都	唐山花园前街双兴里	南京民国法政大学毕业曾任检察官、书记官、承审员、司法官等	第一区迪化道绥远路耕余里
李宜琛	40	福建建瓯	旧英租界20号路	国立北平大学法学院法律系毕业曾任大学教授	旧英租界20号路
刘家鼎	40	山东章丘	第六区威尔逊路慰文里	私立民国学院大学法律系毕业在天津地区执业	罗斯福路伦敦饭店三楼
王赞西	65	安徽旌德	北平东单天津襄阳道华荫南里	北平国立法政专门学校法律系毕业曾在南京、上海、重庆执业十年	北平东单天津襄阳道华荫南里
石宝林	44	河北丰润	十区沙市道达安里	直隶法政专门法律本科毕业皮毛税局分卡长，区长科员，慈善孤儿院院长	十区沙市道达安里
苗一善	49	河北南宫	十区林森路宝华里	直隶公立专门学校毕业承审员、政府秘书、科长	十区林森路宝华里
尹福保	55	江苏仪征	旧法租界广德里北平西安门西土地庙	上海吴淞中国公学专门部法律科毕业曾任总兵，地亩局局长	旧法租界广德里北平西安门西土地庙
幺重英	44	丰润	第一区贵阳路	北平私立朝阳大学法律系毕业	第一区贵阳路
李丹若	40	天津	第十区长沙路平安里	河北省立法商学院法律系毕业	第十区长沙路平安里
陆云山	40	辽北昌图	第十区澳门路	北平大学法学院法律系毕业曾任政治教官	第十区澳门路
刘蓬瀛	49	河北大兴	天津迪化路71号	北京法政专门学校法律系毕业	天津迪化路71号
丁作韶	34	河南	万全道,旧日租界伏见街	巴黎大学法学博士曾任大学教授,报刊主笔,大学训导员	罗斯福路益世报报馆内
李朋	35	四川万县	第一区林森路	四川大学毕业,司法院法官训练所毕业曾任检察官、教授、编辑主笔	第一区林森路
李锡铭	45	河北博野	南门外杨家花园南北大街	北平中大法律系毕业审判官考试合格,曾任敌伪产业清查委员会专员	第十区澳门路

姓名	年龄（岁）	籍贯	住所	学历、履历	事务所地址
张宗芙	63	河北南皮	第一区多伦道	日本明治大学法科毕业 历任科员、局长、经理	第一区多伦道
刘照	50	河北安平	第一区哈尔滨道树德里	北京法政专门学校法律本科毕业 曾任承审员、律师	第一区哈尔滨道树德里
王云超	39	天津	西门外南小道子王家胡同	上海持志大学法律系毕业 曾任南开中学教员	第一区成都道
张籍贵	61	河北饶阳	城内乡祠东街	北洋大学法科毕业 历任各地法院推事，七七事变后回家务农	城内乡祠东街
刘普义	51	湖南	第一区赤峰道	北洋大学法科毕业 曾在天津北平重庆执行职务	第一区赤峰道
王道立	58	安徽青阳	第十区上海道采余里	中华大学毕业 律师	第十区上海道采余里
张希德	58	河北东光	河北黄纬路福厚里	中华大学法律科毕业 曾任秘书、承审员、军法官	河北黄纬路福厚里
杨皋寅	39	河北成安	第十区杜鲁门路	河北省立法商学院法律科毕业	第十区杜鲁门路
张宝祯	36	河北宁普	辽宁路国际饭店	北平大学法商学院法律系毕业 曾任财政部天津直接税局税务员	辽宁路国际饭店
张之烈	54	河北冀县	天后宫宫前街三号	直隶公立法政专门学校法律系毕业 曾任书记官、承审员	天后宫宫前街三号
赵从铭	53	江西南丰	北平市内一区八大人胡同	北京法政专门学校毕业 律师	天津罗斯福道河北新闻社
李覃深	38	河北高阳	罗斯福路寿德大楼24号	北平朝阳大学法律系毕业 曾任贵州第五区专员兼视察	罗斯福路寿德大楼24号
凌兆麟	42	天津	第一区赤峰道32号	南开大学文学士、东吴大学法学、纽约大学法学博士 曾任上海东吴学院、持志大学等教授，大华毛织厂董事	第一区赤峰道32号
李景光	53	福建闽侯	天津第十区芷江路三义里	日本法政大学毕业 曾任企业公司秘书，推事，代院长	天津第十区芷江路三义里
刘九经	62	河北深县	天津城内乡祠东街	北洋大学法科毕业 曾任地方法院推事，后务农	罗斯福路寿德大楼旁裕庆里

姓名	年龄(岁)	籍贯	住所	学历、履历	事务所地址
刘凤书	64	河北交河县	鼓楼大街 94 号	直隶私立法政专门学校毕业	鼓楼南大街 94 号
吴育谦	56	安徽合肥	第十区柳州路华荫东里 34 号	北京中国大学专门部法律部毕业 执行律师	第十区柳州路华荫东里 34 号
耿书声	35	河北衡水	第一区四平道旧 15 号	河北省立法商学院法律系毕业 任国文教员和律师	第一区四平道旧 15 号
殳胜民	40	天津	第十区四川路 24 号	北京私立燕京大学法学院法律系毕业 在上海执行律师业务	第十区四川路 24 号

　　资料来源:《朱道孔律师事务所》,《天津律师公会会员簿》,天津市档案馆,档案号:J45 - 1 - 1 - 1064。

203

附录二　天津律师公会章程
（1946 年 3 月 27 日）[*]

第一章　总纲

第一条　本会依律师组织之定名为天津律师公会。

第二条　本会会员除遵守《律师法》外，并应遵守本章程。

第三条　本会会址设于天津地方法院所在地。

第二章　任务

第四条　律师公会之任务如下：

1. 关于平民法律扶助之实施事项；

2. 关于法令修改或司法事务之建设事项；

3. 关于法律教育之提倡事项；

4. 关于法学研究及刊物出版事项；

5. 关于会员品德之砥砺与风纪之整饬事项；

6. 关于会员共同利益之维护增进事项；

7. 关于行政及司法机关委托或咨询事项；

8. 关于律师及本章程所规定之其他事项。

＊　本章程详见天津市地方志编修委员会办公室、天津市司法局编著《天津通志·司法行政志》，天津社会科学院出版社，2008。

第三章　会员入会及退会

第五条　凡律师呈准天津地方法院登录者得入会为本会会员。

第六条　会员入会履行下列手续：

1. 填写入会申请书并附二寸半身相片二张；

2. 交验律师证书及呈准天津地方法院登记证件；

3. 交纳入会费国币伍千元。

第七条　会员入会后由本会发给入会证书并登记于入会会员名簿。

第八条　会员如经法院注销登录者应令其退会。

第九条　会员送请惩戒其情节更大者，得经会员大会或监理事联席会之决议令其暂时退会，但应经天津地方法院首席检察官之核准，并呈报天津市社会局备案。

依前条规定暂时退会之会员，如未受惩戒之处分或受除名以外之惩戒处分者恢复为本会会员，但受停止执行职务之处分者，于期满后始得恢复。

第四章　会员权利及义务

第十条　会员有发言权表决权选举权及被选举权。

第十一条　会员应按月缴纳经常费国币一千元。

第十二条　会员欠缴经常费逾三个月，经催告不理者，由会员大会或理监事联席会之决议令其退会，但应经天津地方法院首席检察官之核准，并呈报天津市社会局备案。

第十三条　会员应轮流办理平民法律扶助事宜。

第十四条　会员事务所迁移应即报告本会。

第五章　职员及选举

第十五条　本会设置职员如下：

1. 理事二十一人执行本会一切事务并互选常务理事七人轮流处理日

常事务，对外代表本会；

2. 候选理事七人于理事缺额时依次递补，其任期以原任期为限；

3. 监事七人监察本会一切事务并互选常务监事三人轮流处理日常监察事务；

4. 候补监事三人于监事缺额时依次递补之；

5. 理监事及候补监事均任期二年，连选得连任一次。

第十六条　理监事均由会员大会就会员中选举之，概属无给职。

第十七条　理事监事之选举采记名迳选法，以得票数多者为当选，票数相同者以抽签定之，候补理事监事以得票次多数者为当选，票数相同者亦以抽签定之。

第十八条　常务理事应将本会每月款项收支情况，连同有关单据簿册提出理事会报告后送交监事会审核。

第十九条　理事及监事有废弛职务或违反《律师法》或本章程决定之情节者，得由监事会或会员五分之一以上之连署提交会员大会议决罢免之。

第二十条　1. 本会设书记长一人，事务员无定额，视事务之繁简定之；由理事会雇佣受理事之指挥监督，办理文书记录会计庶务及其他事务；

2. 前项人员于办理监事会事务时，应受监事之指挥监督。

第六章　会议

第二十一条　本会会议分下列四种：

1. 会员大会于每年春季举行一次，由理事会定日期召开之。在开会两星期前登报通告并专函各会员，如理监事联席会认为必要或经会员十分之二以上书面请求并说明提议事项及理由者，应召开临时会员大会，在开会一星期前登报通告并专函各会员；

2. 理事会每月举行一次，由常务理事召开并通知监事列席，如经理事三分之一提议，应召开临时会；

3. 监事会每月举行一次，由常务监事召开之，如经监事三分之一以上提议应召开临时会议；

4. 理监事联席会于常务理监事认为必要时会同召开之。

第二十二条　会员大会须有三分之一以上会员出席方得开会，如出席会员不足法定人数，再行召集时，其连续缺席者应于会员总数内扣除算之。

第二十三条　理事会、监事会及理监事联席会须有二分之一以上理事监事出席方得开会，候补理事监事均得列席，遇有理事监事缺席时，得分别临时补充决议，但不得超过缺席人数二分之一。

第二十四条　会员大会主席由出席会员互推，理事会主席由常务理事互推，监事会主席由常务监事互推，理监事联席会主席由常务理监事互推。

第二十五条　会议事件以出席过半数之同意决定之，可否同数时取决于主席。

第二十六条　会议事件与理监事或会员有关系者应停止其表决权，但得陈述事实或意见。

第二十七条　本会各种会议均须在会期一星期前呈报市社会局及天津地方法院首席检察官。

第七章　酬金

第二十八条　会员受当事人之委托办理诉讼案件，其收受酬金办法分下列两种：由当事人自择以契约定之：

甲分收酬金

1. 讨论案情每小时不得逾国币一千二百元；

2. 到法院抄阅文件或接见监禁人或羁押人每次不得逾国币二千四百元；

3. 节录文稿或造具清册每百字不得逾国币一百元；

4. 撰拟文件每件不得逾国币三千二百元；

5. 出具专供委托人参考之意见书及其他文件每件不得逾国币九千六百元；

6. 民事出庭费每次不得逾国币一万二千八百元；

7. 刑事出庭费每次不得逾国币八千元；

8. 撰拟民事第一审书状每件不得逾国币一万二千八百元，但声请书仅得收五分之一；

9. 撰拟刑事第一审书状每件不得逾国币八千元，但声请书仅得收五分之一；

10. 撰拟民事第二审书状每件不得逾国币一万六千元，但声请书仅得收五分之一；

11. 撰拟刑事第二审书状每件不得逾国币九千六百元，但声请书仅得收五分之一；

12. 撰拟民事第三审书状每件不得逾国币一万四千四百元，但声请书仅得收五分之一；

13. 撰拟刑事第三审书状每件不得逾国币一万四千四百元，但声请书仅得收五分之一；

14. 处理和息事件每件不得逾国币六万元；

15. 办理民事执行事件每件不得逾国币六万元；

16. 调查证据每件不得逾国币六千四百元；

17. 赴天津地方法院管辖外办理第一、第二、第六、第七、第十六各款事项者除依各该款收取酬金外，每日所收日费不得逾国币六千四百元。

乙总收酬金

1. 办理民事案件第一、第二两审收受酬金总额每审不得逾国币十二万八千元，第三审酬金总额不得逾国币八万元，如诉讼标的金额或价额在四百万元以上者，其酬金得增加之，但一、二两审每审不得逾诉讼标的金额百分之二，第三审不得逾百分之一。

2. 办理刑事案件第一、二两审收受酬金总额每审不得逾国币八万元，第三审收受酬金总额不得逾国币四万八千元，如案情重大或因委托人有特别身份地位者，酬金得增加之，每件不得逾国币十二万八千元。

第二十九条 办理非诉讼事件之酬金，准用办理民事案件总酬金之规定。

第三十条 会员办理平民法律扶助事宜及各级法院指定之辩护案件均不得收受酬金。

第八章　风纪

第三十一条　会员办理当事人委托之事件应严守秘密。

第三十二条　会员办理当事人委托之事件，应迅速进行不得拖延。

第三十三条　会员对于当事人委托代领代收之款项物件应随时送走。

第三十四条　会员不得阻止当事人之和息。

第三十五条　会员不得为夸大性质之宜传。

第三十六条　会员不得刊登含有恐吓妨害他人名誉信用等性质之广告。

第三十七条　会员到庭应着制服。

第三十八条　会员出庭发言应起立。

第三十九条　会员出庭辩论不得言语轻慢、举动诙谐。

第四十条　会员出庭辩论不得涉及无关本案之事项。

第四十一条　会员撰写书状应自留底稿存查，并连同式样本送交委托之当事人。

第四十二条　会员证明契约遗嘱及其他文件应自留稿存查。

第四十三条　会员对于前二条各种文件须签名盖章，添注涂改及骑缝处并应盖章。

第四十四条　本章程如有未尽事宜得由会员大会修改之。

第四十五条　本章程经天津地方法院、市社会局备案施行并逐级转报主管部门备查。

参考文献

一 文献资料

天津市档案馆馆藏《天津市商会》、《天津特别市政府》、《天津市政府》、《天津市社会局》以及《河北省高等法院天津分院及检查处》等全宗。

河北省档案馆馆藏《京师高等审判厅》《河北高等法院》等全宗。

天津社会科学院图书馆馆藏《大公报》、《益世报》、《民国日报》、《申报》以及《晨报》等民国报刊。

天津社会科学院图书馆数据库：《大成老旧期刊》《晚清民国时期期刊》等。

沈云龙主编《近代中国史料丛刊》，台湾：文海出版社，1966。

《中国近代法制史资料选编》，中国人民大学法律系法制史教研室，1980。

中国人民政治协商会议天津市委员会文史资料研究委员会编《天津文史资料选辑》，天津人民出版社，1986。

天津市规划和国土资源局编著《天津城市历史地图集》，天津古籍出版社，2004。

潘懋元、刘海峰编《高等教育》，上海教育出版社，2007。

张研、孙燕京主编《民国史料丛刊》，大象出版社，2009。

《民国律师文献史料汇编》，全国图书馆文献缩微复制中心，2009。

二　专著

河合弘之：《律师职业》，康树华译，北京法律出版社，1987。

李文华主编《中国律师学》，兰州大学出版社，1987。

何建章：《当代社会阶级结构和社会分层问题》，中国社会科学出版社，1990。

费成康：《中国租界史》，上海社会科学院出版社，1991。

茅彭年、李必达主编《中国律师制度研究》，法律出版社，1992。

叶孝信主编《中华民法史》，上海人民出版社，1993。

梁治平编《法律的文化解释》（增订本），生活·读书·新知三联书店，1994。

白吉尔：《中国资产阶级的黄金时代（1911—1937）》，张富强译，上海人民出版社，1994。

王申：《中国近代律师制度与律师》，上海社会科学院出版社，1994。

张晋藩：《中国法律传统与近代转型》，法律出版社，1997。

邱远猷、张希坡：《中华民国开国法制史——辛亥革命法律制度研究》，首都师范大学出版社，1997。

王亚新、梁治平编《明清时期的民事审判与民间契约》，法律出版社，1998。

张耕：《中国律师制度研究》，法律出版社，1998。

萧功秦：《危机中的变革——清末现代化进程中的激进与保守》，上海三联书店，1999。

谢振民编著《中华民国立法史》，中国政法大学出版社，1999。

黄宗智：《清代的法律、社会与文化：民法的表达与实践》，上海书店出版社，2001。

苏力、贺卫方主编《20世纪的中国：学术与社会》法学卷，山东人民出版社，2001。

王健：《沟通两个世界的法律意义——晚清西方法的输入与法律新词初探》，中国政法大学出版社，2001。

林端：《儒家伦理与法律文化——社会学观点的探索》，中国政法大学出版社，2002。

徐家力、吴运浩：《中国律师制度史》，中国政法大学出版社，2004。

陈刚：《中国民事诉讼法制百年进程》（清末时期第二卷），中国法制出版社，2004。

张伟：《冲突与变数：中国社会中间阶层政治分析》，社会科学文献出版社，2005。

李明伟：《清末民初中国城市社会阶层研究》，社会科学文献出版社，2005。

萧公权：《宪政与民主》，清华大学出版社，2006。

李严成：《民国律师公会研究，1912—1936》，湖北人民出版社，2007。

陈同：《近代社会变迁中的上海律师》，上海辞书出版社，2008。

冯静：《中间团体与中国现代民族国家的构建，1901—1937》，复旦大学出版社，2012。

倪斯霆编《旧文旧史旧版本》，上海远东出版社，2012。

邱志红：《现代律师的生成与境遇》，社会科学文献出版社，2012。

Wright, Erik Olin, *Classes*, London：Thetford Press, 1985.

三　博士、硕士学位论文与会议论文

徐家力：《民国律师制度源流研究》，博士学位论文，中国政法大学，2000。

孙慧敏：《建立一个高尚的职业，近代上海律师业的兴起与顿挫》，博士学位论文，台湾大学，2002。

张丽艳：《通往职业化之路：民国时期上海律师研究》，博士学位论文，华东师范大学，2003。

何志辉：《清末律师制度研究》，硕士学位论文，湘潭大学，2004。

张雷：《北洋政府律师制度确立及实施效果探析》，硕士学位论文，河南大学，2004。

王素平：《试评北洋时期的律师制度》，硕士学位论文，山东大学，2006。

任耕：《南京国民政府时期成都律师业研究》，硕士学位论文，四川大学，2006。

张敏：《南京国民政府时期律师制度研究》，硕士学位论文，安徽大学，2007。

赵永利：《近代武汉律师群体研究》，硕士学位论文，华中师范大学，2008。

舒畅：《中国近代律师群体研究》，硕士学位论文，吉林大学，2008。

周佳怡：《中国律师职业的历史变迁及现状问题评述》，硕士学位论文，华东政法大学，2010。

刘强：《论南京国民政府时期律师职业群体的作用——以成都地区为例》，硕士学位论文，西南政法大学，2010。

盛波：《陪都时期重庆法律人群体的特征研究》，硕士学位论文，西南政法大学，2010。

肖秀娟：《民国律师执业活动研究》，博士学位论文，华东政法大学，2011。

殷清卉：《民国初年律师制度研究》，硕士学位论文，郑州大学，2011。

王识开：《南京国民政府社会救济制度研究》，博士学位论文，吉林大学，2012。

周文佳：《北洋政府时期高等教育政策研究》，博士学位论文，河北大学，2013。

王菲：《从讼师到律师：清末民初法律服务群体转型研究》，博士学位论文，吉林大学，2014。

张雪：《1931年国民会议述论》，博士学位论文，吉林大学，2014。

林茂：《社会、政治与法律：中国律师的行动逻辑与社会角色》，博士学位论文，华东师范大学，2017。

朱志峰：《民国时期法学人才培养研究》，博士学位论文，东北师范大学，2018。

谢健：《民国时期的基层司法建设与社会治理研究——以四川地区为中心（1927—1949）》，博士学位论文，南开大学，2018。

孙惠敏：《规范上海律师的同业竞争行为——以律务中介问题为中心的考察》，"近代中国社会群体与经济组织"暨纪念苏州商会成立一百周年国际学术研讨会论文集，2005。

四 期刊

韩一德：《"言治"时期李大钊思想管窥》，《河北学刊》1986 年第 6 期。

亢敬先：《民国时期的山西律师》，《沧桑》1995 年第 4 期。

陈景良：《讼师与律师：中西司法传统的差异及其意义——立足中英两国 12—13 世纪的考察》，《中国法学》2001 年第 3 期。

李学智：《民初法政学校论略》，《天津师范大学学报》2001 年第 2 期。

张仁善：《中国法律社会史的理论视野》，《南京大学法律评论》2001 年第 1 期。

李东霞：《中国近代律师由来述论》，《西北大学学报》2003 年第 11 期。

李启成：《领事裁判权制度与晚清司法之肇端》，《比较法研究》2003 年第 4 期。

张丽艳：《1927—1937 年上海律师业发展论析》，《社会科学》2003 年第 6 期。

孙彩霞：《20 世纪 30 年代的冤狱赔偿运动》，《历史档案》2004 年第 2 期。

侯欣一：《民国晚期西安地区律师制度研究》2004 年第 4 期。

邓建鹏：《清代讼师的官方规则》，《法商研究》2005 年第 3 期。

宫艳丽：《近代早期英国律师阶层的兴起及律师参政》，《学习与探索》2005 年第 6 期

张伟：《中间阶层界定的一种新视角》，《东岳论丛》2005 年第 6 期。

李严成：《民国时期的律师、律师公会与国家法律机关——以 20 世纪 30 年代天津律师公会李景光退会案为中心的考察》，《江苏社会科学》2006 年第 4 期。

蔡晓荣：《晚清外籍律师新见：一个职业本位的视角》，《西华师范大学学报》2007年第1期。

李卫东：《从会长负责到委员主持：1927年上海律师公会改组述论》，《江苏社会科学》2007年第3期。

李卫东：《民初组建全国性律师组织的努力与顿挫——以"全国律师公会联合会"为中心》，《浙江学刊》2007年第4期。

尹倩：《中国近代自由职业群体研究述评》，《近代史研究》2007年第6期。

朱英：《近代中国自由职业者群体研究的几个问题——侧重于律师、医师、会计师的论述》，《华中师范大学学报》2007年第4期。

邝良锋、刘星：《南京国民政府时期成都地区律师制度研究——以1941年〈律师法〉的实施为例》，《四川警察学院学报》2008年第6期。

李卫东：《律师公会与民国律师职业自治——以律师公会组织结构变迁为中心》，《甘肃社会科学》2008年第2期。

李严成：《民国时期上海律师公会对律师信誉的维护》，《甘肃社会科学》2008年第2期。

邱志红：《朝阳大学法律教育初探——兼论民国时期北京律师的养成》，《史林》2008年第2期。

王素平：《浅评北洋时期律师制度》，《辽宁行政学院学报》2008年第4期。

魏文享、赵永利：《抗战胜利后武汉律师群体的发展轨迹》，《甘肃社会科学》2008年第2期。

吴海杰：《从蔑视讼师到伙拍律师——从〈申报〉看近代中国法律文化的演变》，《中国法律》2010年第6期。

程金华、李学尧：《法律变迁的结构性制约——国家、市场与社会互动中的中国律师职业》，《中国社会科学》2012年第7期。

程骞：《社会转型中的律师角色：民国北洋时期律师的法律权能》，《云南师范大学学报》2015年第6期。

王先明、胡梦：《从理论阐释到政策实施：国民政府社会建设事业的建构过程》，《学术研究》2017年第7期。

秦广强：《新社会阶层的政治功能及社会整合研究》，《江苏社会科学》2018 年第 5 期。

赵珊：《塑造与运作：天津商会解纷机制的半正式实践》，《开放时代》2019 年第 2 期。

江文君：《万众一心：自由职业团体与近代上海的民族主义实践（1927—1941）》，《史林》2019 年第 2 期。

图书在版编目（CIP）数据

近代天津律师群体研究/王静著. -- 北京：社会
科学文献出版社，2021.10
（天津社会科学院学者文库）
ISBN 978 - 7 - 5201 - 8731 - 2

Ⅰ.①近…　Ⅱ.①王…　Ⅲ.①律师 - 历史 - 研究 - 天
津 - 近代　Ⅳ.①D929.5

中国版本图书馆 CIP 数据核字（2021）第 146564 号

· 天津社会科学院学者文库 ·
近代天津律师群体研究

著　　者 / 王　静

出 版 人 / 王利民
责任编辑 / 桂　芳
文稿编辑 / 顾　萌
责任印制 / 王京美

出　　版 / 社会科学文献出版社·皮书出版分社（010）59367127
　　　　　　地址：北京市北三环中路甲 29 号院华龙大厦　邮编：100029
　　　　　　网址：www.ssap.com.cn
发　　行 / 市场营销中心（010）59367081　59367083
印　　装 / 唐山玺诚印务有限公司

规　　格 / 开　本：787mm × 1092mm　1/16
　　　　　　印　张：13.75　字　数：220 千字
版　　次 / 2021 年 10 月第 1 版　2021 年 10 月第 1 次印刷
书　　号 / ISBN 978 - 7 - 5201 - 8731 - 2
定　　价 / 88.00 元